北京大学

北大区域国别研究

PKU Journal of Area Studies

第10辑

本辑主编　昝　涛

江苏人民出版社

图书在版编目（CIP）数据

北大区域国别研究. 第 10 辑 / 昝涛主编. -- 南京：
江苏人民出版社，2025.6. -- ISBN 978 - 7 - 214 - 30727 - 9

Ⅰ. D81

中国国家版本馆 CIP 数据核字第 2025NZ3752 号

书　　　名	北大区域国别研究　第 10 辑
主　　　编	昝　涛
责 任 编 辑	于　辉　于馥华
装 帧 设 计	刘葶葶
责 任 监 制	王　娟
出 版 发 行	江苏人民出版社
地　　　址	南京市湖南路 1 号 A 楼，邮编：210009
照　　　排	江苏凤凰制版有限公司
印　　　刷	江苏凤凰数码印务有限公司
开　　　本	718 毫米×1000 毫米　1/16
印　　　张	17.5　插页 2
字　　　数	30 千字
版　　　次	2025 年 6 月第 1 版
印　　　次	2025 年 6 月第 1 次印刷
标 准 书 号	ISBN 978 - 7 - 214 - 30727 - 9
定　　　价	68.00 元

（江苏人民出版社图书凡印装错误可向承印厂调换）

目录

特　稿

从美国及欧洲的区域研究发展来谈中国的区域研究[*]

赵鼎新

大约两周前，章永乐教授邀请我就本议题做个演讲。我开始有些犹豫，因为关于"中国的区域研究应当如何进行"这个问题我其实还没有仔细想过。但犹豫再三后，我决定接受这个挑战，原因在于美国及欧洲的区域研究非常发达，我在芝加哥大学教学 20 多年期间也有近距离的观察，仔细想来也有一些心得，可以与大家做个分享。

本次讲座讨论三个议题：第一，我简要指出区域研究的殖民探险渊源。第二，基于对美国区域研究的历史和现状的观察，我提出考察一个国家区域研究质量的三个指标，分析为什么西方（特别是美国）的区域研究所产生的理论和议题常常能在研究对象国中保持强势地位。我期望这个讨论能给中国刚刚起步的区域研究发展带来启迪。第三，我想分享自己在芝加哥大学如何从一名纯粹的社会学家迈入芝加哥大学的东亚研究中心，并且最终在芝加哥大学担任东亚中心下属的中国委员会主任的经历。我的个人经历对中国的区域研究发展非常重要，因为只有将受聘于各个主流学科、与区域研究相关的学者有机地吸引到区域研究领域，区域研究才能得到更好的发展。

---

* 2025 年 3 月 24 日，北京大学区域与国别研究院举办"名家沙龙"第十二讲"区域国别研究和历史社会学"，邀请赵鼎新教授做主旨报告。本文基于作者的报告内容整理而成。

一、区域研究的前世今生

区域研究的起源，可以追溯到 19 世纪的探险，尤其是殖民探险。 尽管当时并非所有参与探险的人都有明确的为西方殖民帝国扩张服务的目的，但这些探险者对时空的想象、生产出来的各种知识，以及在世界各地所获得的信息，对西方殖民帝国的扩张都具有重要意义。 也正因为如此，这些探险者在经费等多个方面都得到了殖民政府的支持。 那时"区域"研究的执行机构既有殖民政府，也包括地理学会、皇家探险学会等民间组织，不过，特别是与二战后美国和欧洲的区域研究相比，这些执行机构与大学的关系显得较为松散。 大多数情况下，各种探险活动是由个人或小团体进行的，他们专注于民族志研究、地理探险等领域，带有浓厚的个人兴趣。 例如，在撰写《儒法国家：中国历史新论》中有关中国农耕地区与游牧地区的互动关系的章节时，我读了很多中国学者都熟悉的拉铁摩尔（Owen Lattimore）的著作。 拉铁摩尔所活跃的年代就在西方殖民探险的晚期，他在中亚和中国北方有长期的旅居经历，对中国持有同情，是位非常出色的学者。

二战后，区域研究发展成了一个巨大的学术领域，开始在大学有了明确的身份，从而逐渐演变为当今的区域研究。 区域研究主要在二战后的美国得到了迅速的发展。 欧洲也有自己的区域研究，但美国区域研究的实力和影响力无疑要大得多。 此外，虽然大多数加入区域研究的学者都是各个领域的专家，有着自己的学术兴趣，但是他们的研究在客观上加深了美国对世界各地的了解。 他们所培养的学生具备各种大小语种的出色语言能力，这也为美国政府培养了大量的语言人才。 不仅如此，很多教授通过对全球关键地区的研究，直接或间接地服务于美国的外交安全政策，甚至推动了美国各种国家政策的形成。 比如，1995 年我在美国申请工作时，关于中国研究的工作较少，而在 20 世纪 80 年代，关于俄罗斯和苏联研究的工作却很多。 然而，在苏联解体后，俄罗斯和东欧研究的工作迅速减少，而关于中国研究的工作却在 2000 年后逐步增多，反映出中国在全球战略地位的提升。 这一转变无疑体现了区域研究与国家政策的深度联系。

二战后区域研究的形态也发生了变化。 它在美国逐渐发展为一个以多个区域研究院系为核心，以不同的区域研究中心为桥梁，有多个学科参与的巨大领域。 就社会科学而言，历史学、政治学、经济学、社会学、人类学和地理学等学科中，从事区域研究相关方向的教授都会参与其中。 尤其是在美国，区域研究的地位在冷战时期有很大的提高，其中不少研究直接服务于各种"国家利益"。 这当然不是说大多数参与区域研究的学者是在为政策服务，或者说他们所做的只是各种政策导向的课题，而是说国家在资源投入上有很多引导，使得与区域研究相关的学者的工作能直接或间接地服务于"国家利益"。

举一个例子加以说明：作为一个世界帝国，美国需要有一批人掌握世界各种语言，特别是各种小语种。 但如果美国政府自己来培养这批人，这势必会带来许多问题。 比如，在这种情况下，政府需要供养一大批教授，但每个小语种教授却可能只需要教育若干个人，于是造成巨大的浪费。 更要命的是，美国政府的战略重点方向决定了许多小语种人才在大多数情况下根本就用不到。 如果在平时不分轻重地供养一大批语言人才，浪费就会更大。 但是美国大学众多、实力雄厚，且教授的研究领域涉及世界的方方面面。 在这种情况下，美国政府就搞了一个称为"Title VI"的项目，让各个大学的不同"区域研究中心"来申请。 我记得是每三年一个周期，芝加哥大学的东亚研究中心每三年就能获得大约 50 万美元的资助，并且在绝大多数的情况下都能拿到。 芝加哥大学东亚研究中心并不是把这笔钱用来为国家训练"语言人才"，而是培养对美国以外的世界感兴趣的学生，训练他们的语言能力，资助他们出国，并且为有志于在相关领域读博士的学生提供各种机会。 在这一安排下，美国的大学与政府形成了某种默契。政府为大学提供资金支持，但不做任何直接干预，使得教授和他们的学生都能凭着兴趣在田野研究中自主探索，因而，这些教授和学生的实践间接地为美国政府培养和储备了方方面面的语言人才。

目前，国内在推动区域研究以及各种学术发展的时候，存在目的过于直接、政策变化过于频繁、牵引大学的缰绳过于短（on very short leash）等现象。这类现象的不利之处是，大学科研过度迎合政策导向，导致学者难以基于个人兴趣开展研究。政策导向的变化，引发各种机会主义研究倾向。当控制的"缰绳"拉得越来越紧、政策频繁更改时，会引起学术机会主义行为的泛滥，导致极其严重的后果。

区域研究的前世今生

19 世纪到 20 世纪初的殖民探险	二战后美国及欧洲的区域研究
地理大发现、殖民扩张、资源调查、信息收集	研究全球关键地区，服务于外交和安全政策
个人或小团队实地考察，民族志、地图绘制、动植物采集	多学科的介入（历史学、政治学、经济学、社会学、人类学、地理学，等等）
以欧美和日本扩张为背景，帮助殖民统治	以冷战为背景，特别是为美国国家安全与政策制定服务
殖民政府、地理学会、皇家探险学会	具有很大的自主性的大学研究中心、带有竞争关系的智库、政府资助的研究机构

二、评价区域研究质量的三个指标

区域研究的发展与国家力量的强弱息息相关。国家的强大，实际上可能只是表面上的强大，甚至是"虚胖"状态。因此，如何评价一个国家的区域研究质量，或者说如何进行中国的区域研究，是一个非常值得深思的问题。国内区域研究的发展虽然才刚起步，但是评价标准预计会按照以下几个原则来制定：首先是看是否成立了各种区域研究机构；其次是看这些机构有多少人在从事区域研究的工作，以及这些机构是否有本科生和研究生等；最后是看这些机构的研究涵盖了哪些国家和地区，有多少教授获得了国家级课题资助，获得了各种头衔，得到了各种批示，等等。以上所描述的在国内其实已经成了"标配"的评价机制，不过，在我看来，这些做法问题很大。

关于区域研究质量的评价，我认为可以用三个指标来衡量。

第一个指标：区域研究的规模和人员数量，尤其是本科生和研究生的数量及毕业去向，以及发表论文的数量与质量等。这些指标相对简单和直观，也比较常规。对于国内的大学来说，把这方面的工作做好似乎也不难。只要国家支持，各个高校和研究所的区域研究规模肯定会不断扩大。在知名学府，如北京大学、清华大学，目前区域研究已经具备了一定规模。假以时日，这些大学的区域研究中心和研究所的规模、人员配备和学生去向也肯定会在国内甚至国际居于领军地位。

第二个指标：从业人员的研究和成果发表是否能获得非区域研究学科领域的认可。就社会科学而言，此处指的是区域研究从业人员的成果发表是否能在以下三个方面获得历史学、政治学、经济学、社会学、人类学和地理学等学科的认可。第一个方面，区域研究的论文是否能发表在这些学科的核心期刊上；第二个方面，区域研究所聘用的教授是否能被这些社会科学学科的院系"双聘"，区域研究领域培养的人才在毕业后是否能被这些社会科学学科聘用；第三个方面，区域研究领域出现的理论和问题意识在多大程度上能定义社会科学各个学科的问题意识。第三个方面最具挑战性，因为它不仅仅涉及区域研究的学科建设，还包括区域研究学者发表成果的理论深度与创新水平。在美国，人们对主聘于区域研究院系的教授研究水平的评价，一方面就是看此人是否也被聘于他的研究领域相应的学科院系。

第三个指标：参与区域研究的学者在其研究对象国的同行群体中的地位与认可度如何，区域研究学者的理论和问题意识在多大程度上能定义研究对象国同行的理论取向和问题意识。这一点最难达到，因为它既体现了参与区域研究的学者的学术水平，也体现了研究对象国家学者的学术水平，以及他们在面对国际主流学术话语体系时的心态，同时也是国家软实力的体现。

总体来说，我认为中国的区域研究大概率能达到第一个指标，然而在第二和第三个指标上，可能会面临较大的挑战。尽管如此，我认为像北京大学这样的学术重镇，如果能顶住各种急功近利的压力和诱惑，就能够稳步推进中国区域研究的深度和广度，使得中国的区域研究在国内有一个模板，在国际学术界能占据一席之地。

（一）三个指标下美国社会科学各学科区域研究的现状

有了评价区域研究质量的三个指标后，我们就能够参照这三个指标对美国区域研究的质量进行评判。因为第二和第三个指标更难达到，我的评判将集中在这两个指标上。因为没有系统研究，我只能借助于我在芝加哥大学长期执教获得的各种体验。为了行文方便，我把这些社会科学基础学科称之为区域研究的"母系"。我的评判将局限在历史学、人类学、政治学、社会学、经济学和地理学。

历史学　历史学，或者说类似于历史学的研究往往是区域研究院系的主力，这背后的原因在于美国的主要大学除了有"东亚研究中心""南亚研究中心"等区域研究中心外，还有东亚系、南亚系等实体院系。在这些院系中，历史学者占据着重要位置。此外，主要大学的历史系中也有大量研究各个区域和国家的专家。这两类群体加在一起人数可观。历史学者在母系和区域研究院系获得双聘的情况也常见。区域研究主聘的教授有时也能在历史学中产生较大的影响力，反之亦然。这就形成了母系教授和区域研究教授的问题意识的相互渗透。例如，威廉·哈迪·麦克尼尔（William Hardy McNeill）是历史系的教授，但是他开创的全球史视角目前不但是历史学的一个重要研究方向，而且也定义了许多区域研究学者的研究取向和问题意识。反过来，如史嘉柏（David Schaberg），他主聘于加州大学洛杉矶分校的亚洲语言文学系，但他关于《左传》的研究一经发表就对早期中国历史的研究产生了影响。最后，美国和欧洲历史学区域研究产生的问题意识和研究取向对所研究国家的学者也产生了很大的影响。就中国历史而言，在美国和欧洲形成的社会史视角、经济史视角、财政史视角、女性视角、帝国视角、中亚视角、新清史视角、全球史视角、海洋视角、移民视角，等等，都在中国产生了不同程度的影响，以至于在国内最为优秀的历史学者的笔下，我也能清晰地看到这些西方视角的印记，甚至被它们所笼罩。

人类学　人类学在区域研究中占据的地位较历史学弱一些。我不记得芝加哥大学的东亚系有人类学的教授，但是人类学家在南亚系占据的地位更重要。在南亚，尤其是印度，厚重的宗教文化为当地偏人文的社会科学家提供了进行哲学思辨的底蕴。在美国的一些南亚裔人类学家，如微依那·达斯（Veena Das）和斯坦利·坦比亚（Stanley Tambiah），以及在南亚本土的人类学家，如苏拉吉特·辛哈（Surajit Sinha）不但对南亚社会有深入研究，而且能提出各种具有新意的理论、概念和结构，其影响力要明显超过华裔人类学家和中国本土的人类学教授。但是一般来说，虽然大多数人类学家的研究对象都可以归为区域研究，从事着各种"区域研究"的人类学家的问题意识和理论关怀却主要来自母学科，"比如斯科特（James C. Scott）对东南亚的研究和冯珠娣（Judith Farquhar）对中国的研究"，或者说主聘于区域研究的人类学家并不能像主聘于区域研究的历史学家那样对母学科的问题意识和学术方向产生较大的影响。最后，人类学的区域研究所产生的理论和问题意识对研究对象国的学者影响的大小要视情况而定。自格尔兹后，一种旨在解构和提供新的解读可能性的文化人类学逐渐成了人类学的主流，以至于大量的社会人类学家（如斯科特和项飙等）的研究工作和取向也深受其影响。这种新型的人类学对研究对象国的人类学家的主导能力基本上呈现如下状态：一个国家本土的宗教/哲学的思辨和解构能力以及现代艺术的创新能力越强，该国家的人类学家在西方人类学面前也就越具有特色。这就是为什么浸淫于深厚的印度教和佛教传统中的南亚人类学家能对西方主流人类学产生持续的冲击，但是中国本土的甚至是华裔人类学家却不仅不能对西方主流人类学产生有影响力的冲击，反而在问题意识和研究旨趣方面严重受到西方主流的掣肘。

政治学　政治学在区域研究中的影响力很小。我不记得美国主要大学的东亚系有聘用政治学方向教授的历史。 但是着眼于区域研究的"比较政治"却是政治学系的一个主要研究方向，而且势力强大。 虽然比较政治领域的大多数著作缺乏理论，但是从中产生的政治文化研究、农民革命研究、比较经济发展研究，以及大量的议题和概念对研究对象国专家的问题意识产生了重大影响。 就中国而言，像邹谠、沈大伟、谢淑丽、李侃如、兰普顿、巴里·诺顿这些专家的名字，在政治学界可以说是如雷贯耳。 他们的研究方法和问题意识也在较大程度上型塑着中国政治学界的研究。

我们一般不会把孔飞力看作一位政治学家。 但是他在中国的政治学界却影响很大，其原因就在于他在芝加哥大学期间从政治学家那里学到了"委托-代理难题"（principal agent problem）这一重要概念，并且在他对当代中国政治的分析中多有应用，可参考他的《中国现代国家的起源》（*The Origins of the Modern Chinese State*）。 而孔飞力对于政治学的委托-代理难题的运用在中国又被曲解为著名的"孔飞力之问"（即为什么中国没能发展出近代国家？）。 可见美国政治学对于中国学者和民众的问题意识和关注点的定义能力的强大。

必须说明，美国早期比较政治学家的著作并不一定需要和美国主流政治学建立理论对话关系，也不一定需要运用各种定量方法来论证自己的观点。 这并不是说这些早期比较政治学家没有理论追求，而是说即使是他们中有较大理论造诣的学者也不愿让自己复杂的经验感受在写作中让"理论"给挤扁了。 邹谠先生曾经给我说过这么一句话："理论必须像造房子时所用的脚手架，房子造好后它就应当不见了。"老一代比较政治学家的这种志趣给了他们更大的叙事空间，使得他们的不少著作在时过境迁后读起来仍然令人入胜，给人一种老派历史学著作的感觉。 但是这个现象正在改变。 近十几年来，美国的比较政治学家使用的定量方法越来越复杂，与主流政治学理论建立对话的欲望也越来越强。 这带来不少好处，比如说现在的比较政治学者能在美国政治学顶级期刊上发文的人可以说是越来越多。 但是这一发展趋势的不利之处也非常明显。 最为严重的是，区域研究的问题意识成了美国主流政治学问题意识的附庸。 大量的对所研究国家的情况不甚了了的青年学者，在各种复杂的定量方法和主流政治学问题意识的加持下，在政治学最重要的平台发表着各种观点简单甚至可以说是荒诞的文章，完全背离了邹谠及其他老一辈政治学家所秉持的方法。读者可能已经看过笔者对王裕华教授新著的批评（即《〈中华帝国的兴衰〉之病》一文），这篇书评同时也表达了我对美国比较政治学发展的意见。

社会学 社会学在区域研究中的影响力可以说非常小。美国大学中也很少见到哪个东亚系主聘了社会学领域的教授。社会学家对待区域研究的态度也好不到哪儿去。1995年，笔者在美国求职时，在芝加哥大学做求职报告前与芝加哥大学社会学系的中国问题专家白威廉（William Parish）有过一次面谈。当时白威廉直截了当地对我说："我们知道你很热爱你的研究，但是如果你在中午的求职报告中仅仅显示了你对中国有深刻热爱和了解，而没有给出一个能让对中国既不了解也不关心的人也感兴趣的报告，我们是不会雇用你的。"白威廉的这番话点出了社会学的一个特色，即它的重心是刻画具有一定普遍意义的结构/机制性逻辑，以及改进和完善社会学的结构/机制分析语法，而不仅仅是增进我们对世界各国的了解。这并不是说美国及欧洲的社会学家在把其他国家作为案例时可以不尊重事实，而是说尊重事实成了大家在理论上都必须遵守的起点和基础。这也不是说美国与区域研究相关的社会学家的问题意识和所提出的各种理论对研究对象国的社会学家就没有建构作用。恰恰相反，社会学追求提出具有普遍性的结构/机制性理论，这个面向给了发展中国家的学者很大的迷惑性。这就是为什么魏昂德（Andrew Walder）的《共产党社会的新传统主义》（*Communist Neo-Traditionalism: Work and Authority in Chinese Industry*）能在中国学者中产生巨大的影响；为什么倪志伟（Victor Nee）所提出的市场转型理论，尽管存在很大误区，仍然在很长时间内定义了大量中国学者的问题意识。

虽然社会学在美国非常发达，但是美国社会学家在给定时空下的问题意识和理论导向却受到美国国内的社会问题，以及美国社会学作为一个专业发展的内在逻辑的主导。具体来说，美国主流社会学理论深受实用主义哲学的影响。 这就使得美国学者更关心一些中观和微观层面的结构/机制对社会方方面面的影响。 实用主义哲学主导下的美国社会学对于各种细微的视角和机巧的测量十分感兴趣，而这些测量方法则把美国社会学引入了一些定量信息较易收集的社会议题，而对其他议题则有所忽略，甚至严重忽略。 此外，一旦社会学的各个子领域形成了各种具有主导性的理论，这些理论就会把我们导向一些美式的理论取向和问题意识。 美国社会学的这些特性给在国外求学的中国学生带来了很大的困难。 具体来说，如果跟着美国主流社会学的问题意识走，并且做研究的最主要目的就是寻求具有新意的结构/机制性解释，那么所写的文章就有更大的可能会被美国的社会学顶级期刊所接受，但是所发表的成果在中国学者看来也许就会有隔靴搔痒之感。 然而，如果一位中国的青年学者坚持走自己的道路，在田野里找到更契合中国实际的问题意识，他很可能就没有能力提出一种让美国社会学家感到兴奋的社会学理论，因而只能在一些区域研究的杂志中发表文章，同时也很可能找不到很好的工作。

经济学 经济学在区域研究中极不发达。 至今我未听说过哪位经济学家的主聘院系是区域研究院系，或者说经济学家的问题意识和视角定义了某个区域研究领域。 从这个意义上来说，经济学在区域研究中的话语权非常小。 在很多大学，比如芝加哥大学，虽然经济学在学校层面有着较大的影响力，但在区域研究之中却显得非常边缘化。 芝加哥大学社会学系的一位教授给我讲了这么一段笑话：他是一位经济学博士研究生的导师组成员，而另外两位导师组成员都是诺贝尔经济学奖获得者。 在博士学位论文答辩时，这位学生在黑板上演绎着他完全看不懂的数学方程，但同时也指出他的模型完全无法模拟所研究的国家在 20 世纪 40 年代初的各种经济数据问题。 此后，两位诺贝尔经济学奖获得者不断给那位学生在数学层面出各种主意，意图改进模型。 这位社会学家此时显得有些不耐烦，于是就问道："你们难道不知道那时候正在打第二次世界大战吗。"听了这句话，这三位经济学同仁恍然大悟，于是这个学生就擦掉了黑板，写出了新的方程，并且开始讨论这位社会学教授仍然听不懂的数学模型。 我并不知道这段笑话背后的具体场景，因此无法判断其中的夸张成分，但是从当时几位同事听了此笑话后捧腹大笑的神态中，我能明显看出他们对进行区域研究的主流经济学家的鄙视。

虽然经济学在美国的区域研究领域缺乏影响力，但它对于研究对象国的学者和政治家的影响力却可以很大。比如在中国，自由主义经济学一度很流行，包括科斯在内的我的芝加哥大学的经济学系同事一个时期在中国取得了他们自己都无法想象的巨大影响力。再比如，在某些特殊时期，如苏联解体后，西方经济学的学科影响力曾经达到顶峰。当时的大多数前苏联加盟共和国都有美国训练出来的经济学博士参与当地的经济改革。这些经济学家在俄罗斯等国家实施"休克疗法"，设计新的自由主义经济体系，主导这些国家的经济政策，成为一时之奇观。

地理学　就我的观察而言，地理学是区域研究领域中面临危机最大的学科。它的危机有几个来源。其一是地球上的各个地区的气候、地貌和其他地理特征在 19 世纪到 20 世纪初的殖民探险过程中就大致已经搞清楚了，再加上对地观测技术日新月异，此类"区域研究"已经没有多大意义。其二是地理学的各种视角和方法受到社会学、人类学、政治学、经济学，甚至是生态学的迅速发展的挤压，以至于今天地理学中与空间（space）和地点（place）相关的视角都与其他学科的视角形成了很大的交叉，从而失去了其独特性。在我看来，许多涉及空间/地点的研究更应该从社会学或政治学的角度进行思考，而不应仅仅停留在传统的地理学框架中。比如我自己的研究经常涉及地理学家所关心的空间和地点问题，但我绝不会把自己视为传统意义上的"地理学家"。这种认同危机加剧了地理学的困境，使得它很难在十分拥挤的社会科学领域找到其他学科无法取代的定位。正因为如此，地理学对二战后美国区域研究的影响日益减弱，并且对所研究国家的学者也很难产生重大影响。

（二）西方区域研究在研究对象国保持强势的原因

美国及欧洲国家的区域研究加深了西方人对非西方国家和地区的了解

（有时则可以说是偏见），对美国和其他西方国家的国际政策制定经常起到重要作用，并且同时也型塑了非西方国家学者的问题意识、研究取向乃至对各种社会科学方法的采用。从多种角度来看，美国及其他西方国家的区域研究的发展应该说是成功的，或者至少可以说在发展中国家的学者面前保持着强势的地位。这种强势地位是如何形成的呢？就我的观察来说大致有四个原因：（1）文化霸权，（2）学问认真，（3）旁观者清，（4）视角多元。以下我分别简述之。

文化霸权　二战后，美国的科技、文化和所制定的国际规则逐渐主宰了全球，使得美国和欧洲的社会科学在世界范围内拥有话语权。在这种情况下，美国和欧洲学者的学术理论、方法等就很容易被发展中国家的学者看成是模板，美国及欧洲国家区域研究学者的问题意识和研究取向对于发展中国家学者的主导在较大程度上确实是一种文化霸权。

学问认真　但是至少与中国学者相比，我认为西方社会科学学术能取得主导的另一个重要原因就是他们做学问的认真态度。以刘东主持编译的"海外中国研究丛书"为例，该套丛书到目前为止已经推出了近 230 种图书，其中不乏传世经典著作，本套丛书的平均质量之高足以让每一位关注中国当代学术品质的学者深感震撼与反思。

旁观者清　萨伊德提出了"他者"这一概念来抨击西方区域研究学者对研究对象国家的偏见和误解。但是"他者"身份带来的也不尽是偏见和误解。中国有"不识庐山真面目，只因身在庐山中"的说法，西方也有"鱼是最后一个能察觉水存在的动物"的说法。这两种说法所表达的意思在方向上大致一致，那就是"他山之石可以攻玉"或者"旁观者清"。去年我在德国认识了一位翻译了《本草纲目》和《黄帝内经》的学者文树德（Paul Unschuld），与其交谈时，他对我说了许多对中医非常具有洞见的看法。例如，他说中医在新儒学兴起后有很大的变化。此前的中医是一种经验导向的实践，而在此后中医获得了新儒学这一道德本体，不少中药也因此道德化了。就说何首乌，它就是在一位孝顺的官员用来"医治"母亲日益变白的头发见"奇效"后而"药力"大增，成了中国医治白发的一味重要的药物。 这是我在国内很少听到的一个观点。 它也让我理解了为什么鲁迅的《父亲的病》中会出现"蟋蟀一对，要原配"这么一味药。 当我问他是如何获得这个以及其他非常具有创意性的观点时，他回答道：因为前现代欧洲的传统医学在基督教取得强势地位后也有类似变化，我因此能触类旁通。

视角多元 在西方学界，学者之间习惯相互批评，面对一个议题往往能提出多种观点和分析框架。 虽然这些观点和分析框架可能都存在不同程度的偏颇，但把它们放在一起却拉松了原本缠得很紧的材料线索，帮助我们看到了一个复杂事物的不同侧面和层面，看到各种观点的优点和缺点，从而深化了我们对某个案例或历史进程的了解。 我个人认为，多元视角拉长了叙事，立体化了材料，加强了反思，这也是西方中国问题专家经常能影响国内学者研究议题的一个重要原因。

三、芝加哥大学区域研究学科建设

在报告的最后部分，我准备介绍一下芝加哥大学区域研究方面的制度安排。 芝加哥大学首先有各个以区域命名的实体院系，包括东亚系、南亚系、中东系、近东系、北欧系、俄国东欧系、日耳曼系、比较种族和族裔研究系（非洲和拉丁美洲研究包括在此）和犹太研究系，等等。 这些实体系都招收本科生和研究生，研究方向包括语言、文学、历史、宗教等多个方面。 实体系非常重要，因为它保证了基数较大的一批区域研究的学者和学生在芝加哥大学的存在。

芝加哥大学还设有多个区域研究中心，专注于不同地区的语言文学、文化、历史和社会研究。 这些中心在区域研究的跨学科合作方面发挥着关键作用。 主要的区域研究中心包括：东亚艺术中心、东亚研究中心、东欧与俄罗斯/欧亚研究中心、中东研究中心、拉丁美洲研究中心、非洲研究委员会、南亚研究委员会、法国芝加哥中心、卡茨墨西哥研究中心、尼科尔森英国研究中心。 这些研究中心都不是实体。 中心的主任大多数来自各个院系的教授。 就我非常熟悉的东亚研究中心而言，其主任主要是来自东亚系的教授，但也可以是来自政治系、人类学系或社会学系的教授。 这些中心在学校外部推动了芝加哥大学在全球范围内的学术交流和研究，在学校内部则把一大批未受聘于各区域研究院系的教授整合进来。 就我们的社会学系来说，有近三分之一的教授同时也是各个区域研究中心的成员。 如我和白威廉就是东亚研究中心的成员。 社会学系的这种情况在其他院系也很常见。

因为各个区域研究中心都是非实体的，如何能通过各个中心把区域研究院系以外的那些与区域研究相关的教授整合进入区域研究领域就成了关键。 芝加哥大学在此方面有以下几个做法：第一，人文、社科、神学，以及各个没有招收本科生资格的专业学院（商学、法学、公共政策等）中所有与区域研究相关的教授都被邀请加入各个中心。 第二，每个中心根据自己的经济情况每年能给每位教授提供一定数额的研究经费（东亚研究中心的中国委员会所提供的研究经费是每年 4000 美元）。 第三，各个中心为教授的荣休会议、终生成就会议等各种场合提供资助。 第四，各个中心为各种学术会议、学术出版和受邀来芝加哥大学进行讲座的外校教授提供一定的资助。 第五，各个中心设有各种奖学金，包括博士生答辩前研究奖学金、答辩后研究奖学金、参加会议补助和博士生论文写作奖学金，等等。就东亚研究中心的中国委员会而言，我在芝加哥大学的时候，博士生论文写作奖学金每年根据预算情况可以给 5—8 位博士生，提供维持博士生整一年的论文写作的生活费用。

就我个人来说，我对芝加哥大学东亚研究中心的认同有一个逐渐形成和发展的过程，而以上所讲的各种项目则起到了关键作用。 比如，芝加哥大学的东亚研究中心和中心下属的中国委员会的会议一般都和讨论学生各种奖学金申请的会议安排在一起。 为了帮助社会学系研究中国的学生争取各种奖学金，我就必须参加这些会议，积极参与各种讨论。 在这个过程中，我对东亚研究中心的方方面面也就熟悉了起来。 还比如，当我需要请外校教授来进行讲座的时候，东亚研究中心就是一个可以寻求帮助的地方。 见到东亚研究中心能积极为荣休教授会议等活动提供资金，我会感到这是一个有人情味的地方。 东亚研究中心每年给我提供 4000 美元的研究资助，看似不多，但增强了我的认同感，使我更愿意把自己看成东亚研究中心的一员。 就这样，我从一位社会学家开始，逐渐对东亚研究中心熟悉了起来，建立了作为东亚研究中心一员的认同，并且一度还担任了东亚研究中心中国委员会主任。

以上的叙述想说明一个问题：芝加哥大学的区域研究建设的成功之处首先在于它有九个与区域研究相关的实体院系。 但是芝加哥大学区域研究规模如此之大的一个更重要原因则是他们能够通过各种机制把本来非实体的区域研究中心做实，使得不同学科的区域研究专家和相关人员能通过中心这个平台来进行交流，积极加入区域研究的工作，形成了一支数量可能会多达数百名教授的庞大的区域研究队伍（芝加哥大学的助理教授、副教授和正教授加在一起才不到 1200 名）。 如果算上这些教授所带的硕士生、博士生和博士后，这支队伍就更加庞大。 芝加哥大学这么做的效果是非常明显的。 因为单纯依靠一个学科，其资源总是有限的。 此外，学科之间的隔阂会导致研究视野的局限，进而影响学术发展。 而芝加哥大学的这些做法就能够把不同领域的学者有机地凝聚到一起，促进他们的接触和交流，碰撞出新的视角和思维模式，使得区域研究更加多元和开放。 我认为，要在中国成功开展区域研究，芝加哥大学的有些做法值得借鉴。

总　结

本报告讨论了美国及欧洲区域研究的前世今生，提出了衡量一个国家区域研究质量的三个指标：（1） 区域研究的院系和研究所就职人员数量，以及本科生和研究生的数量；（2） 主聘于区域研究的教授在人文学科和社科学科的各个院系被接受的程度，以及来自区域研究的问题意识和理论是否能形塑其他非区域研究学科的问题意识和理论；（3） 从事区域研究的学者发表的成果是否能被研究对象国的同行认可，以及他们的问题意识和理论在多大程度上能定义研究对象国的同行的问题意识和理论。 同时要达到这三个标准非常难，但是这必须是我们作为学者的追求。

本报告还讨论了在以上三个指标下美国的历史学、人类学、政治学、社会学、经济学、地理学等社会科学学科区域研究的现状，并且提出了美国及欧洲区域研究在研究对象国能持续保持强势地位的四个原因。 这四个原因是文化霸权、学问认真、旁观者清和视角多元。

本报告指出，中国的区域研究要同时做到以上四点也非常困难。 特别是文化霸权，它的确立靠的不仅仅是学术水平，还有中国整体软实力的提高。 但是话要说回来，学问认真、旁观者清和视角多元依赖的并不是国家整体的软实力，而是每个学者乃至学术共同体的严肃性。 在这三个方面，中国其实都有特别大的空间。 而作为刚刚发展起来，受到各种不利学术风气影响相对较少的区域研究领域，这方面的空间只会更大。 当然，说起来容易做起来难，在当前的学术大环境里，学问认真、旁观者清和视角多元都是难得且珍贵的学术品质。

总之，发展区域研究是国家的一个战略方向。 这一领域的深入推进，需要学者、教育机构的深度参与与协同努力。 在探索区域研究的进程中，若仅将其视为资源获取契机，而缺乏学术探索的热忱与追求，会阻碍区域研究的长远发展。

本报告的最后部分介绍了芝加哥大学发展区域研究的一些经验。 其通过有效机制整合多学科资源的模式，值得国内学习借鉴。 诚然，结合当前国内高校的实际情况，实现各学科与区域研究相关学者的高效整合存在一定难度，但我们的大学管理层要秉持积极发展的决心，这样才能充分发挥国家在区域研究战略投资的价值，推动区域研究稳步前行。

因此大家必须努力。

（赵鼎新，浙江大学人文高等研究院院长、浙江大学社会学系学术委员会委员）

西方世界的兴起与全球资本主义结构

雷少华

西方世界的兴起，是以大航海时代为起点，通过全球殖民、扩张与掠夺，开启了残酷的全球资本主义初级形态。 欧洲各政治体通过国家竞争体系，形成了战争资本主义，完成了资本的原始积累，构建了以奴隶、资源和制造业为基础的全球初级工业形态。 英国工业革命使得以欧洲为中心构建了全球工业资本主义；美国南北内战迫使欧洲工业资本主义向技术资本主义全面升级。 两次世界大战后，全球资本主义中心向美国转移，从而形成了以美国为核心的现代全球金融资本主义体系。 中华民族伟大复兴的本质是建立一套中国独立自主完整产业体系的过程，中国是唯一能够打破自大航海时代构建的全球产业结构的国家，中国将彻底重构第一次工业革命以来的全球产业结构。

一、殖民主义时代兴起

在中国的先秦时期，东亚和欧洲就已经建立了连接东西方交流的通道。 西汉时期，以丝绸为代表的中国物品被有组织、成规模地运往欧洲，形成了著名的连接东西方贸易的"丝绸之路"。 1453 年，奥斯曼土耳其攻陷君士坦丁堡，拜占庭帝国灭亡。 奥斯曼土耳其帝国的崛起与扩张，威胁到东西方之间陆路贸易通道的安全，连接欧亚大陆的陆路贸易逐渐衰落。

15 世纪的欧洲，尚未从黑死病造成的人口死亡危机中完全恢复。这场大瘟疫造成大量底层平民和教士死亡，教廷权力进一步式微，封建世俗权力迅速兴起，大批自耕农失去土地，沦为破产农奴。这一时期，欧洲各地民不聊生、饿殍遍野。由于奥斯曼土耳其帝国对东西方贸易的威胁，导致贵金属短缺，引发严重的通货紧缩，欧洲的教权与封建世俗权力都处在极度不稳定的状态，社会革命一触即发。

为获取贵金属和东方的财富、应对绝望的底层民众即将引发的社会动荡，在穷则思变、风雨飘摇的危急时刻，葡萄牙、西班牙王室被迫通过资助生活无望的底层群体，"他们要千方百计地绕过奥斯曼土耳其的阻隔，前赴后继探索通往东亚的另外的道路"。① 西班牙王室和被资助的探险群体，寄希望通过海路开辟通往东方财富之地的通道，欧洲人从此进入大航海时代。大航海开启了地理大发现和全球殖民扩张的序幕。哥伦布发现"新大陆"之后，西班牙迅速展开了大规模殖民掠夺，南美的贵金属源源不断地被运回西班牙。西班牙在海外殖民地攫取的天量财富不但挽救了岌岌可危的王室，更让西班牙王室沉迷于极度奢靡的宫廷生活。

葡萄牙、西班牙的大航海和地理大发现，从殖民地攫取的巨大财富，更加刺激了欧洲内部的竞争。欧洲各个王室陆续成立"特许公司"，资助这些组织进行海外殖民侵略和扩张掠夺，例如英国、丹麦的"东印度公司"，荷兰的"西印度公司"等。这些王室特许公司本质上是持有"特许状"的私掠船海盗集团。"私掠船可以说是海军的民间援军。普通海员突然变成海盗，二者之间只是一纸之差"。② 这些本质是海盗的群体，在王室"特许状"授权之下，在美洲、非洲和亚洲肆意疯狂地侵略和掠夺，并且垄断了当时的整个国际贸易。在欧洲大陆和周边海域，各国王室展开了

① 宋念申：《制造亚洲：一部地图上的历史》，南宁：广西师范大学出版社，2024 年，第 15 页。
② 〔日〕羽田正：《东印度公司与亚洲之海》，毕世鸿、李秋艳译，北京：北京日报出版社，2019 年，第 57 页。

更加惨烈的战争。 1588 年英国击溃了西班牙"无敌舰队"。 17 世纪，英国通过三次"英荷战争"沉重打击了号称"海上马车夫"的荷兰，一跃成为欧洲最强大的海军强国。 王室、正规军、雇佣军、特许公司、海盗和亡命之徒这些不同阶层和群体迅速形成一个广泛的利益联盟。 武力劫掠与国际贸易的结合，逐渐建立起一个以欧洲为中心的全球海洋贸易网络，进而把全球的陆地和岛屿等各个角落连接起来。 17 世纪末，全球殖民体系逐渐形成，世界进入"欧洲中心时代"。

二、战争资本主义形成

虽然大航海打通了通往东方的航道，但海盗式的武力贸易却遭到中国这类发达的政治文明体的强烈抵抗。 对于现有财富的劫掠仍无法满足欧洲殖民者的贪婪欲望，欧洲殖民者开启了人类历史上最大规模的土地掠夺与侵占，大肆吞并美洲、非洲、亚洲以及大洋洲的土地。 从此，欧洲殖民者从抢劫黄金白银等贵金属，武力劫掠现有财富，逐渐转向了强占土地，构建以甘蔗、咖啡、玉米、棉花为主体的农业种植园，将经济型农产品源源不断地运回欧洲，获取巨额商业利润的这种持续性的殖民经济模式。

以种植园为基础的现代资本主义雏形开始形成。 北美大陆富饶的土地极为广袤，但是缺乏足够的劳动力从事农业种植。 欧洲殖民者在北美实施了"世界上最大规模的土地掠夺"，暴力强占印第安人的土地，同时在非洲进行了人类历史上最大规模的奴隶贸易，大批非洲黑人被贩运到北美大陆的种植园成为奴隶。 殖民帝国不断扩展，原住民被大规模屠杀，贩卖非洲黑人构建现代奴隶制。 现代资本主义体系是建立在全球殖民掠夺基础上的，在全球范围内资本、人员、货物、原料开始流动。[1] 这构成了现代资本主义的第一个阶段，即"战争资本主义"。

---

①〔美〕斯文·贝克特：《棉花帝国：一部资本主义全球史》，徐轶杰、杨燕译，北京：民主与建设出版社，2019 年，第 6 页。

　　欧洲早期资本主义的原始积累都需要通过战争来实现。战争夺取更多殖民地，殖民地产生更多财富。战争直接参与了资本主义体系的建设过程：战争创建了现代军队并刺激了军事技术发展，现代军队为资本主义财富的积累保驾护航。通过全球殖民活动，资本主义推动了"财产的聚集、观念的塑造和市场的形成"。① 清教主义、军国主义和资本主义是三位一体。② 全球殖民扩张快速地构建起"战争—商业"循环结构，"战争攫取财富、财富支付战争"。③ 为了获得更大的商业利益，就必须用武力保护贸易和控制市场。"持剑经商"成为攫取商业利益的最佳手段，巨额商业利润可以雇佣更多军队、装备更先进的武器，进而刺激更多战争。

　　"战争资本主义繁荣于战场而非工厂；战争资本主义不是机械化的，而是土地和劳动力密集型的，基于对非洲和美洲的土地和劳动力的暴力掠夺。"④资本主义的诞生就是全球性和等级制的。通过殖民航运体系，全球的资本、人力、原料构成了完整的流通网络；通过武力征服构建了"非洲的奴隶、美洲的农庄、欧洲的市场"这种种族主义等级秩序，欧洲不但成为战争资本主义的发源地，同时也处在早期全球产业结构的最顶端。欧洲对全球资源的掠夺和海外殖民，以及建立的现代奴隶制度，需要一套合理性的理论作为基础，"社会达尔文主义"被建构出来。"社会达尔文主义"提供了殖民主义的意识形态和社会规范学说。"落后就要挨打，挨打证明落后，落后证明该挨打。"⑤资本主义本质上是基于种族主义的全球产业体系。

　　欧洲君主与殖民者在海外争夺土地资源财富的同时，在欧洲大陆内部也形成了以战争为核心的近代国家竞争体系。欧洲不同王权和封建领主对于财富的渴求，刺激战争频发。"生存""掠夺""殖民"构建了近代欧洲

① 〔德〕维尔纳·桑巴特：《战争与资本主义》，晏小宝译，上海：上海人民出版社，2023 年，第 25 页。
② 〔德〕维尔纳·桑巴特：《战争与资本主义》，第 44 页。
③ 文一：《科学革命的密码：枪炮、战争与西方崛起之谜》，上海：东方出版社，2021 年，第 2 页。
④ 〔美〕斯文·贝克特：《棉花帝国：一部资本主义全球史》，第 7 页。
⑤ 章永乐：《铸典宣化："文明等级论"之下的"旧邦改造"》，北京：生活·读书·新知三联出版社，2024 年，第 14 页。

"国家竞争体系"。 外部帝国的创建为欧洲大陆内相对强大的、中央集权和均质化的民族国家的形成提供了某些手段和某种动力。[①] 现代国家就是战争的产物：民族主义、军国主义、财政税收、征兵体制。[②]

为了赢得因生存和财富而引发的残酷战争，"安全困境"迫使欧洲各国必须赢得军备竞赛和战争的胜利。"如果没有工业和商业，哪里会有自然科学呢？"[③]严酷的生存环境和军事需求，才导致欧洲"科学革命"的爆发。 当战争从冷兵器时代走向热兵器时代，以汲取税收为主体的财政模式无法支撑如此巨大的战争成本，金融与战争就自然结合在一起。 支付战争所需的海量资金从传统的税收转向了债券、融资等金融工具，从此战争和金融紧密地绑定在一起。

政治和军事维护金融秩序的稳定，稳定的金融体系成为支持战争的决定性因素之一。 金融和军事相结合，进一步刺激和加速了对外战争、殖民与掠夺的进程。 欧洲国家在这种竞争体制下不断分化组合。 欧洲各国都需要有一个稳定的区域来为未来战争进行有效且稳定的融资，各国从而达成共识，瑞士成了为欧洲国家战争与金融服务的中立国，从此瑞士成为欧洲乃至全球的金融中心。

三、工业资本主义形成

随着北美的棉花源源不断被运往英国，利物浦港堆满了成堆的原棉。传统的人力作坊以及以河流边小型水力磨坊为驱动力的纺织生产无法加工如此大规模的棉花原料。 在市场供需的刺激下，1785 年，瓦特改良的蒸汽机首次被用于滚筒纺纱。[④] 机器取代了人力、畜力和水力，工厂从此摆

---

① 〔美〕查尔斯·蒂利：《强制、资本和欧洲国家（公元 990—1992 年）》，上海：上海世纪出版集团，2012 年，第 203 页。
② 〔德〕维尔纳·桑巴特：《战争与资本主义》，第 18 页。
③ 《马克思恩格斯选集》第 1 卷，北京：人民出版社，1995 年，第 77 页。
④ 〔英〕托马斯·阿什顿：《工业革命（1760—1830）》，李冠杰译，上海：上海人民出版社，2020年，第 82 页。

脱了地域的限制，打破了城市和乡村、沿海和内陆的边界，任何区域都可以建设工厂，进而极大地刺激了交通、采矿、冶炼、纺织等不同产业体系快速发展，逐渐形成了现代工厂以及产业集群，第一次工业革命在英国诞生。

"由于机器和蒸汽的应用，分工的规模已使脱离了本国基地的大工业完全依赖于世界市场、国际交换和国际分工。"①英国率先将战争资本主义与工业革命相结合，从而使资本主义从早期依靠暴力征服与掠夺的血腥的资本原始积累阶段，逐渐发展到有一套高度组织化、统一规范、统一标准、以统一市场体系为核心的现代分工工业结构的"工业资本主义"新阶段。"工业资本主义"的基础是一种全球性的网络结构，它由建立在英国先进机器生产能力上限基础上的全球劳动力市场（包括本国的产业工人和殖民地奴隶）、工业原材料规模（种植园），以及海洋与陆地运输网络的巨大承载力构成。

进入工业资本主义阶段后，资本主义依照产业类型，形成了高度的产业分工和产业集群。 资本主义从早期殖民与战争无序的暴力抢夺以及混乱的交易网络时期，逐渐走向高度有组织的产业集群、有监管的商业网络体系中。 伦敦建立了以英镑为核心的金融交易中心，利物浦建立了以棉花和奴隶交易为核心的远期交易中心，曼彻斯特建立了以纺织工厂为核心的工业中心。 英国围绕工业结构构建全球信贷、保险和融资体系，依托销售体系建立全球市场。 由于工业、商业和金融跨国网络的迅速发展，工业资本主义形成了一套独立于国家行政权力和战争暴力抢夺的自我运行的体系。商业纠纷的解决逐渐从依靠战争模式的国际公法中剥离出来，进而形成较为统一的国际私法体系。

工业资本主义体系建构了标准统一的法律、金融、保险、航运等跨国协调机制，商业纠纷从战场转向法庭，因而欧洲工业资本主义体系内部建立起一套完整的交易规则。"鼓励创新的专利法的制定……股份公司的兴起取代旧日的受控公司；咖啡馆发展了，这是组织保险的开端；证券和商

---

① 《马克思恩格斯选集》第 1 卷，北京：人民出版社，1995 年，第 132—133 页。

业市场创造出来了；金首饰商发展为发行钞票、贴现票据和存款付息的存款银行……英格兰银行获得特许状，创办了中央银行。"[1]跨国工业资本主义共同形成了完整的内部交易网络，极大降低了交易成本。有效率的经济组织是经济增长的关键、一个有效率的经济组织在西欧的发展正是西方兴起的关键所在。[2] 在工业资本主义阶段，欧洲在内部建构了保护私人产权的法治体系，促进运输、保险、金融等制度建设，创造出有利于资本主义运行的商业与法治环境。

四、技术资本主义形成

美国独立战争之后发生了关于国家如何发展的大辩论，这场辩论有两个层次：一是建立联邦体制还是邦联体制；二是美国应该成为工业国还是农业国。联邦党人在这两个层次的辩论中都取得了胜利。1791 年，亚历山大·汉密尔顿（Alexander Hamilton）的《制造业报告》（*The Report on Manufactures*）是美国确定以制造业大国为发展目标的标志性文件，它成为现代产业政策的鼻祖。《制造业报告》以追赶英国为目标，提出建立"粮食、矿产、能源、纺织、玻璃、图书和军工"七大产业部门。[3] 虽然《制造业报告》没有得到当时的美国国会批准，但是汉密尔顿的思想将强大的联邦政府和有效的产业政策结合起来，基本奠定了美国之后以制造业为核心的产业发展框架。

美国建国后，北方制造业通过雇用大批工业间谍偷窃欧洲技术、奖励英国技术工人移民等方式迅速掌握了当时最先进的纺织技术，依托联邦政府的大量资金补贴，通过高昂的关税扶植和保护其幼稚工业，以棉纺织工业为代表的美国制造业开始迅速发展。年轻的美国虽然在形式上成立了联

---

① 〔美〕道格拉斯·诺斯、〔美〕罗伯特·托马斯：《西方世界的兴起》，厉以平、蔡磊译，北京：华夏出版社，2020 年，第 195 页。

② 〔美〕道格拉斯·诺斯、〔美〕罗伯特·托马斯：《西方世界的兴起》，第 3 页。

③ 雷少华：《超越地缘政治：产业政策与大国竞争》，《世界经济与政治》2019 年第 5 期，第 148 页。

邦政府，但是国内经济并没有形成有机的统一体。 北方快速发展的纺织业需要大量棉花原料，然而南方棉花种植园依然嵌套在英国的工业体系内。美国南方种植园与英国工业中心上百年来形成的航运、保险、期货、市场以及情感纽带，无法在短时间内转移到北方刚刚兴起的制造业体系中，南方的棉花依然源源不断地被运往英国。 美国新兴制造业与英国工业帝国对南方原材料的争夺、美国南北两大产业体系的结构性矛盾最终导致了美国内战的全面爆发。

美国联邦政府赢得了内战的胜利，北方制造业迅速控制了南方棉花供应体系，英国纺织工业最重要的原棉贸易被迫中断。 美国南北战争使英国以纺织工业为核心的全球供应链遭受了重大打击，这是最早的全球供应链危机，进而重构了全球制造业、供应链、航运以及资本市场结构。 美国南北战争不但引发了全球第一次供应链危机，同时也加速了全球第一次大规模的劳动密集型产业转移，由欧洲转移至美国。 美国内战结束后，虽然英国棉纺织业在印度、埃及开辟新的棉花供应基地，美国南方部分种植园也恢复了一定数量的棉花供应，但是英国棉纺织业事实上受到了重创。 在供应链危机、美国新兴产业竞争以及生产成本飙升的多重压力之下，英国棉纺织工业体系从早期的原棉纺纱织布，开始转向技术更加复杂的印染并专注于研制和制造技术更加复杂的纺织机械，从而带动了化学工业和机械工业的发展，进一步向着当时的技术密集型产业攀升，构建了以技术为核心的"技术资本主义"新时代。

19 世纪中叶之后，关键技术变得错综复杂，单纯引进技术工人和机器已不足以掌握一项技术，英国此时也废除了对技术工人外流和机器出口的禁令。[①] 技术的转让和出售产生更加丰厚的商业利润，技术本身开始成为新型工业品。 产品的设计、标准、专利逐渐比制造本身的利润更加可观。全球资本主义体系从保护原材料供应地升级为保护技术与标准体系。 这就

---

① 〔英〕张夏准：《富国陷阱：发达国家为何踢开梯子？》，肖炼、倪延硕等译，北京：社会科学文献出版社，2009 年，第 66 页。

使得与知识产权保护相关的法律和商业规则的重要性凸显出来，最终催生了国际知识产权保护制度，并且形成了一系列保护知识产权的国际公约、解决争端的法律体系、相应的国际仲裁法庭与国际组织。

由于技术研发极为昂贵、复杂的专利更具交叉属性，进一步重构了资本主义体系内部的分工，形成了既竞争又联合的技术联盟。 一方面，欧洲各国为了在全球掠夺更多的殖民地、原料产地和市场，它们之间的冲突与战争更加激烈和血腥；另一方面，在金融与技术的融合下，大工业和大资本集团将整个产业体系进行了有机整合和分工。 技术联盟促进了商业利润与科技研发的正向循环，并构成了联合保护机制。 高度复杂的产业集群、深度交叉的技术体系、高度专业化的金融法律网络将资本主义建构为具有完整内部分工的有机体，进一步使早期工业化国家集团强化了在全球资本主义体系顶端的产业霸权。 这些先发的工业国，通过大工业和大资本集团控制处于产业结构上端的技术与专利体系，将后发国家的弱小产业体系牢牢地锚定在低端劳动密集型结构中，每个国家、每个区域，按照大工业和大资本集团的分配，全球工业分工被限定在全球资本主义体系的固定区域。 所谓的"香蕉共和国""铜矿王国"并非美誉，而是由全球资本主义塑造的单一经济结构。

在资本主义国家集团之外的世界里，外部的冲击激发了部分殖民地现代民族国家意识的逐渐觉醒。 在殖民主义和工业资本主义的双重冲击下，亚非拉传统社会朝着两个方向发展：大部分区域的传统社会进一步解体，资源丰富的地区陷入更加残酷的丛林法则之中，贫瘠的区域则被抛弃进入自生自灭的原始状态。 而以中国为代表的地区开始产生了本土化的工业雏形，形成了近代工人阶级和民族资产阶级。 全球资本主义的统治方式发生了变化：西方资本主义集团开始通过控制先进技术来控制生产的关键环节，进一步强化了全球产业分工。 殖民地和半殖民地区域，不仅成为工业原材料的生产基地，也成为终端产品的倾销市场。 西方资本主义集团从直接奴役劳动力和掠夺原材料获利的初级阶段，转变为通过技术、专利和全球金融体系将新兴国家和新兴民族资本主义牢牢地与全球产业体系绑定的更高阶段。

五、现代全球资本主义的权力结构

20 世纪的两次世界大战，导致了全球资本主义的权力中心从欧洲转移到美国。二战结束时，美国就已经完全取代了欧洲，成为全球工业制造能力最强、产业结构最完整以及价值链最复杂的国家。美国以仅占全球 7％的人口，生产了全球 42％的工业品、43％的电力、57％的钢铁、62％的原油和 80％的汽车。[①] 美国吸纳了大批来自欧洲的技术移民和科学家，快速扩充了其庞大的高等教育资源。依托为制造原子弹而构建的"曼哈顿工程"模式，形成了国家级科学和研究组织动员机制，建设了全球最大规模的国家实验室体系。

更为重要的是，在二战还未结束的 1944 年，美国以军火物资为谈判筹码，召集 44 个国家在美国新罕布什尔州布雷顿森林度假区，签署了《国际货币基金组织协定》等文件，形成了第二次世界大战后全球金融体系的基本框架，因此被称为"布雷顿森林体系"。布雷顿森林体系确立了双挂钩机制，即"美元与黄金固定挂钩，各国货币再与美元挂钩"。从此美元顺利取代了英镑成为全球核心储备货币与国际贸易清算工具。

为了应对徐徐落下的冷战铁幕，美国推出了"马歇尔计划"重建被战火摧毁的西欧经济体系，成立与苏联对抗的新资本主义国家集团。资本主义的本质就是全球性和分工性。由于美国控制了二战后全球生产要素的分配权，因此具有了强大的重建全球产业结构的能力，形成了现代全球金融资本主义结构，全球产业体系从低到高（见下页图），依此为：（1）全球资源能源体系（包括煤炭、石油、天然气、矿产、粮食）；（2）全球制造业体系（包括汽车、化工、飞机、制药、机械、零售、娱乐）；（3）全球物流体系（包括远洋航运、快递、航空）；（4）全球技术体系（包括前沿技术研

---

① 〔美〕艾伦·格林斯潘：《繁荣与衰退：一部美国经济发展史》，束宇译，北京：中信出版社，2019 年，第 255 页。

发、标准、专利）；（5）全球资本体系（包括国家主权财富基金、对冲基金、资产管理公司、家族基金、银行保险证券市场）。

这一分类能够清晰理解当代以美国为核心构建的全球资本主义体系结构。每一个结构都由相应的西方国家的跨国企业进行控制。政府和军队进一步隐藏在跨国企业构建的全球资本主义网络的幕后。当每一个结构和领域中的美国跨国企业占据绝对优势地位时，这一领域就被推行"基于规则的自由贸易秩序"。一旦受到资本主义国家集团内部其他国家跨国企业的竞争，或者外部新兴国家和企业的竞争，美国的国家暴力机器就走出幕后，毫不留情地对竞争对手进行打压。

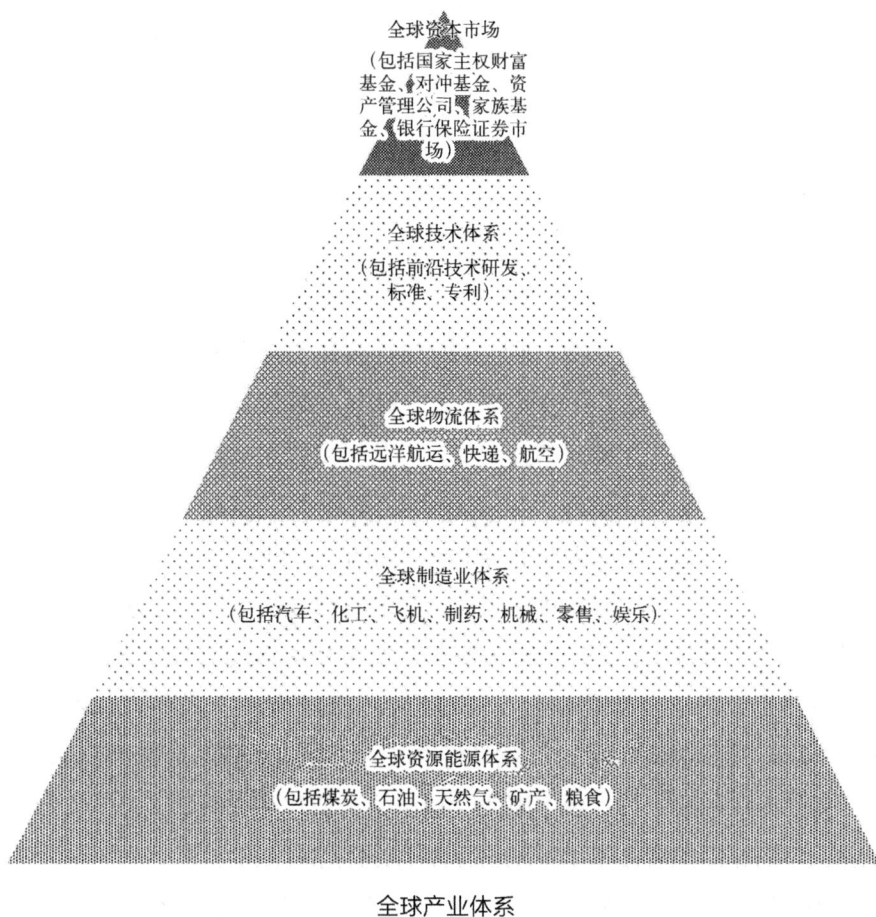

全球资本市场
（包括国家主权财富基金、对冲基金、资产管理公司、家族基金、银行保险证券市场）

全球技术体系
（包括前沿技术研发、标准、专利）

全球物流体系
（包括远洋航运、快递、航空）

全球制造业体系
（包括汽车、化工、飞机、制药、机械、零售、娱乐）

全球资源能源体系
（包括煤炭、石油、天然气、矿产、粮食）

全球产业体系

六、全球化时代的中美关系及其未来

1944 年开始建立的布雷顿森林体系虽然奠定了美元作为全球储备货币的霸权地位，但是这种金融体系在设计之初也为美国制造业外流形成了制度性陷阱，即"特里芬困境"。 1960 年，美国经济学家罗伯特·特里芬指出，美元作为储备货币需持续外流（导致美国逆差），但维持美元信誉又需美国保持顺差，这种建立在布雷顿森林体系之上的美元霸权与美国制造业具有无法解决的天生矛盾，制造业外流成为必然。 冷战结束后，美国成为唯一的超级大国。 美国资本一方面吞噬了前苏联和东欧地区大批优质资产，另一方面，美国资本以信息技术为基础，通过第一次互联网经济浪潮构建了全新的跨国资本网络体系。

"历史终结论"成为这一时期主流的意识形态。 在单极霸权的历史大背景下，美国转向了以金融与高科技融合的全球金融资本主义模式。 全球化时代在大资本集团的推动下加速前进，美国的制造业加速转移到了到东亚等新兴经济体中。 美国资本集团牢牢把控着全球技术密集型产业的研发、标准、专利，以及市场，通过垄断高科技生态体系底座（硬件的专利和软件的生态），构建了华尔街的金融与硅谷高科技复合体的模式，从而进一步控制了全球生产要素的分配权，以及在全球产业体系中掌握产业霸权的能力。

新中国成立后，实现工业化是中国发展的主要目标之一。 在毛泽东同志的领导下，到 20 世纪 70 年代中期，全中国已经基本完成了从农业国向工业国转变重大历史任务，从而为改革开放尤其是承接全球劳动密集型产业转移奠定了充足的前置条件。 1979 年，中国开始进入改革开放的新时期。 改革开放的核心目标之一就是将中国的产业体系融入美欧市场体系之中，即"与国际接轨"。 新中国成立初期的工业化是中国进入 WTO 的必然结果，而非中国加入 WTO 才开始有了工业化。

中国拥有全球独一无二的新兴工业化国家发展的七大核心要素：（1） 良

好的政治社会环境和法律体系；（2）完善的公路、铁路、港口和机场等基础设施；（3）完整的工业分工体系；（4）稳定的能源、电力、水源供应；（5）充足的人力资源与训练有素的廉价劳动力；（6）抵御全球金融风险的国家资本；（7）不断增长的消费市场。 进入全球化时代的中国在全球制造业领域迅猛发展。 2009年，中国首次超过美国成为全球最大的汽车消费国；2010年，中国首次超过美国成为全球最大的制造业大国。 根据经合组织统计，2023年，中国占据了全球制造业总产值（Gross Production）的35％、全球制造业增加值（Value Added）的29％。 这两项指标都远超七国集团之和。①

2015年，中国工信部推出了"中国制造2025"，标志着中国全面从全球劳动密集型产业向全球技术密集型产业攀升。 经过9年的发展，根据《南华早报》的统计，中国已经完成了"中国制造2025"设计的"十大行业200多项领域"的86％的目标。 中国在5G通信、高速铁路、可再生能源、智能网联、新能源汽车等领域占据全球主导地位；在集成电路、人工智能、生物制药、商业大飞机等领域与美国差距越来越小。② 近期美国一家智库发布的《中国制造世界：九年后的中国制造2025》报告中，认为中国除了光刻机与农业机械之外，已经完成或者基本完成了"中国制造2025"的所有目标。③

究竟完成了原计划目标的多少百分比并不重要。 不可否认的事实是，目前中国已经主导了全球劳动密集型产业，并且全面加速向全球技术密集型产业攀升。 这一趋势如果持续发展下去，美国将逐渐丧失对全球生产要素的分配权，并导致美元赖以生存的全球霸权基础出现危机。 中美在全球产业体系"新技术研发、新基础设施建设、新产业集群构建、新市场规模扩张"这

① OECD: TiVA database, 2023 updated, https：//www.oecd.org/en/topics/sub-issues/trade-in-value-added.html（访问日期：2025年6月18）

② "Made in China 2025: China meets most targets in manufacturing plan, proving US tariffs and sanctions ineffective," *South China Morning Post*：https：//www.scmp.com/news/china/science/article/3260307/made-china-2025-china-meets-most-targets-manufacturing-plan-proving-us-tariffs-and-sanctions（访问日期：2025年6月18日）

③ Marco Rubio, *The World China Made："Made in China 2025" Nine Years Later*, https：//www.americanrhetoric.com/speeches/PDFFiles/Marco-Rubio-The-World-China-Made.pdf

四个领域发生了结构性冲突，这是中美关系急转直下的核心原因。

结论

2025 年 5 月 29 日，北京大学政府管理学院路风教授发表了题为《美国发起对决，中国靠什么赢得世纪挑战？》的采访实录。 路风教授把资本主义建构的全球产业体系分为工业和金融两大体系，他认为中国的工业社会主义对决美国的金融资本主义将最终胜出。[①] 回顾全球资本主义发展的历史，从大航海时代建立了全球殖民体系，进而发展为战争资本主义；英国工业革命构建了全球工业资本主义；美国南北战争后全球进入了技术资本主义；二战后美国构建了全球金融资本主义。

美国的全球金融资本主义包括了全球资源能源体系、全球制造业体系、全球物流体系、全球技术体系、全球资本体系这五个层级。 随着中国向着全球技术密集型产业体系攀升加速，未来一定会主导整个全球制造业体系、全球物流体系和全球技术体系。 但是，美国在国内拥有丰富的煤、油、气、矿、粮，以及庞大的金融体系，未来的美国，依然能够在这两个庞大结构基础上支撑着其全球金融资本主义的主导权。

中华民族伟大复兴的本质是建立一套中国独立自主完整产业体系的过程，中国是唯一能够打破自大航海时代以来构建的全球产业结构的国家，中国将彻底重构第一次工业革命以来的全球产业结构。 对于中国的发展，依然需要坚持技术唯物论，以新质生产力为产业底座，加速构建以技术为引领的全新全产业体系。 让金融为实体产业服务，建构一个以中国为引领的全球产业结构的新时代。

（雷少华，北京大学国际关系学院副教授）

[①] 路风：《美国发起对决，中国靠什么赢得世纪挑战？》，https://www.guancha.cn/lufeng2/2025_05_29_777566_1.shtml（访问日期：2025 年 6 月 18 日）

编者按

"宪法是一个民族的史诗",是认识民族国家根本属性的一把钥匙,因而成为区域与国别学的重要研究对象。国家的根本属性往往反映在其宪法的独特之处,而唯有通过各国宪法的比较才能发现这一点。职是之故,区域与国别学需要将法学、政治学和历史学等学科中的比较宪法研究融会贯通,建立服务于区域与国别学特殊使命的"新比较宪法研究"。为了推进这一议程,"今天我们如何研究比较宪法?——《海国宪志——全球化时代的比较宪法》新书研讨会"于2024年5月15日下午在北京大学法学院凯原楼303会议室举行。此次会议有三家主办单位,分别是北京大学—耶鲁大学法律与政策改革联合中心、北京大学国家法治战略研究院、《法律书评》编辑部。会议围绕刘晗教授的新著,邀请京内外十余位专家学者展开研讨,还有多位专家提交了书面发言。会议伊始,主持人阎天提出,刘晗教授之为学,有三点过人之处:一是才气足,讲究炼字炼句,善用巧思而别开生面;二是学问深,结硬寨,打呆仗,博观而约取,致密而周严;三是见识高,打穿层层障目,直取问题核心,以最简单的语言表达最透彻的见解。本集刊编发作者与编辑的写作和出版心得,暨参会专家的现场发言和书面发言,以飨读者。

运用比较宪法维护国家的核心发展利益

刘 晗

首先说下这本书的缘起。 这本书事实上从 2013 年就开始写，很惭愧，一直干了十来年才弄出来。 最早是王晶老师在我刚回国的时候，说要做一套各个领域的前沿类的书，有学术深度的。 当时就说，比较宪法我来弄，后来由于事务繁杂，写得哩哩啦啦。 到了 2017 年，就想借个事督促一下自己，就拿着书稿申请了国家社科基金后期资助项目。 2021 年，张翔老师组织了一次讲座，在北大法宝学堂，今天在座的有些老师也参加了，主题是"比较宪法还重不重要？"我们都知道，最近很多年都在讲法学本土化，甚至很多核心期刊已经很少发表比较法方面的文章，更不用说比较宪法的文章了。 在这个时候，张翔老师组织了这次讨论，相当重要，包括后来的比较宪法区域与国别论坛，也是把比较宪法研究的热度呈现出来。 最终到了 2022 年，我记得花了整整一个暑假，把其他杂事儿都推掉，每天大概工作 10 个小时，最终把书稿全部写出来。 但是，后来又经过很多波折，直到 2023 年才准备好出版，2024 年 1 月正式出版。

我今天不就这本书做介绍，不过，大概有一些延伸的思考跟各位汇报一下。 为什么写这本书？ 当然，首先是因为直到今天比较宪法依然非常重要。 不仅仅是说它对于我们的宪法学知识体系具有重要性，我相信宪法学研究是需要比较因素的，需要加上外国宪法知识的内容。 如果我们追溯比较宪法在中国的历史，从一开始它就是宪法研究的重要内容，甚至是宪法实践非常重要的一种知识来源和一种重要的方法。 从晚清开始，我们在引入现代宪法时都是以外国宪法为参考，也就是它服务于整体的法律改革，无论是清末预备立宪，还是民国时期的制宪。 到了今天，它依然非常重要，只不过可能不是对于我们的法律改革和宪法实践有那么强的直接参考意义，可能更多的是战略层面的需求。

最近大家应该都关注到 2024 年 5 月 TikTok 公司和字节跳动公司在美国哥伦比亚特区联邦巡回上诉法院起诉美国政府关于强制出售和封禁的事件。 此事发生后，很多方面都在询问宪法专家。 这时大家会发现，比较宪法又有了新的用途，不是作为我们改造自身宪法的参照，而是运用比较宪法去维护国家的核心发展利益，甚至保护公民以及企业在其他国家的合法权益不受侵害。

不仅是美国，放眼全球，现在很多中国出海企业都面临其他国家的法律问题，而且这些问题越来越多地转变为宪法问题。 例如，2023 年 1 月菲律宾最高法院的一项裁决涉及中国海洋石油等公司（简称"中海油"）。中海油与菲律宾和越南的石油公司签了一份协议，联合进行南海地震勘探。 这份协议被菲律宾国内的一些团体起诉了，之后，菲律宾最高法院判定，联合海洋地震勘探的协议违反了《菲律宾宪法》第 12 条第 2 款，因其中规定国家必须控制自然资源的勘探权。 这是一个特别典型的案例：我们的很多出海企业在到其他国家投资时可能会按照我们对自身体制的理解，主要与当地行政机关商谈，而忽略所在国的宪法法院或最高法院，它们掌握着违宪审查权，从而掌握着非常重要的政治权力。

《海国宪志》有一个最基本的目标，就是想去更新一下我们对于外国宪法的认知，"重新开眼看世界"。 目前，很多论文都在研究外国宪法，然而如果系统性地想去看一下晚近二三十年来，特别是冷战结束以来，世界各国宪法的整体图景，相关的作品还不多见。 这本书就是想去做这么一项工作，从我们认知宪法的一般的顺序，包括宪法的正当性基础，宪法关于国家机构的规定，宪法关于公民基本权利，尤其是违宪审查，提供一幅完整的图景，尤其是展现全球化对宪法的影响。

比如，我们一般都会认为宪法肯定要以人民的民意来制定，是有民主基础的。但是，实际上很多外国宪法的制定反倒需要排斥公众参与才能成功，反而是"民主赤字"的宪法有些时候更容易制定成功，而且甚至运行得比较好。返回去想，美国宪法如果是全民参与制定，1787 年根本不可能制定出来，它其实是"非民主的奇迹"，不是"民主的奇迹"。再如，国家权力结构，实际上张翔老师的论文已经写得非常充分了，就是说三权分立并不是普遍的。无论是欧洲的议会制，乃至于很多国家都在实行类似法国的半总统制。再比如，基本权利，我们应该可以看到一些新兴的权利，像堕胎权、同性恋权利，等等，即便是传统的言论自由权也在信息时代呈现了新的面貌。我顺便说一下，最近 TikTok 公司起诉美国政府的起诉书中对于言论自由的教义学，使用了一些非常不寻常的内容，就是它主张平台自身的言论自由。

麦迪逊与马伯里

再有就是晚近以来比较宪法的核心内容——司法审查体制，除了我们都知道的"马伯里诉麦迪逊案"或者德国宪法法院，其实现在有很多其他的模式。比如，英联邦国家的弱司法审查模式，以及很多国家的违宪审查机构都在推行比例原则，都值得我们关注。 这里面我想特别强调的是，反倒是现在美国的司法审查模式在世界范围内已经越来越边缘化了，更多国家是在学习德国，无论是从法院的形式，还是使用的教义。 比如，韩国是受美国影响最深的国家之一，但是韩国的宪法法院使用的是德国模式。 再比如，受普通法影响的印度，事实上最高法院在用教义的时候引入了很多德国元素。 如"违宪的宪法修正案"学说对印度宪法发展与司法实践产生了重大影响。 此事来源于1965年一个德国教授在印度的一所法学院做了一个讲座，他的学说正好被下面一个正在打宪法官司的律师听到了，听到之后立即写进了起诉书里，后来印度的最高法院几个大法官一看，直接就拿过来判案。

最后，汇报一下关于怎么研究比较宪法的问题，也就是方法论的思考。 任何比较研究事实上都有一个参照系。 本书的开头和结尾都引用了马可·波罗的那句话，"每当我说一个城市的时候，我都是在说威尼斯"。我们做比较宪法研究的也是，每当说一个国家案例的时候其实隐隐地都在说本国，这是不可避免的。 问题是我们到底是不是真以自己的主体意识做比较?

其实，如果我们追溯中国比较宪法的先驱，例如，魏源的《海国图志》以及魏源所代表的鸦片战争前后的儒家士大夫，都是用儒家的概念和思维来理解美国宪法和外国宪法。 很有意思的是，对于魏源这些人来说，他们对于美国宪法感到兴奋，并不是因为它很"美国"，而是因为它特别符合中国古代儒家的"三代"理想。 不是因为它是异域的，恰恰是因为它对应了我们古代的理想。 再比如瑞士，在魏源的眼中就是"西土桃花源"，想象得很美好。 因此，他是有个参照系的，只不过这个参照系不是清代制度，而是中国古代的美好理想。

再如，康有为是以晚清君主立宪的改革目标为参照系的，因此他会特别关注日本、英国。 康有为对于学习美国和瑞士一直都比较抵制，他认为共和制度很好，但是学不来，因为这两个国家的共和制度的成功也很偶然。 康有为认为，如果1787年有飞机和轮船，美国就不可能利用身处两个大洋之间的地理优势独立建国。

到了民国时期，最典型的一本宪法教科书是《比较宪法》，这也是王世杰最早的那本在北大讲课的讲义。钱端升曾专门写了一篇书评，说这本书完全是以欧美为参照系的，把中国作为一个需要改造的"异邦"。钱端升说，日本作为一个成功的立宪国家，王世杰竟然一个字都没有写。

1949 年中华人民共和国成立，我们有一个强大的自我参照系，就是社会主义体系，与西方资本主义国家宪法对勘。当然也可以说，这种参照系是苏联的。但是中苏关系破裂后，中国开始独立地探索适合本国国情的社会主义建设道路。改革开放之后，比较宪法似乎又回到了王世杰的那种传统，简单说是"以西方为体，以中国为用"。我隐约觉得背后的参照系问题，是一个"体"和"用"的关系问题，究竟是以外国（欧美）宪法为"体"，还是它只是"用"？

当然，这也决定了我们究竟要关注哪些国家。《海国宪志》这本书的一个重要的观点，就是认为我们应关注那些非西方国家，特别是小国。因为非西方国家的宪法很多研究者已经有所关注，如研究印度宪法的成果也较多。但是，一些小国却很少受到关注。我记得本书的责任编辑王晶老师在清样上，专门记录了书中出现的小国，我看的时候也挺惊讶，例如，伯利兹、尼泊尔、哥斯达黎加、博茨瓦纳，等等。刚才我们也聊到，现在都有 AI，语言不是一个特别大的障碍了，因此，我读了很多西班牙文和葡萄牙文的判决书，就是利用 AI 翻译，基本能够获得判决书的内容。

当然，这些小国常常会有很奇葩的例子。比如，关于同性恋权利，博茨瓦纳的《刑法》规定所有男性的"鸡奸罪"是犯罪。后来就有男同性恋被抓了，就打宪法诉讼，打平等权，大意是说立法者为什么只把男同性恋这样的行为列为犯罪，不把女性同性恋列为犯罪。最后，博茨瓦纳最高法院的判决书称，你们说得有道理，因此要求议会把女性同性恋也列为犯罪。后来我请教张翔老师，他说，平等不得用于不利益，这是德国宪法的原则。但是，这些国家在仿行违宪审查中，显然没有顾及这个原则。

此外，长久以来，由于"马伯里诉麦迪逊案"的影响，以及国内出现宪法司法化的思潮，我们都关注的是其他国家的宪法法院。 当然，对于我们很多律师、企业，乃至政府的工作人员来说，比较缺少的恰恰是对其他国家宪法法院和最高法院的认识，因为很多人都认为议会和总统/总理是权力最大的，所以可能会比较忽视法院的力量。 但是，对于我们专业研究宪法的学者来说，可能长久以来更多关注的就是法院。 从晚清、民国开始，有另外一个视角是关心政体。 因此，我们现在做比较宪法研究，最好能有一个更为整体全面的视角，既关注法院的判决，也关心它背后的政体环境，包括文化语境。

最后，做比较宪法研究是为了什么？ 很长一段时间，从晚清开始，比较宪法研究的用途非常简单，就是为了借鉴。 后来借鉴已发展到崇拜的程度了，甚至一些有关美国宪法的通俗读物在一段时间内都会变成畅销书。现在可能我们需要摆脱这种顶礼膜拜的心态，进行更为客观深入的理解。例如，针对 TikTok 公司的诉讼案，企业法务显然无法用崇拜的心态去看美国宪法，而是要先搞清楚美国宪法到底是什么，我们才能去判断这个案子该怎么打，怎么才能赢。 如果带着崇拜的心态，肯定是没法好好理解和使用的，就好像狂热的粉丝对明星是不可能深入了解的一样。 当然，这是个开放性的问题，我们的比较宪法研究长久以来可能是从内而外的，是移植性、借鉴性和内向性的。 未来是不是我们有一种可能，结合我们现在讲的涉外法治，转向一种从内而外的新比较宪法研究态势，值得我们进一步思考。

（刘晗，清华大学法学院教授）

比较宪法研究的四个改变

阎　天

第一个改变是主客之变。这个主客关系实际上指的是中西的关系。在这之前，我们理解比较宪法的原型就是王世杰的《比较宪法》，它主要是以欧美的宪法为主，中国是"客"。耶鲁大学所在的纽黑文市，市中心是一大片草地，重要的公共建筑是围绕这片草地来建设的。类似地，元代建设大都城的时候，太液池在中间，宫城是围着太液池营建的，这和游牧民族逐水草而居显然是相通的。它这个"主"是水草。反过来到了明朝，北京城就是今天的格局了，太液池就都到宫城的一边去了，宫城就成了"主"，太液池就成了"客"。我觉得刘晗老师实现的就是类似从元到明的转变。这可能是我们第一次有意识地开始建立中国的主体性，再来谈比较宪法。美国人横行霸道，但是他们在面对比较宪法学的时候，也长期面临着主体性缺失的问题。阿克曼在《我们人民》的第一卷开篇就说，美国已经世界第一这么多年了，但是它在理论上、在思想上理解不了自己，它仍然是"客"，不是"主"，欧洲才是"主"。这是第一个变化。

第二个改变是古今之变。多年以前，比较宪法被认为是与古代彻底决裂，与传统中国彻底决裂。这种观点认为，"大分流"以后，中国落后了，怎么办呢？大合流呗！就是要和过去所走的路一刀两断。而今天刘晗老师上来就说魏源是一个今文经学的学者，以前，我们是无法把古代的中国与现代的宪法打通的。 关于清末的一些学者把欧美的宪法比喻成中国的"三世说"，这一套观点早在 20 世纪 80 年代就有人提出过，当时人们认为中国学者是很幼稚的。 如果把古今割裂开来，就意味着比较宪法在中国的学术领域中永远是一个闯入者，是一个异物，是一个临时存在、有一天可能要被清除出去的东西，在大历史的尺度上来看，它就是站不住脚的。我们只有打通古今，比较宪法才可能成为中国学术的一个有机部分。

第三个改变是南北之变。 以前中国研究比较宪法，主要就是研究东西方发达国家，说白了就是列强，对于全球南方实际上是忽视的。 今天我们重视全球南方，有斗争的考虑，这也是中国强大的表现。 我们在全球南方寻求的不仅仅是盟友，而且是另外的可能性。 刘晗老师在书中谈到 90 多个国家，最让我印象深刻的一点，就是刘晗老师不是让我们去学这 90 多个国家，而是要从他们身上寻求启发，以他们为参照更好地理解我们自己。这和以前对待西方的态度是完全不同的，和以前对待南方的态度也是不同的。 这是第三个变化。

第四个改变是体用之变。 外国宪法对于中国，究竟是"体"还是"用"？ 我个人认为外国宪法更多是被当成"用"的，背后有一个功能主义的逻辑，认为宪法上很多东西是普适的，即插即用，因此才会有很机械的法律移植的建议。 而刘晗老师从保罗·卡恩的研究中继承了法律文化的路径。 法律文化研究一度是解释中国法治的一个非常强有力的路径，后来我们觉得可能它太不具体、难以把握了，就有衰落的迹象。 今天我们走到另一个极端，太强调实在和具体的制度，而刘晗老师试图纠正这个偏向，再回到文化上来。 也就是说，从"用"改为从"体"的角度去认识外国宪法。

合在一起就是主客之变、古今之变、南北之变、体用之变。

（阎天，北京大学法学院长聘副教授、北京大学人文社会科学研究院副院长）

从西方中心主义到多元视角的比较宪法

李忠夏

当看到本书书名的时候，我们很自然就联想到魏源的《海国图志》。但是，我想通过这种方式能够联系到一起，其实在一定程度上代表了我们中国比较宪法的发展演进历史。这个发展演进历史其实在一定程度上也代表了我们中国近代立宪的那一段非常曲折的路程。如果回头来看，回顾100多年前，我们在开启立宪之初所处的那种情境，在一定程度上，甚至我们可以移情代入到那种感受里。我想今天再看到我们在比较宪法领域，在立宪方面取得了一些进展，应该说是非常有意义的。通过书名的这种隐微的联系，能够把100多年的立宪史串联起来，我觉得这真的是非常有意义的一本著作。

这本书不仅书名很吸引人，里边的内容也非常吸引人，而且能够把比较宪法的研究做得这么有体系性，我觉得真的是非常不容易。从目录来看，有宪法原理部分，从什么是宪法，再到制宪权，还有宪法变迁，还有国家权力的配置，再到基本权利，非常体系化地对比较宪法做了一个全方位的梳理。

本书涉及的国家和地区非常多，甚至包括伊拉克库尔德自治区。此外，本书并未采用简单罗列国别的方式，而是按照主题，将比较宪法的内容串联起来，这也是难能可贵的。十年前刘晗老师开始写这本书的时候，人工智能还没发展到如此程度。 刘晗老师自己就是"人工智能"，要检索大量的条文、判例，要吸收消化这些内容；要将那些案例呈现出来，自己去搜索素材，如美国宪法用的何种外国宪法的知识，其他国家的宪法用的是哪些国家宪法的知识，等等，我想能够做到这一点，是相当不容易的。本书中还有很多内容，我们似乎感觉很熟悉，但是又会觉得有很多新的元素在里边，而且这十年中整个社会发生了巨大变化，当时的信息技术与人工智能还没有达到今天这样的水平。 这十年里，刘晗老师把涉及网络平台、数字时代的基本权利的问题都呈现出来，我觉得这个跨度也是非常不容易的。

刚才刘晗老师在介绍的时候，我就想到了，就是比较宪法的维度，在这本书里从发达国家扩展到发展中国家。 也就是说，我们从西方中心主义视角转变为多元视角。 这是我的第一个感受。

出现这种变化的原因可能是我们看待西方宪法，或者说我们看待比较宪法的时候，自己的视角也发生了变化。 也就是在一百多年里，我们认识外国宪法，我们的态度、立场、视角都在变化。

退回到二三十年前，我们面对美国宪法的时候，觉得美国宪法非常好，我们什么都要按照美国宪法学。 在看待德国宪法等西方发达国家的宪法时，它们在我们的心目中也处于一个很高的位置。 退回到魏源的时代，一百多年前，那时很多中国知识分子看西方宪法，更是在仰视它们，当时我们是一个落后的国家，是以仰慕的心态看待西方。

因此，我们再去看王世杰那一代学者写的比较宪法，会发现他们还是选择这些发达国家作为研究视角。 西方中心的比较宪法观其实在某种程度上代表了我国比较宪法研究的一个阶段。 我个人认为比较宪法研究有两个阶段。 第一阶段，比较是为了借鉴，通过比较国外的宪法，找到我们到底落后在哪儿？ 我们要去吸收、借鉴、学习这些外国宪法，这可能是那个时期我们对于比较宪法研究的一种态度。 现今回头来看，我们对于美国宪法、德国宪法是有"崇拜"心理的。 但是，现在的青年学者、学生对于美国宪法和德国宪法，他们的态度就有了很大变化。 尤其是在某些论坛，他们更多地持有一种平视的态度。

比较宪法研究的第二阶段，我认为是从西方中心主义到多元视角的转变。　其实，我觉得在一定程度上映射了这种变化的是，我们摆脱了对西方高高在上的崇拜心态，更多地用一种平等的态度去交流，去看待他们到底是怎样的。　这种平等的心态带来了第二个结果，即我们可以更加冷静、理性地认识西方国家宪法的优势与存在的问题。　这样的心态如同卢曼所说，我们成为"观察者"，可以更加客观、中立、理性地认识西方，真正地在一个科学系统中去理解西方国家的宪法。　如此，我认为比较宪法研究就会成为一种科学化的研究模式。

现在我们会看到，我们这代人基本上能够中立地看待外国宪法，既不会盲目崇拜，也不会俯视他人。　此时，我们再去看美国宪法，会发现它确实实存在自己的问题。　我们可以看到，围绕美国宪法这么多年发生的变化。　十年前，我们会断定"罗伊诉韦德案"永远不会被推翻，十年之后，说推翻就推翻了。　2015 年，我们认为历史就是进步的，美国最高法院裁定同性婚姻合乎宪法。　或许再过十年，"欧伯格菲案"也会被推翻，这种情况是有可能发生的。　现在我们再去看美国，美国存在很多问题，这个国家已经越来越变成自己以前所讨厌的那个模样了，问题缠身。　它对待TikTok 公司的态度与做法，我觉得就是这个国家以前最讨厌的那种做法，如此深度地干预一家企业的运行。

从这些角度来看，我们会发现自己可以越来越冷静、理性地看待其他国家宪法中存在的问题。　当我们摆脱了西方中心主义的视角之后，我们从多元化视角出发，能够睁眼看世界。　我们会发现，国家宪法也可以有博茨瓦纳这样的类型，这就是宪法多元化的一个视角。　而且，还有如刘晗老师所讲的宪法修正案合宪性问题的讨论，有学者曾经以印度为例撰写文章进行分析，我以为只有印度，后来发现很多国家都有涉及。　这些国家通过宪法修正案也需要达到全体代表三分之二以上的多数，并且三分之二以上的多数通过的一项宪法修正案还能够被宣告违宪。　这些国家的宪法中可能没有如德国基本法第七十九条第三款的永久条款。　但是，这些国家依然可以作出违宪裁定，我觉得这是一个令我们大开眼界的宪法现象。

因此，我们会发现，原来世界上有这么多的国家，它们的宪法的发展真的是像鲁迅所讲的那样。 以前他很幼稚地认为世界一定是进步的，世界一定会往好的方向发展。 后来发现，他倒是错了，世界不一定一直都是往好的方向发展的。 从这个角度来看，其实会给我们更多的警醒、警示，就是国家虽然有一部宪法，但是这部宪法怎么去实践？ 这还是取决于人的。宪法到底应该怎样发展，应该如何解释宪法、理解宪法？ 这有很多的可能。 可以往好的方向解释它，也可以像博茨瓦纳那样去解释它。 因此，这真是非常有意思。

另一个方面，我想讲的是，我国的比较宪法研究始终存在一个中国视角，而且这个中国视角其实就是伽达默尔所说的"前理解"。 中国学者是无法摆脱这个"前理解"的，因为我们始终有一个中国人的思维，使用中文这种语言，用中国人的思维方式在理解比较宪法。 这种情况下，我们不可避免、不可或缺地有一种"偏见"。 但是，这种"偏见"一方面要求我们以学术化，更中立、更科学的立场对待比较宪法；另一方面，在某种程度上，我们通过比较，然后发现自身。 不论是个人，还是我们研究的宪法，都具有"identity"。 德语趋向于把它翻译为"同一性"。 但是，如果译为"同一性"，有的时候是无法理解它的，可以把这个词译为宪法的"特质""身份"，就相当于一个人的身份证，此时可能内涵就更清晰了。

其实，比较宪法与这些年我们不断在强调的中国特色自主知识体系，也并不矛盾，并不冲突。 关键在于，对中国自身的事物，切不可自说自话、盲目自夸。 若在缺乏对外部世界了解的情况下，单方面强调自我，这不仅是一种盲目自大，更是文化自恋的表现。

怎么摆脱这种自恋的倾向呢？ 就是要研究外部世界到底是怎样的，他们的优点、长处，在充分了解其他地区、民族的基础上，才可以说，我们是否还有待进一步发展和完善，或在重新比较的过程中，发现我们还是有优点的。 这个时候，我们才可以自信地强调，我们确实有优势。

刘晗老师谈到未来，比较宪法也包含未来的视野。 这种未来的视野是指，我们通过比较发现哪种宪法的发展方向是好的，哪种宪法的发展方向是糟糕的，是需要我们警惕的。 我觉得它可能对未来也有一种非常好的指引性的作用。

以上就是我自己一些粗浅的学习体会，不对的地方请各位老师多多批评指正，谢谢大家!

（李忠夏，中国人民大学法学院教授）

比较宪法研究就像一个"坑"

田 雷

十多年前，我和刘晗老师在美国纽黑文市榆树街的一处临街二楼公寓合租时，曾经常讨论比较宪法学的问题。

我那时博士刚毕业，撰写博士学位论文时最初是想写比较宪法的题目，但在过程中放弃。当时的比较宪法研究属于"显学"。2005年，我从南京大学法学院宪法学硕士研究生毕业，进入香港中文大学攻读政治学博士学位，继续比较宪法研究也是顺理成章。我记得一开始想要研究转型民主国家的政党法，现在想来这是一个极富时代特色的题目，只是真正要接受政治学的师长评议时才意识到，political science（政治学）对比较研究的要求与当时法学的比较法研究差异极大。以我当时的个人情况以及所处的学术环境，一开始头脑中的题目压根做不下去，这次做比较宪法的努力以我 switch in time（及时改变研究方向）而阶段性告终。按照这个语境，我当时和刘晗老师聊天时，一定抱怨过比较宪法学不好做，尤其是中国学者，中国作为一个比较的 case（事例）位置怎么摆，用英文学界比较宪法的主流范式来说，中国始终是格格不入的，我想这可能是我们共同的苦恼。刘晗有自己非常独特的从坑里跳出来的方法，他在耶鲁大学的博士论文写的首先是美国宪法问题，勇气和抱负远非常人所能及，当然刘晗老师也非常努力，我见过他通宵达旦写作的情景。就此而言，刘晗老师今天出版《海国宪志》，还是从前那个少年。

　　不过话又说回来，我们这批在 21 世纪初前后开始研究宪法学的学者，无论到底研究什么，哪些问题，哪个国家，使用哪种方法，某种意义上都属于比较宪法的研究者。这么说来，即便是"全盘西化论"者，也是把论文写在了祖国大地上，区别在于问题意识的不同，其中的逻辑类似美国宪法的解释可以通过对制宪者原意的发掘来展示美国"国父"不是原教旨主义者。比较宪法研究也不是只有一种方法、一种模式。一方面，我们可以说现在宪法学界自觉明确定位为比较宪法的研究，是越来越少了，但另一方面，几乎绝大多数言之有物的研究成果都有比较宪法的思想资源，至少我们当年曾经读过的书还在体内翻腾着，它形成了我们下笔写文章时的一种语法结构。

　　最近几年，我几次受邀参加"蔡定剑宪法学优秀论文奖"的评审工作，对我来说，每次评审也是一次学习和观察的机会。如果做一种代际的比较，现在更年轻的宪法研究者在很多方面至少比我们当年强得多，但很明显，他们有一个不同，放在今天我们讨论比较宪法的语境内，可能构成一个短板，就是他们对"比较宪法"的淡漠。如果说我们当年有些类似一头扎进去的状态，现在的博士生、硕士生对这些思想资源变得很隔膜，相当一部分我们当年引经据典、耳熟能详的论述，搁在今天根本没法去用，看很多论文以及注释，似乎我们根本就没有经历过那段宪法学的时光，这是我个人的一点观察、感受。比较宪法就像一个坑，坑必须挖得足够深，树才能更粗壮。

　　我完全同意前面诸位老师所言。刘晗老师的《海国宪志》是一种新的比较宪法研究，这本书实际上把"我们今天如何做"这个问题又摆在我们面前。今天是什么时代，我们又是谁，只有回答了这些问题，方法论上如何做才能逐渐清晰。这么说来，无论是刘晗老师的书，还是今天的讨论，还只是一个开始，让我们一头扎进去。

（田雷，华东师范大学法学院教授）

法学如何与区域国别研究寻找交集

昝　涛

　　我抓紧时间看了本书，看得不多，主要是看了开头、结尾和里面涉及土耳其等的国别部分。 当然，就比较宪法学而言，我完全是个外行。 大家的问题意识也不一样。 比如，刘晗老师对宪法法院干预修宪案感到"意外"，这是他接受法学训练的结果，但很惭愧，作为区域国别研究领域的从业者，我没有这样的问题意识，长期主要是满足于描述性的、因果关系方面的实证研究，没有某些社会科学"规范"的约束，可以说，就是习以为常了。 学术研究就是这样，为什么有的问题成了问题，这就是真问题。刘晗老师的提问把我熟悉的内容变得"问题化"，本身就很有价值。 这就是跨学科讨论的意义。 就土耳其头巾禁令这个问题，不同学科会有不同的切入方式。

　　在历史学或区域国别研究的"规范"意义上，我们更多地会关注和挖掘细节的准确性或"真相"等。 比如，说到土耳其的学校放宽女性戴头巾的禁令，我们一般会说这些学校是隶属于土耳其高等教育委员会（YÖK）的正规学校。 此外，我们会更多关注这个问题的整个过程。 毕竟，在刘晗老师的著作出版十多年前，相关问题已经解决了。 传统做区域国别研究的学者，可能更多会去关注其中的诸多关键环节与细节。

　　我们一般会说，这得回到历史的过程中。 在刘晗老师关注的 2008

年，一方面是涉及头巾禁令问题的修宪尝试被宪法法院推翻，另一方面是埃尔多安领导的土耳其正义与发展党（AKP，以下简称"正发党"）险些遭遇取缔。 这在当时都是非常重要的危机。 后者比前者要严重。 当时，宪法法院的判决有一个"政治过程"，大法官们投票决定是否取缔正发党，宪法法院也不是铁板一块，它里边有更大的政治复杂性。 因此，我们经常也不会从纯粹法学的规范视角看相关问题。 当时是以一票之差，取缔正发党的一票被否决，这是一个"严重警告"，是有政治威慑性的。 土耳其人喜欢用"干政"（darbe）这个词，宪法法院的一些做法经常被说成是司法干政。 当然，土耳其更为人所知的是二战后多次发生形式不同的军人干政（1960 年、1971 年、1980 年、1997 年、2008 年、2016 年）。

那么，头巾禁令这个问题是怎么解决的呢？ 两年后的 2010 年，正发党实施了更具突破性的行动，不但要实现它承诺的推动国家取消头巾禁令，还针对包括最高法院在内的司法部门提出了一系列改革方案。 这就是 2010 年正发党推动的修宪案。 此次修宪是以"加入欧盟、促进民主"的名义提出的，主要目标是使宪法"符合欧盟标准"，其内容主要涉及政变领导人和军人犯罪、经济与社会权利、个人权利与自由的保护、议员资格、司法机构改革等。 例如，宪法修正案提出了调整宪法法院人员构成：1982 年宪法第 146 条规定，宪法法院由 11 名正式成员和 4 名替补成员组成，2010 年宪法修正案将该条款调整为，宪法法院包括 17 名成员，其中 14 名由总统任命，另外 3 名由大国民议会从审计法院提名的候选人、律师协会主席中选出，且不得连任；还提高了取缔政党的门槛；还提出改革最高法官委员会和检察官委员会：改革后的司法部部长依然是委员会主席，但其作用被降为象征性的和仪式性的，这一改革的目的是打破两大机构对委员会的长期垄断支配地位，使低级别法院的法官和国家检察官在委员会中具有更强的代表性，但是，此举客观上严重削弱了司法部门的权力，且赋予政府更多权力来影响司法进程。 因此，可以看得出来正发党并没有妥协的意愿。

宪法修正案在议会通过后，反对党再次请求宪法法院干预，但宪法法院只否定了部分修宪内容，随后，土耳其进行了修宪公投，结果是 58％的民众支持了这一修宪案。 这事实上一揽子解决了教育机构中的头巾禁令问题，随后的几年中，公务员、警察和军队中的头巾禁令也最终被取消了。

土耳其的修宪是更为一般性的政治与司法的关系问题。 不过，刘晗老师提出的问题当然是非常重要的，这会把区域国别研究引向某种社会科学的深度，是很好的提问视角。

刘晗老师刚刚提到的历史视野中的宪法问题，也是非常重要的。

土耳其共和国在 1924 年就有了第一部宪法，历史地看，土耳其应该是亚洲历史上第一个正式颁布成文宪法的国家，这就是奥斯曼帝国的 1876 年宪法，比日本、波斯、中国都早。

土耳其等非西方国家的这种立宪改革，有一个很重要的国际背景，就是要证明自己是"文明国家"，有一部宪法，实行立宪制而不是"独裁专制"，这是很重要的标志。 当时这套文明话语体系深入到奥斯曼帝国的文化里，为此，他们还新造了一个词——"文明"，这个词最初使用的也是法文音译 sivilizasyon，后来有了一个奥斯曼人本土的词与它对应，这就是 medeniyet（拉丁语 civitas 与阿拉伯语 madina 都有城市之意）。

当然不只是语词上的"跟进"，在经济体制、政治体制、司法体制等方面的改革也是逐步推进的，除了富国强兵的现实需求，还有就是要在"洋人"面前拼命证明自己是"文明国家"的成员。 其实到 19 世纪后期，奥斯曼帝国一度是被欧洲列强俱乐部接纳为"文明国家"的。 改革除了追求一些实际的效果，很重要也很有意思的是，也要有"仪式感"，主要表现就是一定要让"洋大人们"亲临见证，还要发布改革文本的"外宣版"，但我们发现了其中的"内外有别"。 1876 年宪法的精神是 19 世纪奥斯曼帝国强调的平等公民权的"奥斯曼主义"。 改革落实的过程，其实受到了很多穆斯林的反对，他们一时很难接受非穆斯林在这个伊斯兰帝国中与自己拥有平等地位。 作为人文学科中从事国别历史研究的学者，我们会比较关注这些细节。

从 1876 年宪法的命运来看，它实行一年就被搁置了，进入了所谓的苏丹独裁时代。 该部宪法施行的那一年，效果还是很明显的，比如非穆斯林族群的代表权得到了较好的保障，议员们参政议政的热情也很高。 但是，它还是让位给了残酷的现实，也就是在严重的地缘政治危机、国家危亡的面前，苏丹需要集权。 1908 年的青年土耳其革命，其实是打着恢复 1876 年宪法的旗号。

与近代中国等国家和地区的情况类似，奥斯曼帝国的自由派们为实行立宪采用了"托古改制"式的论述。 因为，当时很多人把改革带来的新事物说成是异教徒的文化入侵，所以，穆斯林的改革派就从伊斯兰传统中找寻依据或原则。 也有西方的当代宪法学学者直接把伊斯兰教法（sharia）解释为伊斯兰世界的宪法/宪政传统。

土耳其"国父"凯末尔这代人，他们是西化派，就是指学习西方就要真学，不必从自己的老祖宗那里找"古已有之"。 凯末尔等推动的"全盘西化"，不仅包括法律和制度，连服饰都改了。 虽然没有明确禁止戴头巾，但国家的世俗精英显然是鼓励不戴穆斯林头巾的。 到 20 世纪八九十年代，由于"教俗之争"的激化，戴头巾日益成了禁忌，这是现代化的"身体政治"。 随着以正发党为代表的保守派通过民主选举上台，他们又要逆转这个现象。

因此，回到现在这个历史进程里，就出现了刘晗老师讲的土耳其宪法法院的这个案例。 更宏观地看，其实就是涉及伊斯兰国家里围绕着现代化这个问题在"后世俗的""后现代的"阶段的不同表现，即所谓的"西方化"之后，"戴头巾还是不戴头巾"这个问题，是另外一种"文明"问题，是"身体化的身份政治"。 斗争的场域是议会、政府与宪法法院。 在土耳其的斗争结果是，选票政治在某种意义上解决了宪法法院的判决。

刘晗老师讲到很多国别案例，实际上是把这一系列的问题放在一个全球性的视野下，它应该仍然是亚非拉国家漫长的百年现代化进程的一部分。 但是，在土耳其这类国家它日益表现出某种"后现代"风格了。 伊斯兰文明的某些现代性问题，大概以 20 世纪后期福柯与霍梅尼的互动为标志，变成了"后现代"问题。

看来，宪法不纯粹是一个司法的或法律的规范意义上的问题。我们的讨论一定是跨学科的，而且刘晗老师现在从事的研究对区域国别研究有很大的启发，也就是法学如何与区域国别研究寻找交集。我之前一直想招收一个研究生，看能不能做一点土耳其的宪法史，但到现在还悬而未决。而这个愿望部分地在刘晗老师这本书里得到了一点回应，读来让人很欣慰。这本书作为一个文本，代表了社会科学中法学专业对全球视野下亚非拉国家现代化问题的讨论，针对区域国别研究意义上的一些重大问题。其实，近几年，我们在相关领域也看到了对土耳其、印尼，甚至以色列等国家宪法讨论的外文书被翻译成了中文，这是一个好的现象，也意味着，区域国别研究还有一个真正专业化的阶段要走。因此，在这个意义上，我认为刘晗老师的这本书从比较研究、法学的角度切入，对区域国别研究作出了很大的贡献。

（昝涛，北京大学历史学系教授、北京大学区域与国别研究院副院长）

从《海国图志》到《海国宪志》也是进阶

张　翔

我跟刘晗老师这本书还真是有缘分，见证了这本书写作的全过程。 之前在出版社新书推荐的时候，刘晗让我写了一段推荐语，我在这里念一下："刘晗的这本书可以称作进阶版的比较宪法，一方面，在中国法学经历方法论转向后，以本国现行有效的法律为对象的法教义学已经成为主流或主导。 但刘晗告诉我们比较宪法依然是重要的，只不过其重要性不再服务于积弱时代的变法自强。 另一方面，尽管获取新的外国宪法资讯在当下已经是很容易的事，但体系化的比较宪法著作却多少显得陈旧了，而刘晗这一新鲜的资料建构了包括基本理论、权力机构和基本权利篇章在内的体系化的作品，并且这本比较宪法不再是西方中心主义的，而是有着全球视野，书名漂亮，从《海国图志》到《海国宪志》也是进阶。"这是我写的推荐语。 在此基础上，我再展开说一说。

刘晗老师的这本书肯定会写入中国的比较宪法学术史，甚至可能会有里程碑的意义。 原因当然在于，宪法学界现在对比较宪法研究的投入较为有限，已经很久没有重量级的作品出现了。 但原因还在于，刘晗的这本书提供了比较宪法的一种新形象。 我们想到的比较宪法的中文著作，还是会首先想起王世杰、钱端升的那一本，虽然后来还有一些重要的作品，如龚祥瑞、何华辉先生的作品，等等，但是这些研究在大框架上还是偏"政制"的，而刘晗老师的这本书是有很大的不同，有很大的突破。

回到"比较宪法有什么用"这个问题。比较宪法一开始是指向"变法自强"的，也就是借鉴外国（主要是西方）以图改变国家积贫积弱的局面，这种借鉴思维应该说影响深远。很多年前，一位台湾地区的著名学者来演讲，他也是"大法官"。有学生提问，说"你们是怎么判案的"。他的回答很有趣。他说一些疑难案件，他们有很多"管道"去请教德国的宪法法官和教授，也就是把案子的基本情况翻译后发给德国的那些同事，经过一段时间得到德国相关的案例、理论再进行整理梳理，为这个案子的判决提供参考。比较宪法的这种借鉴功能，现在也还是有的。

但刘晗老师的这本书其实提示我们，比较宪法的功能与最初的单纯借鉴相比已经大不一样了。刘晗刚才讲，比较宪法的实践面向是："我们要出海了。出海以后，在其他国家遇到所在国的宪法问题，我们需要去预测在这些国家的宪法下可能的结果。曾经有两家出海的著名企业找我去讲美国宪法，这里不便提名字了。我一开始还有点奇怪，为什么要学美国宪法，后来去交流才知道，他们真的是在美国遇到宪法问题了。"

说到此处，又想起另一位台湾学者的话。他与大陆的青年宪法学者接触后，在朋友圈发了一条信息，说他发现大陆青年一代学者对各国宪法特别了解，讲起来一清二楚，但是他觉得好像没有什么应用场景。他说：我给他们想一条出路，代表中国企业去跟外国政府打宪法官司。我猜他说这些话也有华为案、中兴案的背景。

华为案出来的时候，我就向郑海平提建议，尽快写一篇分析美国宪法问题的文章。后来我也让自己的硕士研究生写过美国宪法上的"褫夺公权"条款。其实我知道，这些企业也在找美国的专业人士帮他们处理这些案子。这也说明，比较宪法研究有这种新的实践场景。而这种实践场景是过去不具备的。我认为这是比较宪法研究特别需要重视的地方。当然，真到打官司的程度，还得请当地律师和专家。不过，比较宪法至少要能够提供这种知识链接和知识储备。

还有一个方面，就是本书的视野不再是西方中心主义的。这不仅意味着关注了西方之外的众多国家，还在于我们对外国的理论和实践不再是一种崇拜的、仰视的视角，而是平视的视角了。 简单讲，就是看得多了以后，不再大惊小怪了。 我跟阁天和亦鲁上课的时候有很强烈的感受，他们两位总在对美国宪法"祛魅"：别把那些判决想象得多么伟大，很多时候就是时势决定的。 对于外国宪法的经典理论，也要祛魅。 我有时候会想象，我们面对和处理的中国的问题，让那些伟大的学者法官来，是否能拿出比我们更好的处理方案。 有时候觉得，也未必，咱们的知识和智慧，也不宜妄自菲薄。

我最近整理了肖蔚云老师的资料，看到几张肖老师与张友渔、王叔文先生在 20 世纪 80 年代初参加国际宪法学会大会的照片。 我会想，当年他们跟西方学者交流的心态和我们今天的心态，会有什么不同。 说不好，但肯定是有变化的。

还有一个问题，受昝涛老师的启发，我们好像没有讨论一个问题，就是比较宪法和国别宪法研究的关系。 我们"走出去"的时候需要很多对某个国家非常有研究的专家。 这种研究是国别的，跟比较宪法又不一样。我觉得这可能也是一个值得讨论的问题。

最后一点，就是书名取得特别好。 当时刘晗老师跟我讲书要出了，说书名特牛。 我问是什么？ 他说叫《海国宪志》。 我觉得特别响亮，而且有格调。 这几年，各位老师取书名都形成风格流派了：阁天老师的《如山如河》《知向谁边》，章永乐老师的《此疆尔界》《旧邦新造》，都很棒。 之前我的宪法与部门法的著作取名的时候，我还想过，要不要也学学你们，叫《月印万川》，后来想想，还是选择平实一点。 想说的是，从修辞的角度，也包括书的编辑和装帧等方面，都是很棒的，也是样板。

总之，这是一本非常优秀的著作，是比较宪法的进阶版，我们共同期待高阶版。

（张翔，北京大学法学院教授）

在魏源的延长线上思考比较宪法与区域国别研究

章永乐

我先来谈谈《海国宪志》与魏源《海国图志》之间的关系。当然，在书名上，刘晗老师借鉴了魏源，但在问题意识上，还是有一些重要差别。魏源是清代今文经学的代表人物，是从常州学派刘逢禄一脉传下来的。魏源做了一个非常重要的工作是拒斥东汉的古文经，抬高西汉今文经的地位。古文经的重点是讲周礼，要深入考证周礼究竟是怎样的，然后再看当时的人可以怎样学习借鉴。但今文经学的重点，却是指孔子编撰《春秋》的意图，尤其要探讨孔子如何回应时代的变迁，所以有"通三统""张三世"的说法。魏源讲今文经，恰恰对应着清末中国的立法制度遇到西方冲击的历史时刻，他要考虑如何认识和回应时代的变迁。此时需要的就不是重申祖宗成法的权威，而是要面对时代的变化，探讨祖宗成法背后的原理，尤其是考察其在时空上的适用性。在今天，我们其实依然处在魏源的延长线上。但与魏源时代不同的是，当代中国的自信正处于往上走的阶段。如果说有相似之处，那就是，过去几十年，我们经历了一个将西方发达国家的制度和学问当作权威的时期，现在"开眼看世界"，针对的不是中国自己的"祖宗成法"，而是西方发达国家的制度和学问带来的遮蔽。在此意义上，无论是魏源，还是刘晗，都是面对时势，针对既有的教条，探索事物的原理，以求思想解放。这就是从"魏默深"到"刘默深"问题意识的连续性和差异性。

从刘晗老师所陈述的本书目标来看，他试图"为中国比较宪法的文档点击一次刷新，为其地图点击一次放大，为其软件系统做一次升级"，我想这本书已经实现了他提出的目标。刘晗老师其实没有具体说明"刷新""放大""升级"的程度，他的这个目标其实可大可小，但我认为这本书对于中国比较宪法研究的推进是相当显著的，将它放在近代以来的中国比较宪法的著述历史之中，这本书汲取和消化了前人的成果，回应了当代宪法学界关注和讨论的一系列重要问题，具有建构自主知识体系的理论自觉，有着承上启下的重要意义。

我还有以下几点感想，提出来一并探讨：

第一，功能主义、文化主义的区分。我见证了刘晗老师创作这本书的过程，他开始写的时候头发是黑的，写成之时，头发就变成白的了。刘晗老师在耶鲁大学的时候，他的导师保罗·卡恩（Paul Kahn）倡导以人类学的眼光去理解美国宪法。因此，刘晗老师的学术训练的底色，其实就是文化主义。回国之后，他非常全面地了解了国内宪法研究的学术议题，从而，他在书里面呈现出的是一个比较平衡的结果。不过，功能主义、文化主义的二分法，是否能够穷尽我们对于比较宪法的研究路径的概括？

我们可以举个例子，康有为的思想到底属于功能主义还是文化主义？我们发现好像哪个都不太能完全说明白。按照刘晗老师的概括，功能主义倾向于"求同"，文化主义倾向于"求异"，但两者之间，我可能会发现一些其他的可能性。就晚清士大夫而言，他们中的许多人对于立宪的认识很复杂，从根子上说，他们认为宪法是历史与文明的产物，但在当时，他们会觉得，立宪是为了挤进列强的"朋友圈"，因为如果不立宪，中国的法律始终被认为是"半文明"的，那么列强强加给中国的一系列不平等条约，就很难被修改。但加完"朋友圈"之后，是不是就按照"朋友圈"的主流路子去走，他们其实是有很大保留的。康有为更新了"三世说"，他认为"据乱世"就是"内其国而外诸夏"，"升平世"是"内诸夏而外夷狄"，"太平世"是"天下远近大小若一"。一旦脱离"据乱世"，就会产生这个加"朋友圈"的问题，你不加"诸夏"这个"朋友圈"，你会被消灭，也会被认为是"文明消灭野蛮"。这样看来，立宪是功能性的，但是文野之别又牵涉对于文化意义的复杂思考。

功能主义的"求同"进路，类似于美国当年提出的现代化理论，认为现代化是有模板的，最终各国要按照这个模板来。文化主义的进路，跟我们今天讲的"文明交流互鉴"倒是可以对应起来。但是，我们现在有了"中国式现代化"的概念，它既要满足现代化的一系列功能性要求，同时又是扎根于中国历史与文明土壤的现代化。"中国式现代化"问题脉络中的比较宪法研究，是否仅以功能主义与文化主义两种路径就可以穷尽？放到社会理论的谱系里，功能主义与文化主义也只是社会学研究的部分进路。如，马克思主义的冲突论模式，究竟是功能主义还是文化主义？我认为这些还都可以继续探讨。

第二，宪法的含义。刘晗老师提到了宪法的三重含义，而我由此想到的是，是否由此也会产生不同风格的比较宪法的写作，也就是说，比较宪法既然有几种不同的含义，其中可能有侧重点不一样的比较宪法的写作。比如，王世杰、钱端升更侧重于写政制或政体，而现在越来越多的学者关注宪法律（constitutitonal law）。如果我们再去看康有为等近代学者的思考，可以发现他们首先是从立法的角度，关注政体的模式，然后再去探讨这一立法模式的动力机制，如战争的因素、财政的因素，甚至地理环境的因素，这比王世杰的关注面更广。因此，同样是"比较宪法"，大家比较的东西并不尽一致，但只要说清楚自己比较的是什么"宪法"，尽可以百花齐放。

第三，《海国宪志》写到了国家机构和基本权利这两部分，尤其是涉及国家机构这部分，有一个议题如果做一些探讨，可能会让本书更加饱满，这就是政党的问题。我国宪法的第一条中，政党就正式出场了，而其他许多国家的宪法里并不直接写政党，政党往往作为隐性机制发挥作用。但是，实际上我们知道现代宪法政治里政党是居核心地位的，"马伯里诉麦迪逊案"背后是两个党派在争夺权力。现在的美国联邦最高法院也是一样的，很多案件背后都反映了两党的政治角力。因此，在这个过程中，政党和宪法的关系到底如何界定，又应该怎样做这方面的比较宪法研究？我觉得可能是一个较为复杂的问题。

第四，在权力机构和基本权利之外的部分，应该怎么比较。刘晗老师在书中提到宪法条文里可能写入"扫除文盲"或"禁止酒类的制造、销售，或者运输"这样的条款。刘晗老师举的这两个例子，我其实觉得分量不是很重。我举另一个例子。现行乌克兰宪法里有一条，规定未来要加入北约与欧盟，大致可以说，这是一个很具体的"国家目标"。它既不是基本权利，也不是国家机构，但其实很重要，因为它直接关系到这个国家内部的族群撕裂，关系到一场正在进行的战争。类似这样的一些条款，怎么去界定，怎么放到比较宪法的体系中做探讨，我觉得也是非常有意思的。这些条款一般不太可能进入司法程序，但它具有很强的政治象征性，会发挥重大的政治影响力，非常值得探讨。

最后，本书既是对宪法学的贡献，也是对区域国别研究的贡献。刘晗老师举的例子很丰富，尤其是列举了很多发展中国家的例子，丰富了我们对于发展中国家宪法的认识，这恰恰是当下区域国别研究的努力方向。刘晗强调探讨原理，超越具体的国别宪法，但对原理的阐发，很大程度上又能够启发和引导对国别宪法的分类探讨，让大家尽快从一幅宏观的理论地图，进入到对于一个国家宪法的具体探讨。反过来，国别宪法的研究，也可以丰富比较宪法的一般原理。因为实践是不断发展的，有许多奇怪的实践，大家一开始不习惯，议论了一段时间后就习惯了，然后就有了新的类型。在这个意义上来讲，本书体现出了比较宪法与区域国别研究中的国别宪法研究的相互促进。

读完本书后，我进一步认识到，当下比较宪法研究和区域国别研究的背后，有一种共同的驱动力量。我们的很多企业在"走出去"时需要做风控，而包括宪法在内的法律环境正是其营商环境的重要组成部分。现在很多大企业也搞清楚了，了解对象国的宪法对于企业经营也非常重要。在这种经济动力的基础之上，中国正在积极推动国际体系的多极化与民主化，这意味着国际上的"朋友圈"的重构。 即便宪法文本本身没变，一个国家加入不同的"朋友圈"，很可能会在极大程度上影响它的宪法解释和适用。 描述和解释这些现象的研究，既是比较宪法研究，也是区域国别研究。 只要中国继续沿着当前的高质量发展轨道稳健前行，比较宪法和区域国别研究都会有光明的未来，刘晗老师的理论探索与创新，也有着广阔的空间。

（章永乐,北京大学法学院长聘副教授、北京大学区域与国别研究院副院长）

往深做，往大做，往回做

左亦鲁

阎天老师让我总结，谈不上总结，在此，谈一些我自己的学习体会。

我记得之前张翔老师组织过一次讨论，题目是"今天我们如何做比较宪法研究？"我觉得刘晗老师的这本书给我们做了一个很好的示范。

第一，我们要往深里做、往细里做。之前我们总笼统地说比较法，其实现在应该深入到具体部门法的比较，乃至具体部门法中具体问题的深入比较。比如刘晗老师对堕胎问题的研究。我们现在总说涉外法治，涉外法治其实除了国际法，另一个重要领域是国别法。比较宪法其实也需要深入的区域国别研究。

第二，我们要往大了做。虽然我和阎天也经常被归入做比较宪法研究的，但其实我们基本上只了解一些美国宪法。在美国之外，我们真不敢说自己是做比较宪法研究的。但刘晗老师的这本书是真正有比较和全球视野的。而背后涉及的是今天中国人的世界图景或想象的问题。简单来说，改革开放后我们一方面在国际化上有翻天覆地的变化，但另一方面，我们的世界图景或想象其实在某种程度上变得狭窄了——眼里只盯着那几个发达国家或"列强"。这种对世界的图景和想象当然也影响了我们对比较宪法的研究。但刘晗老师的这本书重新"开眼看世界"，用一种平视的、真正全球视野的视角在研究比较宪法。

第三，我们要往回做。 这一点当然没有体现在刘晗老师的这本书里，但本人最近即将发表的一篇文章是关于士大夫的"米利坚想象"。 在座的包括永乐老师、阎天老师以及我自己等，也都在"往回做"。 换言之，就是上溯到晚清，看看当时的人如何看世界以及思考宪制问题。

最后，还有两个大背景跟比较宪法也有关系。 一是中美博弈和强调的涉外法治。 我相信在座的很多老师都会感觉到，来自有些方面的咨询明显增多了。 能学以致用当然一方面是好事，但另一方面，我们可能也要保持清醒。 我们的专长和比较优势还是理论思考，除了"卡脖子"，我们还要思考那些"捅破天"的基础理论问题。 二是我国合宪性审查实践越来越丰富和活跃后，你会发现和外国比较，不再是单纯的比较，开始变成本地、自己和普遍的一些东西了。 在这样的大背景下，我觉得不管是美国还是德国，是教义学、规范宪法还是政治宪法学，甚至法学，以及昝涛、永乐老师从事的区域国别学，都可以一起研究问题，实现"生命的大和谐"。

（左亦鲁，北京大学法学院长聘副教授）

学术访谈

安东尼·卡蒂谈中西文化对全球治理新秩序的影响

安东尼·卡蒂*（受访者）　吴应娟（采访者）

吴应娟：今年上半年，您刚刚在北大文研院度过了四个月的学术访问时光，现在又在法学院访学，之前您已经在中国工作了很长时间。 您在中国的体验如何？

安东尼·卡蒂：2009 年起，我在香港大学担任包玉刚爵士公法讲座教授，后来我受邀来到北京，先后在清华大学法学院、北京理工大学法学院任教。 今年，我再次受邀来到中国，这次访问经历对我本人来说意义非凡，很大一部分原因是我的《南海的历史与主权》一书在今年获得了广泛关注。 这本书的问世耗费了我很大的心力，我曾经花费数月时间独自辗转于伦敦、巴黎和华盛顿之间查阅档案、搜集材料，之后又花费数月完成了写作。 我认为这项工作的意义重大，我要帮助中国抵御来自西方国家的无理谩骂。 总之，我在中国的体验是非常正面的。

---

* 安东尼·卡蒂（Anthony Carty），著名国际法学者，目前在北京大学访学（截至 2025 年 6 月）。 1947 年出生于北爱尔兰，1973 年获剑桥大学博士学位。 曾执教于威斯敏斯特大学、德比大学、阿伯丁大学、香港大学，研究领域为国际法理论、国际法哲学和国际法史等。 卡蒂教授对于南海问题有深入研究，在 2023 年出版的新书《南海的历史与主权》中明确提出并严谨论证了中国对南海诸岛拥有无可争辩的主权。 该书引起媒体关注和报道，CGTN、CCTV、新华社、《环球时报》等多家中外媒体对卡蒂教授进行过专访。 其他代表作还有《国际法哲学》《国际法的衰落》，主编《统治者的道德和责任》等。 2024 年，安东尼·卡蒂教授先后受文研院、法学院邀请，访问北京大学。 本篇访谈主题为中华文化与西方传统对全球治理新秩序的影响。 本文原载《北京大学校报》第 1677 期第 3 版。 特此转载，以飨读者。

吴应娟：您与雅·奈曼（Janne Nijman）教授合编了《统治者的道德和责任：作为世界秩序的正义法治原则在欧洲和中国的起源》（*Morality and Responsibility of Rulers： European and Chinese Origins of a Rule of Law as Justice for World Order*）一书，可以介绍一下这本书的背景以及想要解决的问题吗？

安东尼·卡蒂：我在香港期间，阅读了许多中国传统经典，包括孔子、老子、荀子等思想家的著作。 虽然囿于语言问题，我只能阅读英文翻译内容以及二手文献，但我逐渐认识到，中国儒家知识分子也是在自然法基础上讨论问题的。 在他们看来，如果没有"好人"，就没有一个良序运行的社会，而好人就是有道德感、遵守特定规则的人。 这种"好"与"正义"的基础很大程度上就是自然法。 后来雅·奈曼邀请我，我们一拍即合。于是我召集了一批对理查德·塔克持批判态度的学者，我们共同完成了这本书的写作。 雅·奈曼认为北方人文主义者保留了一定的社会性和道德感，因此她倾向于支持北方人文主义者，推崇其中的格劳秀斯。 在她这里，北方其实主要指的是荷兰，她认为格劳秀斯始终遵循着自然法，是一个"好人"。 而理查德·塔克则主张，格劳秀斯的自然法思想在很大程度上是掠夺性的，其基础是一种霍布斯式的对他人的不信任，以及一种对外国尤其是对非欧洲国家的非道德态度。 作为对比，塔克试图论述一种从中世纪晚期到文艺复兴早期的自然法思想传统，即经院哲学传统，这种传统保留了亚里士多德关于人类基本社会性和道德能力的概念。 塔克在书中批判了格劳秀斯的掠夺性观念和为殖民主义辩护的行为。 我个人的观点介于塔克与奈曼之间，我认为不能将格劳秀斯与霍布斯相混同，前者比后者对人的社会性有更多的期待，但也不可否认格劳秀斯对社会性的论述后来被用于殖民主义的目的。

其次，尽管我不会说中文，但我有两个基本的信念。 第一，我认为中国人与其他任何民族之间并不存在明显的差异。 孔子与亚里士多德、阿奎那等伟大的自然法思想家的观点可能在某些细节上存在分歧，但绝不会真正地相互冲突。 比如亚里士多德认为，为他人而牺牲是伟大的，儒家则提倡"己所不欲，勿施于人"。 在我看来，很容易在他们之间找到共同点。

第二点更为重要，也是我与雅·奈曼合作的基础。 在这一点上，我同意格劳秀斯和文艺复兴思想家的观点，也特别认可写作《主权的系谱》（*A Genealogy of Sovereignty*）一书的巴特尔森（Jens Bartelson）的观点。 我认为，即便按照 19 世纪的标准，西方国家当时对中国的所作所为也是错误的。 无论是自由主义的还是批判理论的当代西方观点，都认为 19 世纪是有与当今时代不同标准的，西方只是在按照当时的标准历史性地行动。 而我认为，尽管现在这些标准已被摒弃，但我们必须承认，当时西方的行为从根本上就是错误的，这也是这本书想要强调的。 这本书的大部分工作并不是思想史，而是实证史。 我们通过历史档案表明，当时的战争，如鸦片战争、中法战争等都是西方挑起的，西方的行为是不合理的、错误的，而中国对西方行为表现出的反抗行为是合理的。 我们与一群优秀的中国学者来合作证明，无论历史如何变迁，西方的行为在当时是错的，现在看也依然是错的。 这也是我对自然法的态度，无论在中国还是欧洲，无论是今天还是在千年以前，自然法都应该是相同的。

吴应娟：如何理解书名中的"作为正义的法治"（Rule of Law as Justice）？ 您是如何理解正义的？ 这与您的天主教信仰是否有关？ 您怎么看待霍布斯对于正义的理解？ 我认为您个人也汲取了一些马克思主义的理念，在经济秩序上尤其如此，而马克思主义在本体论与历史观上又是彻底反对"存在的巨链"（the Great chain of Being）观念的。 您如何解释这种张力？

安东尼·卡蒂：英国普通法的传统观念认为遵循先例就是正义，但这在国际关系中是行不通的。 因为从根本上说一个国家的领导人是无法真正受到控制的，也没有一个"世界国家"可以监督他们，国际关系中根本不存在真正的公共实践，因此，如果他们不是理性的"好人"，人们就真的会陷入麻烦。 我非常理想化地认为，尽管柏拉图的"哲学王"理论在实践中并未能奏效，但我们仍然应该不断地尝试去培养有道德感的领导人，国际法律工作者和学者也应该用道德感来判断在何种情况下，何种行为是合理的。 在国际舞台上，我们常常看到西方国家指责中国无权主张那些其他国家明明都可以主张的权利。 这是为什么呢？ 答案并不难找到，因为他们对中国存在政治偏见，甚至可能是种族偏见。 在"南海仲裁案"仲裁庭中，法官们分别来自法国、德国、荷兰和波兰，他们都来自北约国家并忠于美国。 或许他们能恪守自己的职责，但正义要以看得见的形式实现。这就是我们为什么需要探讨正义问题。

霍布斯认为人类几乎是压倒性的剥削者和自私者，无法在良好和公平判断的基础上构建一个法律秩序，维系一个社会的唯一方法就是强有力的、明确的规则约束；同时，霍布斯也不认为存在一个全球范围的社会契约。 对此我表示认同，尽管社会契约理论允许西方民主国家的存在，但并不存在全球性的社会契约。 中国和许多发展中国家试图证明《联合国宪章》就是这样一种社会契约，这在一定意义上对他们是有好处的。 但从历史上看，《联合国宪章》是大国之间的防御联盟和安全联盟（的产物），依赖于大国之间的相互理解，但这种相互理解是不存在的，也许有时他们也会达成一致，但这需要极大的耐心。

我认为，没有社会本体论和人类学基础，社会契约寸步难行。 中国提出的"人类命运共同体"理论，其本质上是一种本体论思想。"命运"的概念是假定我们来到这个世界上是为了完成预先赋予的任务，我们是有目的的。"人类命运共同体"的提法表明，世界上的国家并非作为独立实体存在，而是共同体的一部分。 这个共同体有一个巨大的有机目的将各国联系在一起，因此，中国积极与"全球南方"国家开展外交合作。 但美国人根本没有这样做，他们只是想保持自己的霸主地位；欧洲人在考虑世界其他国家时，也明确地将自己的标准强加于人。

自由主义的法律观特别反对基于客观的美德观。 他们认为，美德是个人主观的问题，不具有客观性。 人们基于同意联合起来，而唯一能确定他们所同意的内容的方式就是看他们在契约里写了什么，而不是谈论人性和合理性。 但这显然完全违背了人们的实际行为方式，例如巴勒斯坦提出，根据《国际人权公约》有关条款，明确禁止以色列目前在加沙的所作所为，但显然以色列并未遵守其承诺。 从根本上说，巴勒斯坦的反对理由是基于自然法的。

至于马克思主义与天主教信仰之间的矛盾问题，我对此没有任何异议。 不过，我想强调一下两者一致的方面。 我的《国际法的衰落》一书中有一个简单的论点，即国际法是腐朽的政治自由主义，而不是一个有效的国际法律秩序，你不能指望它能构建任何创造性或原创性的、处理任何严重问题的空间。 对我来说，我非常认同马克思主义有关工业资本通过资本积累变成金融资本的论述。 越来越多的财富从工人和雇员的口袋里流出，流到了企业家手里，但他们无法再将这些财富投资于工业生产，因为工业生产已经达到了饱和状态。 于是他们利用对金融资本的掌握来控制新闻和媒体。 因此，在我看来，公共部门必须控制进而消灭寡头，或者将他们牢牢控制在自己手中。 在中国，国家对私人资本拥有足够强大的控制力，在我看来，这是符合公众利益的。 但在新自由主义制度下的欧洲和美国，寡头控制政治体制，这就是我所理解的马克思主义的实证性。 我也对改变这种状况的可能性持怀疑态度，并不主张或实践暴力，我看到的是一个深层次的结构性问题。 因此，简单地说，新自由主义是没有前途的。

总的来说，我不认为天主教和马克思主义之间存在很大的矛盾。 宗教信仰与慈善、慷慨有关，通常不被认为是政治领域的一部分。 在政治领域，伟大的天主教思想家，如托马斯·阿奎那和西班牙的维托利亚借鉴了希腊哲学家的思想，但他们仍然是基于信仰的"普世"思想家。 信仰是一个非常模糊的概念，看起来不是经验性的，但如果实践起来，它也可以成为一个经验性的命题。

吴应娟：您认为霍布斯式的理解传统对当今的国际法有什么影响？

安东尼·卡蒂：我认为霍布斯式的理解主导了当今的国际法。 我认为没有任何国际法真正存在。 有一个词叫"法律战"（lawfare）——指利用法律作为工具，对他人进行践踏——很好地说明了这一点。 霍布斯认为，不安全感是人类的基本天性，我认为，这是放弃本体论世界观的后果。 从根本上说，人类的共同未来是一种本体论观点，即人们能够共同合作，在其中找到共同的目标，这是自然而然的事情。 霍布斯认为人们做不到这一点，因为人们相互恐惧，他在国家层面解决了这个问题，但在国际层面上却没有解决。 对于中国的知识分子和学者来说，最需要理解和探索的是：为什么这些自由民主国家如此恐惧？ 澳大利亚、加拿大、美国、德国和法国表现出的主要特征就是恐惧和焦虑。 他们恐惧中国人将会通过TikTok、华为手机、5G 等监视自己在厨房、厕所里会做什么。 因此，我们必须思考，是什么驱使他们这样？ 奥利弗·多诺万（Oliver Donovan）认为，这种焦虑的原因在于西方拒绝接受任何历史命运的观念，他们不知道自己是谁，所以他们非常害怕，希望能够控制所有人。 这就是为什么他们异常暴力的原因。 在过去的 15 年里，我们经历的大多数战争都是由西方人挑起的，无一例外。

吴应娟：您如何展望今后的全球治理新秩序？ 应该包含哪些要素？

安东尼·卡蒂：我不认为目前马上会出现全球治理的新秩序。 我认为，这个世界正处于一场异常严重的危机之中，距离新秩序还很遥远。 欧美对世界秩序有一种霍布斯式的理解，他们认为中国和俄罗斯更有活力，因此必须被摧毁。 在我看来，中国正在采取一种外交上的最佳战略，那就是不断努力争取非洲、拉丁美洲、中东和东南亚，共同构建人类命运共同体。 我在日本报刊上看到最近的统计数据显示，东南亚国家现在有一部分人认为中国比美国更适合作为领导者，这就是一个很明显的变化。

同时，我们现在确实需要搞清楚美国和欧洲是如何让自己陷入如此混乱和不稳定的心理状态的，并且清楚，西方无法改变这一状态。 在这里，我们又要回到有关正义统治者的讨论之中。 若观察西方的选举式民主，我们会发现，选举式民主偏爱那些容易被诱惑的人，因为候选人为了赢得足够多的选票，需要筹集大量资金来进行广告宣传和竞选活动，倾向于迎合特定利益集团或通过短期承诺来吸引选民的支持，容易受到资本和企业利益集团的影响，所以西方的选举式民主对领导人的经验和道德理性缺乏考量。 而中国有一些重要的人才培养制度，要求政府官员和领导者从基层做起，且需要在不同省份、不同城市之间交流，以确保他们对中国的国情、基层社会和人民需求有深刻的了解，有足够的能力管理一个地区甚至一个国家。 这是非常不同寻常的。

吴应娟：您怎么看"朝贡秩序"，今日中国还可以从中获得一些启示么？ 您又如何看待"人类命运共同体"的提法？ 这是否符合您认为的世界秩序观念，是一种德性的伦理秩序？

安东尼·卡蒂：我认为中国非常清楚，它不能对邻国表现出任何高人一等的态度和等级观念。 中国一直在强调，无论任何国家，他们相互之间都是平等的，他们对中国是平等的，中国对他们也是平等的。 今天，我们能从朝贡体系中得到的唯一启示应该是一种理念，即如果一个国家更强大、更富有、境遇更好，就应该帮助那些不那么强大、不那么富有、境遇不那么好的国家。

我确实认为，"人类命运共同体"这一概念具有丰富的内涵，它否定了民族主义霸权。 它所坚持的是，人类并非简单地行使个人自由、为所欲为，而是由共同命运引导。 这个概念能引起我的共鸣。 它是对"中国威胁论"的回应。 我觉得所谓的"中国威胁论""中国霸权论"很荒谬，因为中国人对毁灭其他国家并不感兴趣，而且中国已经成为世界上最强大的国家之一，所以并不需要通过毁灭他国来让自己变得更强大。 但西方人始终无法理解这一点。

（吴应娟，北京大学法学院 2023 级博士研究生）

他者为镜

桑巴与巴西民族认同的构建*

束长生

摘要：作为前殖民地国家，巴西的国家构建和民族认同一直是执政者和文化精英关心的问题。1930年，瓦加斯(Getúlio Vargas)担任总统之后，迅速建立了威权政府，加速工业化，构建现代国家，并且积极从事文化事业的建设，树立巴西的民族认同。在此过程中，源自非裔的桑巴歌舞被改造和提升为民族文化符号和国家的象征。学者们认为，现代桑巴源自里约城市桑巴，是里约的非裔，尤其是来自巴西东北地区的巴伊亚的黑人移民的音乐表现形式。在瓦加斯总统第一次执政期间(1930—1945)，巴西经历了一系列剧烈的社会变革。以里约和圣保罗等城市为中心，巴西迅速工业化，大量的农村剩余劳动力纷纷涌向城市，经济的繁荣导致了城市中产阶级与产业工人阶级的兴起。随着广播电台、唱片业和有声电影的发展，巴西也形成了以桑巴音乐和舞蹈为中心的民族文化产业。特别是1935年以后，官方开始资助狂欢节期间举行的桑巴游行比赛，桑巴学校逐渐发展壮大，成为里约狂欢—桑巴文化产业链中的支柱。现代桑巴吸收了欧美现代流行音乐的养分，超越了非裔贫民区，超越了里约，被打造成为巴西的民族节奏，并且成功走向全世界。毫无疑问，桑巴象征着巴西的种族融合，它既是巴西民族文化的代表，也是国家认同的符号。

关键词：桑巴 瓦加斯时期的文化政策 巴西国家与民族认同 音乐民族主义

---

* 本项目受巴西政府教育部 CAPES 奖学金资助（项目号：88887.936736/2024 - 00）。 本文作者感谢 CAPES 的慷慨资助，感谢南京大学社会学系范可教授、北京大学历史系董经胜教授的审阅与指正意见。 文中的错误在所难免，均由作者本人负责。

关于巴西桑巴音乐史，比较好的参考书是 2008 年出版的《巴西流行音乐史——从起源到当代》(*Uma história da música popular brasileira: das Origens à Modernidade*)，该书作者是巴西著名的音乐史家贾伊罗·塞韦里安诺 (Jairo Severiano)。作者将巴西流行音乐史分为四个"时代"：(一) 形成时期 (1770—1928)、(二) 巩固时期 (1929—1945)、(三) 转型时期 (1946—1957) 和 (四) 当代时期 (1958 年至今)。在每个阶段，作者都历史性地描述了各类流派和运动，以及最能代表它们的作曲家、音乐家和表演者。在关于桑巴部分，作者重点介绍了主要艺术家的生平和主要贡献，比如，皮幸吉尼亚 (Pixinguinha)、努埃尔·罗莎 (Noel Rosa)、卡门·米兰达 (Carmen Miranda)、阿里·巴罗索 (Ary Barroso)、多利瓦·卡伊米 (Dorival Caymmi)，等等。关于桑巴，公认的参考书是 2015 年出版的《桑巴社会史辞典》(*Dicionário da história social do samba*)，作者是内伊·洛佩斯 (Nei Lopes) 和路易斯·安东尼奥·西马斯 (Luiz Antonio Simas)。该书曾获得第 58 届巴西图书奖。它囊括了有关桑巴的几乎所有话题与词条，例如：早期桑巴的边缘地位、桑巴舞学校的出现、桑巴的流派与空间分布、作为流行音乐的桑巴、多样化的风格与流派、桑巴的国际国内流传与地区差异，等等。这部辞典提供了众多桑巴作曲家、演奏家、指挥家、歌手、舞蹈家、编排与设计师、桑巴游行导演的生平和主要贡献。它不仅为我们提供了有关桑巴的流派和代表人物的信息，而且还提醒我们反思长达一个世纪的有关桑巴的神话、偏见。

关于桑巴音乐的歌词叙事，2009 年出版的《桑巴的叙事情节——历史与艺术》(Samba de Enredo: História e Arte) 一书乃是必不可少的参考书。由阿尔贝托·穆萨 (Alberto Mussa) 和路易斯·安东尼奥·西马斯 (Luiz Antonio Simas) 合著。该书详细分析了桑巴歌曲的叙事及其与巴西国家、社会、历史的关系。为了分析桑巴的歌词叙事，两位作者聆听了大约 1600 首录制在唱片上的桑巴歌曲，这些歌曲都曾经在历届狂欢节桑巴游行期间传唱，被保留在历史记忆中。作者分析了各个时期的桑巴歌词的叙事内容和方式，将 1870 年至今的巴西桑巴音乐的叙事模式和演进轨迹展现给读者。

研究桑巴史，自然绕不开桑巴学校的历史。 1996 年出版的《里约桑巴学校》(*As Escolas de Samba do Rio de Janeiro*, Lazuli)，是一部非常重要的参考书。 作者是塞尔吉奥·卡布拉尔 (Sérgio Cabral)。 他回顾了里约热内卢桑巴学校的历史，详细介绍了桑巴先驱者的斗争和桑巴学校的发展轨迹。 在此历史进程中，桑巴艺人战胜了社会偏见，躲过了警察的迫害，直到桑巴转化为巴西民族文化的代表。 作者采访了大批著名的桑巴艺术家，如伊斯梅尔·席尔瓦 (Ismael Silva)、拜德 (Bide)、卡托拉 (Cartola)、卡洛斯·卡查萨 (Carlos Cachaça)、劳尔·马克斯 (Raul Marques)、坎迪亚 (Candeia) 等。

在英文著作方面，我参考了 1999 年出版的《巴西桑巴社会史》(*the Social History of Brazilian Samba*)，这是一部非常优秀的著作。 作者是莉莎·肖 (Lisa Shaw)，她探讨了 1930—1945 年期间，巴西政府的政治、社会和文化政策对桑巴的影响，重点介绍了瓦加斯 (Getulio Vargas) 政府的文化政策，瓦加斯对桑巴的扶持、利用与监督。 除此以外，作者重点介绍了三位有影响力的桑巴作曲家的生平与作品，即阿托尔福·阿尔维斯 (Ataulfo Alves)、诺埃尔·罗莎 (Noel Rosa) 和阿里·巴罗佐 (Ary Barroso)。 通过研究桑巴歌词，作者展示了桑巴创作者的生活方式和叙事模式，阐述了桑巴艺术家与政治威权之间既合作又抵抗的复杂关系。

关于桑巴与巴西的民族认同的问题，我所喜爱的参考书是《桑巴的奥秘》(*O Mistério do Samba*)，作者是埃尔马诺·维亚纳 (Hermano Vianna)。 他讨论了桑巴是如何从一个被官方打压的非裔艺术表现形式升华、转变为"民族文化的代表"。 作者认为，转变发生在 20 世纪 10 年代至 30 年代之间，巴西的白人知识分子受到欧洲的民族主义思潮的影响，开始挖掘巴西的"民族特征"。 由此，他们开始重新审视处于边缘地位的桑巴艺术，并且对它进行了"文化调解"。 作者叙述了 1926 年发生在里约热内卢的夜生活晚会区的一次知识分子聚会。 该聚会汇集了一些致力于建立民族认同的著名现代派年轻知识分子，包括人类学家吉尔伯托·弗雷烈 (Gilberto Freyre)、史学家塞尔吉奥·布尔克·德霍兰达 (Sergio Buaque de

Hollanda），以及著名的非裔桑巴艺术家，如皮辛吉尼亚（Pixinguinha）和邓加（Donga）等。这次聚会使得巴西的知识分子充分认识到桑巴的巨大魅力。由此，这些知识分子开始积极投身于"文化调解"，使得曾经饱受巴西精英歧视甚至迫害的非裔桑巴艺术很快得到了升华，被提升成为融合了传统与"现代"元素的桑巴。它融合了黑人的节奏与白人的交响配器，迅速发展成为巴西民族的节奏、国家的象征。

本文结合以上参考文献，对桑巴的起源、发展历史进行了梳理。本文特别强调巴西白人知识分子的参与、文化市场的推广、政府的政策扶持，等等。在这些因素的共同作用下，桑巴不仅被巴西国内民众接受，而且被推向全世界，成为巴西民族文化的代表、国家认同的象征。

一、桑巴的起源

桑巴（音乐和舞蹈）也被称为里约热内卢城市桑巴（Samba Urbano Carioca），或简称为里约桑巴（Samba Carioca），是巴西的一个音乐流派，起源于 20 世纪初里约市内的非洲裔社区。它根植于巴西非裔文化传统，尤其是殖民时代生活在甘蔗种植园里的黑人奴隶的舞蹈形式。关于"桑巴"一词的起源，大多数学者认为它来自非洲班图语"semba"，原意是指安哥拉等地流行的一种舞者相互撞击肚皮的"肚皮舞"——翁比嘎达（umbigada）。19 世纪至 20 世纪初，"桑巴"（Samba）一词指的是黑人围绕篝火跳的"巴图克"舞（Batuque），他们使用非洲乐器，节奏由手掌拍击而成，简单而快速。①

多数音乐史学者认为，现代桑巴诞生于里约市区一个名叫埃斯塔西奥（Estácio de Sá）的贫民区，其居民以黑人为主。起先，这些黑人居民在女祭司家里举行巫教坎东布莱（Candomblé）的仪式，一边进行仪式，一

---

① Nei Lopes & Luiz Antonio Simas, *Dicionário da História Social do Samba*, 2ª ed., Rio de Janeiro: Civilização Brasileira, 2015, p. 11.

边跳巴图克舞。

在 19 世纪后期，里约市一半以上的人口是黑人。 到了 19 世纪 90 年代，巴西的奴隶制已经废除，很多黑人离开了种植园来到城市，特别是到沿海地区的一些大城市里谋生。 里约拥有超过 50 万的居民，其中只有一半是本地人（包括黑人），另一部分是来自其他地区的移民，特别是巴西东北部的巴伊亚的非裔移民①。 里约的桑巴与巴伊亚的非裔巫教紧密联系在一起。 在里约，巫教坎东布莱的女祭司们在非裔社区通常拥有很大的影响力。 来自东北巴伊亚省的非裔移民们就在他们的祭司家周围自建房屋或租房居住。 由于许多巴伊亚祭司的房屋都位于十一广场（Praça Onze）附近，那里有不少小山包，山坡上居住了很多贫穷的黑人和混血人，因此，也被人们称为"小非洲"。

非裔黑人生活在沉重的种族歧视与阶级压迫之下，是宗教给了他们生存的力量。 坎东布莱是一种巫术型宗教，信徒和祭司在唱歌和跳舞中进入迷狂，在神灵附体或者灵魂出窍中，祭司与诸神沟通，为信徒争取神的帮助。 通过巫教，贫穷的洗衣妇、清洁工和女佣、港口码头工人祈望神灵的庇佑。② 坎东布莱既是宗教，又是一个庆祝派对。 在庄严而热闹的巫教活动中，歌手们急促地击鼓，不停地呼唤诸神从宇宙的高处降落，与祈福的信徒们沟通，祈求神灵帮助人们摆脱各种困境。 关于坎东布莱的庆祝活动，桑巴艺术家若昂·达·拜亚纳（João da Baiana）认为，"在举办仪式之前，人们总是边唱歌，边跳舞。 它首先是娱乐，然后才是宗教"③。 按照著名桑巴艺术家邓加（Donga）的说法，在早期，"桑巴"一词既可以指坎东布莱巫教仪式，也可以指仪式举行之前的歌舞娱乐活动。④ 事实上，在非洲传统文化中，宗教与音乐之间的联系是密不可分的，因为音乐的节奏

① Nei Lopes & Luiz Antonio Simas, *Dicionário da História Social do Samba*, p. 27.

② Rosenfeld, Anatol. *Negro*, *Macumba e Futebol*, SP: Perspectiva, 1993, pp. 68 - 71.

③ Hermano Vianna, *O Mistério do Samba*, 6 ed., Rio de Janeiro: Jorge Zahar Editora & Editora UFRJ, 2007, p. 114.

④ Olga Gudolle Cacciatore, *Dicionário de cultos Afro-brasileiros*, 3a. ed. RJ: Forense, 1988, p. 78.

就是仪式的节奏。 在仪式中，信徒们按照音乐的节奏唱歌、跳舞，聆听自己的心跳，感受生命。 跟随着音乐节奏，祭司会进入迷狂状态，"灵魂出窍"，并在仪式结束之前及时重返肉体。 在此过程中，信徒们一起体验了死亡与重生。①

里约的巫教女祭司们在其非裔社区里享有很高的社会地位。 她们除了负责宗教仪式，还给人们驱邪、看病和算命。 最著名的女祭司是西亚塔姨妈（Tia Ciata）。 她的法术据说很灵验，因此还拥有很多白人顾客。 西亚塔经常在家中举办宗教、美食、音乐和舞蹈的聚会，与会者大多数是黑人和混血桑巴艺人，例如辛霍（Sinhô）、皮幸吉尼亚（Pixinguinha）、邓加（Donga），等等，同时也有白人知识分子和记者光顾，例如，巴西著名的现代派诗人马里奥·德·安德拉德（Mário de Andrade）和著名记者弗朗西斯科·吉马良斯（Francisco Guimarães，笔名"萤火虫"）。 他们经常光顾西亚塔家的聚会。 正是在这样的跨种族、跨文化交流的环境里，1916年 10 月诞生了风靡整个里约的桑巴舞曲《打电话》（Pelo Phone）②。1917 年 1 月 19 日，《打电话》被一家留声机唱片公司灌制成唱片并发行，成为当年里约狂欢节的热门歌曲。 该曲被桑巴史学家公认为第一首桑巴曲。 正是从《打电话》开始，桑巴才成为巴西音乐市场的独具一格且备受青睐的流行音乐。③

后来，一些黑人音乐家离开了女祭司的庇护，在一家酒吧里成立了巴西第一个桑巴俱乐部，起名为"有话要说"（Deixa Falar），对外挂牌号称"桑巴学校"，目的是避免警察的侵扰。 该桑巴学校的主要创建人之一是生活在埃斯塔西奥贫民区的黑人音乐家伊斯梅尔·席尔瓦（Ismael Silva）。 在白人音乐家弗朗西斯科·阿尔维斯（Francisco Alves）等人的关心与帮助下，埃斯塔西奥的桑巴音乐在节奏、旋律和主题方面都带来了

---

① Muniz Sodré, *Samba：O dono do corpo*, Rio de Janeiro, Mauad, 1998, pp. 21 - 23.
② Nei Lopes & Luiz Antonio Simas, *Dicionário da História Social do Samba*, p. 219.
③ Nei Lopes & Luiz Antonio Simas, *Dicionário da História Social do Samba*, p. 148.

创新，因此，它很快流传到里约的其他贫民区以及周边城市。① 随后，众多的桑巴学校在里约其他贫民区相继成立，并且参与狂欢节的桑巴舞游行。 自 1932 年起，里约每年举行狂欢节桑巴游行比赛，里约城市桑巴逐渐产业化。 经过广播电台、电影和唱片公司的艺术加工和商业推广，发源于里约边缘社区的非裔桑巴音乐很快就被改造成一种全新的音乐流派。 得益于桑巴舞与狂欢节的结合，也得益于 20 世纪 30 年代广播电台、唱片公司和电影业的加盟，以及瓦加斯政府的积极扶持，桑巴走出贫民区，走出巴西，走向全世界，成为巴西民族文化的代表、国家—民族身份的象征。

二、桑巴与狂欢节的融合

狂欢节起源于古希腊和古罗马时代。 最初是一种为祭拜酒神和农神而举行的民俗活动，在此期间，人们放下手头的活计，尽情地狂欢。 在这一特定的时间里，人们可以摆脱平日里长幼尊卑的等级观念的束缚，平等而又亲昵地交往。 在中世纪的欧洲，狂欢节最重要的特征是"广场式的""自由自在的生活"，它与教会统治下服从于僵硬的等级秩序的常规生活对抗，因而是让人向往的"另类、例外的一种生活方式"。 20 世纪 60 年代，巴赫金（Mikhail Bakhtin）提出了狂欢理论（Carnivalesque Theory），认为在狂欢中，人们通过加冕、脱冕、化妆、戴上面具，暂时地、象征性地实现自己改变地位和命运，拥有财富、权力与自由的美梦。这种狂欢是全民性的，在狂欢中没有观众，全民皆为参与者。 巴赫金认为狂欢节的基本特征是等级的颠覆、地位的平等和社交的开放性。②

---

① Nei Lopes & Luiz Antonio Simas, *Dicionário da História Social do Samba*, p. 138, 182.
② 〔苏〕M. M. 巴赫金:《陀思妥耶夫斯基诗学问题:复调小说理论》，白春仁、顾亚铃译，北京:生活·读书·新知三联书店，1988 年。

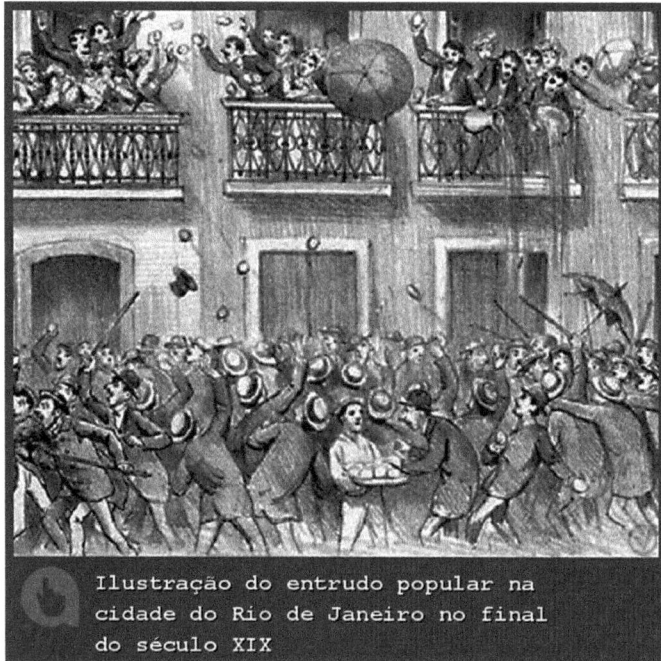

Ilustração do entrudo popular na
cidade do Rio de Janeiro no final
do século XIX

图 1　19 世纪末里约热内卢的狂欢节，人们喜欢被称作恩特如多
（Entrudo）的恶作剧（插图取自网络）

图 2　19 世纪末里约热内卢的狂欢节，人们泼水取乐（插图取自网络）

　　巴西学者西姆森（Simson）指出，巴西狂欢节的历史大致可以分为三个阶段，民众在各历史时期采取了不同的狂欢方式。[①] 第一个阶段（从殖民时代到 1850 年），巴西人主要的狂欢方式是一种源自葡萄牙的恶作剧——恩特如多（Entrudo）。 人们相互泼水、掷柠檬汁，甚至向游行队伍投掷包着沙子的手套，等等。

　　法国画家德布莱（Jean-Baptiste Debret， 1768 – 1848）于 1816—1831 年期间受巴西皇家美术院邀请，在巴西授课，并巡游考察，留下了一本绘画作品集《巴西旅行历史与绘画，1834—1839》（*Viagem Pitoresca e Histórica ao Brasil*， 1834 – 1839）。[②]

图 3　《狂欢节一景》

（*Cena de Carnaval*， 1823， Jean-Baptiste Debret）

[①] Olga Rodrigues de Moraes von Simson， *Carnaval em branco e negro： Carnaval popular paulistano*， *1914 - 1988*， São Paulo： Editora Unicamp， 2007.

[②] https：//arteeartistas. com. br/carnaval-jean-baptiste-debret-origem/#google_vignette.

图 4　《狂欢节一景》

（*Cena de Carnaval*，1823，Jean-Baptiste Debret）

图 5　《狂欢节——礼拜天下午的游行》

（*Passeio de domingo à tarde*，1826，Jean-Baptiste Debret）

第二个阶段（1850 年至 1920 年）。 人们开始聚集在市中心的广场上、大道上化装游行或戴着假面具游行。 西姆森将此阶段定义为"威尼斯式狂欢节"或"资产阶级狂欢节"。 它又可以分为两个相互渗透但又截然不同的历史时期：（1） 1850 年至 1902 年，标志着资产阶级有意采取行动，创造一种摆脱殖民历史、融入国际社会的"现代化"狂欢节；（2） 1902 年至 1920 年，里约市进行了大规模拆迁和改造，开通了中央大道（Av. Central）——后改名为白河男爵大道（Av. Barão do Rio Branco）。 中央大道成为城市资产阶级的社交场所。 由于人们对旧共和体制（1889—1930）的混乱状况普遍感到不满，一部分具有强烈民族主义思想的知识分子开始寻求发掘和培育巴西的本土文化，由此，资产阶级的狂欢节也开始吸收来自贫民阶层的狂欢游行。

自 1850 年以来，里约上流社会开始仿照法国巴黎狂欢节的组织模式，在各自的社区组织了狂欢俱乐部（或称协会），并在狂欢节期间举行花车游行。 因此，里约有了大小两种狂欢节，即资产阶级的狂欢俱乐部，如芬尼安（Fenianos）、魔鬼中尉（Tenente do Diabo）、民主党（Democráticos）等，组织了"大狂欢节"，有花车游行、欧洲式化装游行、歌舞表演；与此同时，城市贫困阶层也举办了"小狂欢节"，由各个狂欢"线绳"（Cordão）、狂欢"牧场"（Rancho）构成，每个游行队伍都有领舞的"国王"和手里拿着彩旗快速旋转的"王后"。 开始的时候，大狂欢节、小狂欢节是在各自的社区举行，井水不犯河水，但后来，小狂欢节逐渐"侵入"大狂欢节，并且在同一公共空间表演。[①] 直到 20 世纪 30 年代，由于瓦加斯政府对桑巴学校的扶持，主打桑巴歌舞表演的"小狂欢"吸收了主打化装舞会、花车游行的"大狂欢"。

西姆森认为，19 世纪末至 20 世纪三四十年代，巴西处于现代化转型时期，桑巴文化在巴西还未被普遍接受。 在其他城市，比如圣保罗，依然

---

① Sérgio Cabral, *As Escolas de Samba do Rio de Janeiro*, Rio de Janeiro: Lumiar, 1996, p. 23.

同时存在着泾渭分明的"大、小两个狂欢节"。"大狂欢节"对应于奢华的白人精英式狂欢节（也称为威尼斯式狂欢节），由咖啡种植园资产阶级和文化精英举办，参与者是资产阶级、城市中产阶级和白人平民；"小狂欢节"基于混血人、黑人和土著人的混合文化传统，由手工业者、工人、自由黑人、城市贫民在街区广场上自由狂欢，有的人跳桑巴舞，有的人跳各类具有地方特色的舞蹈。

这是一种相互协商的文明进程。里约的精英们希望社会和平、有序地发展；城市中下层民众响应精英的呼吁，参与构建文明、有序的公共社会空间。原来的恶作剧式狂欢逐渐被桑巴表演和化装游行取代。与此同时，警察对任何被认为是危险的娱乐行为进行严厉镇压，例如泼脏水、扔肮脏东西的恶作剧和不时引发伤亡的卡普埃拉（Capoeira）斗殴。通过镇压暴力组织、合法化桑巴游行，政府将流行的桑巴歌舞融入狂欢节游行活动中，以新的艺术形式驯化、改造了原先的粗野和暴力的狂欢节庆祝活动。

第三个阶段（1920年至今），桑巴学校主导的狂欢节。狂欢节期间的桑巴游行的时间与空间由市政府规划，由警察局管理和控制，被商业活动最大限度地利用。① 20世纪30年代是里约狂欢节第三个历史阶段的关键时期，因为它确立了新型狂欢节的表现形式。它标志着里约的新型狂欢节的基础力量的崛起——桑巴学校。在20世纪三四十年代，"大狂欢节"和"小狂欢节"逐渐融合。狂欢节游行队伍中，游行花车、化装舞蹈依然保留，而贫民阶层则以桑巴音乐和舞蹈作为庆祝活动的核心元素，通过各式各样的桑巴团体组织活动，逐渐扩大了城市狂欢节的规模。由于狂欢节桑巴游行比赛体制的确立，桑巴表演日益受到各阶层民众的普遍欢迎。逐渐地，原先的"小狂欢节"或者说"底层人民的狂欢节"占据了里约的大街小巷。可以说，在1930—1945年间，里约的桑巴和狂欢节逐渐融为一

---

① Olga Rodrigues de Moraes von Simson, *Carnaval em branco e negro: Carnaval popular paulistano, 1914 - 1988.*

体。 狂欢节和桑巴几乎成了同义词。

三、桑巴的商业化

1931—1940 年间，桑巴曲是巴西录制最多的流行歌曲类型，几乎占该时期总曲目的三分之一：总共 6706 首歌曲中的 2176 首是桑巴曲。[1] 桑巴音乐中，打击乐器使用得最多，但在录音室里，唱片公司的白人艺术家给桑巴音乐增添了交响乐的元素。[2] 桑巴音乐的商业成功应该归功于广播电台在巴西全国的发展。 巴西第一个无线广播电台于 1922 年正式开播。[3] 1923—1926 年，巴西的收音机数量从 536 台增加到 30 000 台。[4] 随着瓦加斯政权（1930—1945）的建立，广播电台得到了迅速发展，这是因为瓦加斯总统将广播作为整合国家和民族的重要工具，帮助他实现政治、经济、教育和文化的全国一体化。[5] 1937—1945 年，瓦加斯政权在巴西内陆地区城市的公共广场上安装了无线电接收天线和扬声器，从而确保大多数民众能够收听广播。 巴西所有广播电台每天晚上 8 点至 9 点播出的"巴西时刻"（Hora do Brasil）是政府赞助的节目，致力于推动巴西社会和政治的统一。 它们都具有传播信息、培养公民意识、娱乐公众的功能。 广播电台还承担了文化方面的功能：推广巴西的流行音乐。 它播放的 70% 的音乐是桑巴音乐作品，著名的桑巴艺术家的音乐作品被广播电台传送到全

① Zuza Homem de Mello, Severiano, Jairo. *A Canção no Tempo*, Volume 1. São Paulo: Editora 34, 1997, p. 67.
② Humberto M. Franceschi, *A Casa Edison e seu tempo*, Rio de Janeiro: Sarapuí, 2002, p. 292.
③ Paulo Virgilio, *Primeira transmissão de rádio no Brasil completa 90 anos*, Agência Brasil, 7 de julho de, 2012.
④ Silvana Goulart, *Sob a Verdade Oficial: Ideologia, Propaganda e Censura no Estado Novo*, São Paulo: Marco Zero, 1990, p. 116.
⑤ Maria de Lourdes dos Santos, *Radiodifusão na Era Vargas*, Araraquara: Univ. Estadual Paulista. Estudos de Sociologia, 2005, pp. 207 – 210.

国各地。①

　　1932 年，瓦加斯政府颁布了《广播广告法》，这对于巴西广播事业的商业化、专业化和大众化至关重要。 根据规定，广告可以占据广播节目的20％时间（后来增加到 25％）②，广播节目里插播广告，对广告商来说变得更具吸引力，加上这一时期收音机销量的增长，广播公司开始投资音乐节目，成为巴西流行音乐的强大的推动者。 无论是录制唱片还是在广播公司的演播室里，著名的桑巴歌手和乐队经常收到邀请，到现场展示他们的才华。③ 在竞争的环境中，里约和圣保罗的电台开始与著名歌手和乐队签订独家合约，在播音室里现场表演。 如桑巴歌唱家卡门·米兰达（Carmen Miranda）开始与广播电台签订独家表演合同。④ 因为市场的需求，大型电台开始建立大型广播乐团，由专业人士指挥，他们为桑巴音乐提供了更复杂的编排与包装。 例如，巴西交响乐团与里约的"国民广播电台"（Radio Nacional）签订了《一百万首旋律》的节目制作合约，该节目是巴西历史上最受欢迎的广播电台节目。⑤

　　桑巴作为一种流行音乐派别在巴西的崛起也见证了巴西电影业的兴起，特别是在音乐喜剧中，桑巴成为电影的配乐、故事情节甚至电影的主题。 电影《狂欢之声》（A Voz do Carnaval）得到了观众的普遍好评，它的成功为其他几部桑巴音乐电影作品铺平了道路⑥。 通过广播电台的播送和唱片公司的商业发行，桑巴不仅在里约流行，在专业化包装后，还流行到巴西全国各地。 总而言之，1929 年至 1945 年间，是桑巴的"黄金时

---

① Silvana Goulart, *Sob a Verdade Oficial：Ideologia，Propaganda e Censura no Estado Novo*，São Paulo：Marco Zero，1990，p. 55.

② https://pt. wikipedia. org/wiki/Samba

③ Marco Antônio Marcondes, *Enciclopédia da Música Brasileira-Erudita，Folclórica，Popular*，Vol. 1，São Paulo：Editora Art，1977，p. 640.

④ Tânia da Costa Garcia, *O "it verde e amarelo" de Carmen Miranda（1930 – 1946）*，São Paulo：Anna Blume，2004，p. 40.

⑤ Luiz Carlos Saroldi, Sonia Virginia Moreira, *Rádio Nacional：o Brasil em sintonia*，2ª ed. Rio de Janeiro：Zahar，2005，pp. 60 – 61.

⑥ Nei Lopes & Luiz Antonio Simas, *Dicionário da História Social do Samba*，pp. 63 – 64.

代"。因为无线电和电磁录音在巴西的推广与普及，巴西出现了大批著名的桑巴作曲家和表演家，例如，阿里·巴罗佐（Ary Barroso）和卡门·米兰达，这两位艺术家都享誉巴西国内外。卡门·米兰达是巴西桑巴音乐的巨星，也是第一个在国际上推广桑巴的艺术家。她在巴西成名之后，于1939年应邀前往美国发展她的演艺生涯。她先在纽约百老汇演出音乐剧，后又应邀在好莱坞电影中演出。她在美国获得了很高的知名度，甚至受邀去白宫为富兰克林·罗斯福总统表演。①

四、巴西的民族认同

巴西人类学大师吉尔贝托·弗雷尔（Gilberto Freyre，1900－1987）在1933年出版了经典著作《主人与奴隶》（Casa-Grande e Senzala）。他认为，巴西的殖民历史本质上是多种族之间的混合。这就是后来巴西"种族民主"（种族混血）话语的起源。他强调种族混血是一种传统优势，是巴西国民活力的象征，是巴西民族自豪感的来源。弗雷尔美化了种植园的生活，以及葡萄牙人在热带地区建立的所谓家长式"仁慈"的奴隶制度。他认为，由于葡萄牙人没有种族偏见，所以他们对非洲奴隶的文化采取了宽容态度，巴西的殖民过程基本上是一个"和谐"的过程。弗雷尔是"统合巴西"的热心倡导者，是巴西种族和文化的调解人之一。桑巴是他所推崇的混血文化的结晶，是巴西的一种"国民特征"，他宣称桑巴音乐是"最巴西化的音乐艺术"。②与弗雷尔交往频繁的现代主义诗人马里奥·德·安德拉德（Mario de Andrade）称赞桑巴音乐与舞蹈的兴起是"我们民族最有力的创造和最美好的特征"③。

关于20世纪20年代巴西的年轻知识分子对桑巴的"发现"，我们可以

---

① Marcondes, *Enciclopédia da Música Brasileira-Erudita*, *Folclórica*, *Popular*. Vol. 1, 1977, pp. 489－490.

② Gilberto Freyre, *Ordem e progresso*, 3rd Ed. Rio De Janeiro: Jose Olympio, 1974, p. 104.

③ Mario de Andrade, *Aspectos da mtisica brasileira*, São Paulo: Martins, 1965, p. 31.

参考理查德·彼得森（Richard Peterson）提出的"发明传统"和"制造真实性"的论述。彼得森在描述美国乡村音乐的"发明"时说："真实性并不是人们宣称'真实'的物体或事件固有的特征；它是一个社会建构的问题，是对'过去'的部分扭曲。"①坎克利尼（Nestor Garcia Canclini）认为流行文化"是通过复杂、混合的过程构建的，挪用或吸收了来自不同阶级和族群的文化元素作为身份认同的标志"②。从这个角度来看，人们可以毫不犹豫地断言，里约贫民窟的黑人歌手创造桑巴舞，并未脱离巴西社会的其他部分。其他阶层、其他种族，甚至其他国籍的人们也参与了这一过程，哪怕只是作为热情的观众与听众。

历史学者们认为，"民族意识"不是一种自然的、原始的现象，而是一种由社会建构的、相当新近的现象——事实上，这是一种现代的看待世界的独特方式。艾瑞克·霍布斯鲍姆（Eric Hobsbawm）赞同欧内斯特·盖尔纳（Ernest Gellner）对民族认同产生过程的描述。霍布斯鲍姆写道："对于盖尔纳，我会强调人为制造、发明和社会工程的作用，这些元素会影响民族国家的形成。"他接着引用盖尔纳的话："民族主义者认为，国家是一种自然的、上帝赋予的存在方式，它将人归类为一种内在的、虽然拖延已久但是命里注定的政治体，这种思想，其实是一种神话。民族主义，有时吸收先前存在的文化并将它们变成民族文化，有时发明它们，并且经常抹杀先前存在的文化。这是现实"。③简而言之，霍布斯鲍姆认为，"民族主义先于民族。不是民族国家缔造了民族主义，与此相反，是民族主义缔造了民族国家"④。

本尼迪克特·安德森也表达了类似的想法，他将民族国家描述为"想

---

① Richard Peterson, "La fabrication de l'autenticite: La country music," *Actes de la Recherche*, 93 (January 1992), pp. 3 - 19.

② Nestor Garcia Canclini, *Cultures Hybridas*, Buenos Aires: Sudamericana, 1992, p. 205.

③ Ernest Gellner, *Notions and Nationalism*, Ithaca: Cornell University Press, 1983, pp. 48 - 49.

④ Eric Hobsbawm, *Nations and Nationalism since 1780: Program, Myth, Reality*, Cambridge: Cambridge University Press, 1990, p. 19.

象中的政治共同体……想象为本质上有限，但拥有自主权的共同体"①。
安德森认为，"共同体之间的区别不在于它们是真或是假，而在于它们是怎
么被想象出来的"②。 安德森认为，民族国家学说的流行始于 18 世纪末
直到第一次世界大战结束时，随着国际联盟的成立，才成为合法政治组
织的国际规范。 伊曼纽尔·沃勒斯坦同样强调了民族主义的现代性，他
写道："事实上直到 1945 年之后，民族国家才成为一种不可避免的普遍
现象"。③

20 世纪以来，民族主义日益重要，政治合法性几乎无一例外地根植于
民族共同体的观念，而共同体的构建通常意味着共同性。 共同性通常是被
想象为民族的一种同质性。 事实上，由于人类总体上具有异质性，因此必
须创造一种同质感。 民族的同质化成为民族主义的普遍焦虑。 想象一个
国族，首先必须想象出一个共同的过去：民族根源的所在地，民族本质的
宝库。 但根植于"远古"的民族本质观念与不断变化的、动态的"文化本
质"常常混合而且自相矛盾。④ 因此，用理查德·彼得森的话说，要想象
一个民族的根源就必须 "制造真实性"⑤。

自殖民时代以来，统一性和多样性一直是巴西面临的最严峻的政治挑
战之一。 巴西著名历史学家卡瓦略（José Murilo de Carvalho）引用了 19
世纪早期法国旅行家奥古斯特·德·圣希莱尔（Auguste de Saint Hilaire）
对巴西殖民地时期的有趣描述。 圣希莱尔指出，巴西各省份"很少相互交
流，而且常常互相不知道彼此的存在"。 他说，"巴西没有共同的中

① Benedict Anderson, *Nação e Consciência nacional*, São Paulo: Ática, 1989, p. 14.

② Benedict Anderson, *Nação e Consciência nacional*, p. 15.

③ Immanuel Wallerstein, *Geopolitics and Geoculture*, Cambridge: Cambridge University Press, 1991, p. 185.

④ John Tomlinson, *Cultural Imperialism*, Baltimore: Johns Hopkins University Press, 1991, p. 92.

⑤ Richard Peterson, "La fabrication de l'autenticite: La country music, " *Actes de la Recherche*, 93 (January 1992), p. 4.

心"①。 这种"离心肢解"的趋势，导致巴西独立（1822 年）后形成了一个"分散、脱节和流动的国家"②。 因此，许多人很难理解为什么巴西在独立之后还能保持领土统一，而没有像西班牙在美洲的殖民地那样，在独立之后分裂成众多小国家。

巴西独立后维持了统一，主要得益于葡萄牙王室在 1808 年流亡巴西。由于拿破仑派兵入侵葡萄牙，若昂六世将葡萄牙王室迁往里约热内卢③。王室降临巴西，这件事本身产生了明显的向心力。 十年后，拿破仑战败了，但这位国王仍然留在里约热内卢。 1820 年，葡萄牙经历了一场自由主义革命，国会决定剥夺国王将王室安置在欧洲之外的权力。 为了削弱里约热内卢的地位，葡萄牙国民议会支持巴西政治权力下放。 无论是否承认葡萄牙议会的权威，巴西各省的精英都支持权力下放，以此对抗以里约为中心的皇家官僚机构。 甚至在 1822 年巴西独立后，中部的地方精英仍然坚持与葡萄牙保持联系，拒绝宣布独立，直到最后被迫宣布支持新政权。科斯塔认为，"巴西缺乏实现民族一体化和激发民族主义思想的条件"，因此，"巴西独立后领土的完整……不能归因于民族主义意识形态。 巴西精英简单地认识到，确保国家独立地位的唯一办法就是避免分裂"④。 因此，在正式脱离葡萄牙后，独立的巴西人才逐渐地将注意力转向民族国家一体化构建。

巴西独立后的第一任统治者佩德罗一世是一位中央集权主义者，但是他在 1831 年的退位可以被理解为中央集权的初期失败。⑤ 巴西人仍然将王冠视为国家的象征，他们认为是王冠而不是民族主义观念成为统一巴

① Jose Murilo de Carvalho, "Elite and State-Building in Imperial Brazil," Ph. D. Thesis, Department of History, Stanford University, 1975, pp. 267 - 268.

② Raymundo Faoro, *Os donos do poder : Formação do Patronato Político Brasileiro*, Rio de Janeiro: Editora Globo, 2000, p. 279.

③ 若昂六世（Dom João Ⅵ），官方头衔仍是摄政王，而不是国王，直到他精神错乱的母亲在 1816 年去世。

④ Emília Viotti da Costa, *The Brazilian Empire*, Chicago: University of Chicago Press, 1985, p. 9.

⑤ Raymundo Faoro, *Os donos do Poder*, Rio de Janeiro: Editora Globo, 2000, p. 316.

西、防止领土分裂的最佳保证。① 摄政时期（1831—1840）结束之后，在佩德罗二世统治的近半个世纪中（1840—1889），君主制仍然是巴西政治稳定的主要支柱。佩德罗二世的巴西帝国更像是国际化的古代帝国，而不是民族主义的帝国。

随着 1889 年共和国的到来，民族国家的理念逐步取代王冠赋予新统治者合法性。因此，在 1880 年至 1914 年间，规模相对较小的第一代民族主义知识分子开始谈论巴西的"民族特性"，试图发现巴西的"国粹"。代表人物之一是西尔维奥·罗梅罗（Silvio Romero），他在世纪之交的里约精英领导的民族复兴运动中发挥了作用。罗梅罗反对当时在巴西南部地区形成的欧洲移民殖民地，正是因为它们有可能对巴西的国家统一构成威胁。同一时期，巴西著名的散文家阿尔贝托·托雷斯（Alberto Torres）认为，缺乏团结是巴西最大的问题之一。他认为巴西人必须"创建自己的民族性"。他很早就意识到了统合巴西，构建巴西民族国家身份认同的必要性。② 关于"统合巴西"问题，他的建议是，建立一个由国民代表组成的中央集权机构去"协调"各省、市的权力。托雷斯还建议用"巴西联邦共和国"（Rep. Federativa do Brasil）这个国名取代听起来更多元的"巴西合众国"（Estados Unidos do Brasil）③。

集权与分权之间的紧张关系在巴西的共和政治实践中造成了混乱的局面（1889—1930）。联邦制（从美国模式中汲取灵感，强调分权）在许多场合被用来抵御中央层面的集权主义统治。绝大多数时候，联邦制的权力下放有利于地方寡头的利益，他们的目标不是民主，而是采取任意手段来增加自己的权力。这些地方寡头的狭隘地方主义行为给巴西的统一带来了麻烦。联邦政府无法在全国范围内协调巴西各地区的经济活动，因此，总体上讲，巴西各地都是直接面向国际市场的独立政治、经济单元。用著名

---

① Ludwig Lauerhass, *Getúlio Vargas e o triunfo do nacionalismo brasileiro*, São Paulo: Itatiaia/Edusp, 1986, p. 20.

② Ludwig Lauerhass, *Getiilio Vargas e o triunfo do nacionalismo brasileiro*, 1986, p. 44.

③ Hermano Vianna, *O Mistério do Samba*, Rio de Janeiro, Jorge Zahar Editor, 1995, p. 59.

历史学家鲍里斯·福斯托（Boris Fausto）的话来说，"从任意角度来看，民族国家一体化在帝国时期是脆弱的，在共和国时期仍然脆弱"①。

随着奴隶制的废除和共和国的建立（1889），巴西的国家权力转移到了咖啡寡头集团的手中。在19世纪末20世纪初的咖啡经济大繁荣期间，咖啡种植集团的寡头政治阻碍了民族主义政党的形成。在咖啡种植园主的眼中，印第安人、黑人，甚至巴西白人都不受重视，他们越来越依靠移民的劳动（主要原因是外国移民新来乍到，语言不通，迫于生计，愿意接受种植园主的剥削）。咖啡寡头集团不但积极引进欧洲移民，而且积极引进亚洲移民（中国和日本的农民），吸纳移民成为当时的基本政策。② 但是，随着现代化思潮的涌入，巴西城市工业企业与城市中产阶级掀起了一场反对寡头统治的运动，试图结束咖啡寡头集团对巴西其他地区的霸权。③

20世纪20年代，反对咖啡寡头集团统治的政治团体组成了一个自由联盟，它是由巴西东北部地区和南部地区的领导人达成的协议而成立的。自由联盟成功地推动了1930年革命，推选吉图利奥·瓦加斯（Getulio Vargas）担任共和国总统。由于自由联盟内部的区域差异性，新政权缺乏统一的意识形态，它亟须建立一个全国性的组织来巩固其统治地位。④ 在此情况下，宣扬民族团结对于瓦加斯来说尤其重要。不甘失去权力的圣保罗的政治势力策动了1932年的武装暴动，反对瓦加斯政权，但是反叛力量迅速被镇压。正是在这种冲突氛围中，1933年吉尔伯托·弗雷尔出版了《主人与奴隶》一书，积极主张"种族混合"，并宣称"种族民主"是巴西独特的民族特征。也是在这些年，桑巴逐渐被提升为"民族音乐"的代表。

---

① Boris Fausto, *A revolução de 30*, São Paulo: Brasiliense, 1975, p. 232.
② Octavio Iaani, *A ideia de Brasil moderno*, São Paulo: Brasiliense, 1992, p. 128.
③ Boris Fausto, *A revolução de 30*, pp. 239 – 246.
④ Ludwig Lauerhass, *Getulio Vargas e o triunfo do nacionalismo brasileiro*, p. 95.

五、瓦加斯执政期间(1930—1945)的文化政策与桑巴

瓦加斯政权的文化政策是，政府机构对桑巴音乐的制作与传播过程进行审查和监督，剔除它的"糟粕"，推广符合"工作伦理"的作品，禁止玩世不恭的、挑战正统道德的作品。 自1935年起，桑巴舞学校被合法化，在政府的赞助下，它们作为文化和娱乐团体参加狂欢节期间举办的桑巴游行比赛。 此后，每年的狂欢节游行都由国家协调和资助。 政府还设立了流行音乐节，举办歌唱比赛，选出公众最喜欢的作曲家和歌手。 瓦加斯政府利用桑巴音乐和舞蹈树立巴西的国际形象，一些非裔桑巴艺术家经常出现在巴西派往拉美其他国家的文化代表团名单中。[1] 1937年底，两名非裔桑巴艺术家波特拉（Paulo da Portela）和普拉塞来斯（Heitor dos Prazeres）参加了巴西艺术家代表团，前往乌拉圭首都蒙得维的亚，在乌拉圭国际博览会上表演巴西桑巴。[2] 为了推进国际宣传，巴西政府还资助了一个名为"巴西一小时"（Uma Hora do Brasil）的流行音乐广播节目，该节目不止一次向纳粹德国播出。[3] 巴西政府还与美国政府达成协议，在哥伦比亚广播公司（CBS）播放巴西制作的音乐节目。[4] 在此背景下，巴罗佐创作的桑巴歌曲《巴西水彩画》（Aquarela do Brasil）在美国市场刚刚推出就迅速成为在国际上取得成功的第一首巴西音乐作品，并成为全球最受欢迎的作品之一。[5] 在巴西与美国睦邻友好政策支持之下，迪士尼（Walt Disney）在1941年访问巴西，在此期间会见了桑巴艺术家波特拉，

---

[1] José Ramos Tinhorão, *História Social da Música Popular Brasileira*, Lisboa: Caminho Editorial, 1990, pp. 236-237.

[2] Nei Lopes & Luiz Antonio Simas, *Dicionário da História Social do Samba*, p. 9.

[3] José Ramos Tinhorão, *História Social da Música Popular Brasileira*, pp. 236-237.

[4] Silvana Goulart, *Sob a Verdade Oficial: Ideologia, Propaganda e Censura no Estado Novo*, São Paulo: Marco Zero, 1990, p. 95.

[5] Zuza Homem de Mello, Jairo Severiano, *A Canção no Tempo-Volume 1*, São Paulo: Editora 34, 1997, p. 178.

并参观了以他的名字命名的桑巴学校。①

在巴西政府宣传部门的控制下，媒体被用来传播政府的意识形态，培养大众对政府的服从。② 政府通过补贴、赞助和奖励的方式，积极鼓励艺术家和作家创作具有民族特色的、颂扬"民族团结"的作品。 在瓦加斯的领导下，新闻审查机构采取各种形式，对那些抵制官方意识形态的报纸施加经济压力，甚至把拒绝合作的报纸收归国有。 国家垄断了纸张供应，因此，有 61 家拒绝配合政府的私人报纸被迫关闭。③ 1937 年以后，记者也被政府的审查部门视为公务员，政府认为他们有责任为国家利益服务，而不是为任何政治利益或地方团体利益服务。 此外，瓦加斯政府还成立了一些专业协会，表面上是为了支持文化活动，如国家图书研究所和国家电影教育研究所，但在实践中，这些机构变成了规范文化和艺术生产的监督机构。 为了促进和保护本国电影业，政府规定每家私人电影院都必须放映官方制作的新闻片、纪录片，每年必须放映至少一部巴西生产的电影。

瓦加斯政府很清楚地意识到桑巴音乐在娱乐和教化两方面的作用。 因为音乐在抒发歌唱者个人情感的同时，也表达了特定的思想和价值观。 巴西政府宣传机构把桑巴音乐当作传播爱国主义思想、构建民族团结和国家认同的工具。 不少知识分子也经常建议政府奖励民间的音乐创作，认为这样可以培养民众对国家的认同感。 他们认为巴西桑巴音乐是政府接触文盲和半文盲的平民大众，并将其融入现代社会的最佳途径。④ 巴西音乐民族主义的代表人物是著名作曲家维拉-罗博斯（Heitor Villa-Lobos）和桑巴艺术家阿里·巴罗佐。 维拉-罗博斯是古典音乐家，从 1931 年起担任国家音

---

① Nei Lopes & Luiz Antonio Simas, *Dicionário da História Social do Samba*, p. 125.

② Silvana Goulart, *Sob a Verdade Oficial: Ideologia, Propaganda e Censura no Estado Novo*, p. 20.

③ Lisa Shaw, "Chapter 2, Vargas Regime（1930 - 1945）: Cultural Policy and Popular Cultural", in *The Social History of the Brazilian Samba*, Routledge, 1999, p. 34.

④ 据统计，1920 年，18 岁以上的巴西人中有 65.2％是文盲，到 1940 年，这一数字仍然比较高，为 56.4％。 Silvana Goulart, *Sob a Verdade Oficial: Ideologia, Propaganda e Censura no Estado Novo*, p. 28.

乐教育总监。 他负责举办巴西流行音乐节（Dia da Musica Popular Brasileira），举办歌手大奖赛，邀请了巴西的流行歌手参加比赛，目的是评选出最杰出的音乐艺术家。 由于政府的操纵，只有那些顺从政府的歌手和词曲作者才能获奖。 巴西音乐史学家塞尔吉奥·卡布拉尔（Sergio Cabral）说："在狂欢节的桑巴游行比赛中，在广播电台里，在录音棚里，在歌手大赛中，到处都是瓦加斯政府宣传部门的触手。"①

随着欧洲战争的爆发，瓦加斯政府逐渐改变了原先的"表面中立但实际上亲近法西斯"的外交路线。 在美国的拉拢政策下，1939 年，巴西和美国签署了一项重要的商业协议，加强了两国之间的合作关系。 1940 年 9 月，美国进出口银行向巴西提供 2000 万美元贷款，用于在巴西建造钢铁厂。 瓦加斯政府利用巴西与美国的同盟关系，积极推进工业化。 巴美军事协议也很快达成了，根据协议，美国在受到攻击的情况下，可以使用巴西东北部城市纳塔尔（Natal/RN）作为军事基地。 最终，巴西于 1942 年 8 月 21 日向德国和意大利宣战，以回应德国潜艇在巴西东北海岸对巴西商船发动的鱼雷袭击。 瓦加斯以"战争状态"为借口，延长了他的任期。随着 1942 年巴西参加第二次世界大战，政府的审查与宣传部对所有媒体、文化和娱乐活动，包括新闻报刊、广播、电影、书籍、戏剧、音乐、绘画等进行了审查，甚至对邮政包裹也实施了审查。

巴西宣布参加二战，给知识分子带来了意想不到的表达机会。 巴西流行歌曲作者获得了批评纳粹德国和法西斯意大利的自由，这使他们能够间接批评甚至谴责瓦加斯的"新国家"政权的专制与独裁。 1944—1945 年，随着军方和公众对独裁政权的抵制压力越来越大，瓦加斯别无选择，只能同意重新民主化。 1945 年，瓦加斯辞职。 1946 年，巴西举行了二战后的首次自由选举。 瓦加斯政权与流行音乐的关系是一个复杂的问题。 在他执政期间，很多艺人选择与政府合作，只有少数人采取了抵制的态度。 而

---

① Sérgio Cabral, "Getúlio Vargas e a música popular brasileira," in *Ensaios de opinião*, Rio de Janeiro: Inúbia, 1975, p. 40.

且，由于瓦加斯推行了许多保护穷人的政策，特别是他执政时期推出的《劳动法》，使很多穷人和产业工人获得了切实的好处，因此，瓦加斯在普通群众中享有广泛的声望。① 这就不难理解，为什么有众多桑巴艺术家创作了许多爱国主义作品。 不可否认他们对瓦加斯本人的迷恋，因为，尽管他是一个威权主义者，但他也是一个魅力型领袖，他慷慨赞助了众多桑巴艺术家。②

六、巴西的音乐民族主义

经过广播电台和电影的推广，桑巴被城市中产阶级接受。 在此过程中，巴西政府不断向国民灌输"种族团结"的意识形态。 而桑巴舞，由于它混合了多种文化元素，逐渐与巴西的国家、民族认同联系在一起。 瓦加斯政府利用广播电台推广桑巴舞，认为它代表了种族民主理念。③ 特别是在"新国家"的思想文化政策下，桑巴被认定为大众文化的典型代表，是巴西民族文化的真正表达形式。④ 桑巴被认定为"巴西的节奏"，是巴西国家和民族团结的象征。⑤ 事实上，非裔的桑巴向"民族音乐"的转变并不是突然的，在 20 世纪 20 年代，桑巴表演团体经常被警察镇压，直到 30 年代，桑巴学校被合法化之后，桑巴音乐才被政府接受与扶持。 在研究桑巴历史的时候，我们首先需要了解，巴西族群间的歧视与反歧视，以及在现代化进程中，巴西社会阶层之间的互动与共存。

---

① Lisa Shaw, "Chapter 2, Vargas Regime (1930 - 1945): Cultural Policy and Popular Cultural," in *The Social History of the Brazilian Samba*, Routledge, 1999, p. 27.

② Jairo Severiano, *Getúlio Vargas e a música popular*, Rio de Janeiro: Editora da Fundação Getúlio Vargas, 1983, p. 26.

③ Pereira, Maria Fernanda de França, "O samba de exaltação: Convergências e conflitos na construção discursiva da identidade nacional," Juiz de Fora: Univ. Federal de Juiz de Fora, *II Jornada de Ciências Sociais*: 2012, 103 - 119.

④ Mônica Pimenta Velloso, *Cultura e poder político no Estado Novo: uma configuração do campo intelectual*, Estado Novo: ideologia e poder. Rio de Janeiro: Zahar, 1982, p. 103.

⑤ Adalberto Paranhos, "A invenção do Brasil como terra do samba: os sambistas e sua afirmação social," Franca: Universidade Estadual Paulista, *Revista História*, 2003, 22 (1): 81 - 113.

1917—1924 年，巴西现代主义知识分子、艺术家围绕民族与文化问题展开了长期的争论。 一些艺术家开始反思巴西的国民特征，寻求发现巴西的民族文化。 现代派诗人奥斯瓦尔德·德·安德拉德 （Oswald de Andrade） 出版了里程碑式的诗集《巴西红木宣言》（*Pau-Brasil Manifesto*）。 他提出，巴西文化是一种"食人"型文化。 他的"文化吞噬论"试图调和本土文化与外来文化的关系，他期待"在巴西的种族和文化混合、杂交中产生出新的种族、新的文化"，他认为，"这里没有什么东西是纯正的。 一切都会混合在一起，不断产生新的事物，新的开端"。 这就是说，外来文化在巴西这块土地上很快就被吸收，成为巴西文化的一部分，融入巴西的"血液中"①。 在发掘本土文化，特别是桑巴音乐的过程中，巴西艺术家以各自的方式剔除了桑巴的"野蛮"，将它提升为"民族文化的代表"。 从这个意义上说，整个 20 世纪二三十年代，来自社会中层的歌唱家和作曲家们在"野蛮"桑巴向"文明"桑巴转型的过程中发挥了关键作用。 弗朗西斯科·阿尔维斯（Francisco Alves）、阿里·巴罗佐（Ary Barroso）、卡门·米兰达（Carmen Miranda）等白人艺术家，通过广播、唱片和电影，成功地将桑巴音乐推广并提升为巴西社会各阶层都接受的流行音乐。

此外，我们还需要强调瓦加斯政府扶持桑巴学校、赞助桑巴歌舞比赛、笼络桑巴艺术家的历史事实。 1930 年革命以后，瓦加斯取得了政权。政府制定了一项民族文化政策，扶持"真正的"属于巴西人民的艺术。 毕竟，巴西已经不一样了。 种植园经济明显陷入衰退，乡村寡头政治的威望已经下降。 与此同时，城市化和工业化加速，城市产业工人、中产阶级开始成为一股进步的政治力量。 瓦加斯政权知道流行音乐作为政府宣传手段的重要性，并采取行动吸收桑巴舞，将它"社会合法化"。 通过赞助的方式，瓦加斯政权成为戏剧、音乐（古典和流行）、文学和几乎所有的社会文

---

① Oswald Andrade, *Obras completas*, vol. 6. Rio de Janeiro: Civilização Brasileira, 1978, p. 18.

化表现形式的支持者。① 政府对狂欢节期间各个桑巴舞学校游行比赛进行了强有力的干预。 通过比赛，政府的宣传部门奖励"积极"的桑巴艺术家以及他们的那些歌颂资本主义"工作伦理"的歌曲，并严厉惩罚"消极"的桑巴艺术家以及他们的那些表达"浪荡不羁、玩世不恭"（Malandragem）的消极抵抗精神的作品。

政府大力鼓励的一个流派是"歌颂型桑巴"（samba exaltação）。 它是巴罗佐开创的新风格，代表作是他的歌曲《巴西水彩画》（*Aquarela do Brasil*）。 这首歌于1939年初创作，问世后，立刻风靡整个巴西。 经过巴西政府推荐，1939年，在美国的哥伦比亚广播公司的音乐节目中播放，深受美国听众的喜爱。 巴罗佐回忆了这首歌的创作经过："……我突然产生一个念头：将桑巴从生活的悲情中解放出来，从失败的恋情和放纵的肉欲主义中解放出来，因为这类庸俗琐碎的歌曲已经让人厌烦。 我感受到了我们这片土地的伟大和富饶……一场情感冲突，在我的脑海中翻滚，不同的节奏和旋律以奇妙的手鼓和切分音节的形式从我的大脑中倾泻而出。 音乐和歌词同时完成。 从我的灵魂深处，产生了我渴望已久的桑巴歌曲，一切都很自然。 它以明亮而有力的声音，讴歌了这片乐土和乐土上的善良、勤劳、热爱和平的巴西人民。 它颂扬了我们伟大而光荣的巴西。"②

20世纪二三十年代，借助广播和电影，美国音乐，特别是美国爵士乐、狐步舞等，在巴西乃至全球范围内大规模扩张。 虽然它们是巴西音乐家竞相效仿的榜样，但是也引发了巴西人对民族文化的危机感。 一些巴西民众、艺术家和知识分子希望抵制"美国佬"的"文化侵略"。 他们在吸收美国音乐时，也希望巴西音乐有朝一日能向美国输出。③ 巴罗佐在30年代初期要求瓦加斯政府制定一项政策，将巴西音乐推广到欧美。 对于当

---

① Mônica Velloso, *Mário Lago：Boêmia e Política*, Rio de Janeiro/RJ：Editora FGV, 1998, p. 110.

② Sergio Cabral, *No Tempo de Ary Barroso*, Rio de Janeiro：Lumiar, 1994, p. 179.

③ Ana Rita Mendonça, "Carmem Miranda foi a Washington," São Paulo：Editora Record, 1999, p. 62.

时的一些音乐家来说，桑巴歌舞似乎是巴西征服世界的主要文化产品。 巴罗佐认为："美国舞蹈，以狐步舞为代表统治了世界。 而充满艺术气息的巴西，仅仅以咖啡闻名世界。 巴西人的血液里流淌着最非凡、最丰富、最有趣的音乐节奏，他们应该利用自己强大的文化财富来对抗美国音乐的入侵。"①

巴西音乐家的这种渴望在某种程度上增强了瓦加斯政府构建民族音乐的信心。 对于那个时期的一些音乐家来说，桑巴是已经准备好、正待出口的巴西音乐。 自 20 世纪 30 年代初期以来，卡门·米兰达已经在阿根廷进行了多次成功的演出，她在巴西已经获得了"桑巴大使"的称号。 他们开始筹划向国际社会展示桑巴舞。 终于，在 1939 年，这位"桑巴大使"收到邀请，前往美国，在"山姆大叔"的土地上表演巴西"国粹"。 通过广播电台，卡门在泪水中告别了巴西的歌迷，"我要去纽约，在那里我将展示我们国家和民族的音乐。 在那里，我会将巴西音乐的欢乐节奏传递给美国人。 责任如此重大，我甚至感到害怕……但是，请你们记住，我永远不会忘记你们的期待……"②。

卡门·米兰达的这次旅行代表了巴西国家与民族的强烈期望——获得国际社会的重视。 巴西人民将文化输出的期望全部寄托在卡门身上。 "让桑巴成为全球关注的焦点"，"巴西生产的桑巴，让全世界欣赏"， 在当时，这几乎是巴西的全民共识。③ 这一切表明桑巴歌舞对巴西人来说有多么重要：它已经等同于巴西，等同于巴西的民族国家认同。 卡门·米兰达的美国之行，为巴西人制造了一个音乐民族主义的神话：只有巴西人知道如何演唱桑巴歌曲；只有巴西人知道如何跳桑巴舞。 她不顾美方的反对，坚持要求月亮乐队（Banda da Lua）陪同出行，作为她的伴奏乐队。 她坚称只有巴西音乐家才有足够的天赋为她的演出伴奏。 美国经纪人只愿意支付卡门

① Sergio Cabral, "Ary Barroso", in *A MPB na era do rádio*, Rio de Janeiro, Lazuli Editora, 2011, p. 94.

② Ana Rita Mendonça, *Carmem Miranda foi a Washington*, São Paulo: Editora Record, 1999, p. 58.

③ Ana Rita Mendonça, *Carmem Miranda foi a Washington*, p. 47 - 48.

图 6　卡门·米兰达的好莱坞音乐剧海报

（取自网络）

本人和她的乐队中的两名吉他手的旅费。 最终，他们获得了巴西政府的资助，整个乐队得以与卡门一起赴美演出。

从卡门·米兰达第一次踏上美国土地的那一刻起，巴西人的眼睛就紧盯着她的一举一动，因为她代表着巴西在世界上的形象。 奇怪的是，她在好莱坞塑造的"穿着花衣、头戴香蕉与橙子等热带水果的巴伊亚妇女"形象却在巴西引起了巨大的争议：桑巴音乐、巴伊亚风格、民族特征、真实性、文明与野蛮，等等，所有关于"巴西民族特性"的争议都浮出水面。 有人质疑桑巴作为"民族文化代表"的资格；有人指责她过于乡土气，矮化甚至丑化了巴西在国际上的形象；更多的人指责她将桑巴"美国化"了。少数批评者指控卡门背叛了巴西，甚至有人质疑她到底是不是巴西人。[1] 由于民族主义情绪的持续高涨，1940 年，巴西发生了一场"捍卫民族文化"的运动。 巴西流行文化领域已经开始维护桑巴的正宗性（Authenticity），瓦加斯政府的宣传部门甚至规定，桑巴音乐和美国音乐的混合不能超过一定的比例。[2] 在一片争议声中，里约城市桑巴，经过社会不同阶层的参与和构建，获得了国际承认，完成了它的国际化。

---

[1] Ana Rita Mendonça, *Carmem Miranda foi a Washington*, p. 121. 卡门·米兰达 1909 年出生于葡萄牙，但是不到一岁时就跟随母亲移民巴西。 直到她 1955 年去世，她从来没有去过葡萄牙。

[2] Hermano Vianna, *O Mistério do Samba*, Rio de Janeiro, Jorge Zahar Editor, 1995, pp. 130 - 131.

七、桑巴与巴西的政治议题

我们说桑巴是巴西的国家与民族认同的象征，其原因是，整个桑巴产业与巴西的政治议题、民族国家构建紧密相连。最明显的是，在 1940—1945 年的战争时期，桑巴学校自发宣扬国际主义立场、弘扬民族主义精神、鼓励巴西政府和民众参加反法西斯战争。因此，狂欢节桑巴游行的主题歌曲大多直接或间接地歌颂了巴西政府与巴西远征军。[①] 桑巴学校波特拉（Portela）四次获得游行比赛冠军：1941 年，它的桑巴主题歌曲为《十年辉煌》（*Dez anos de Glória*）；1943 年，主题歌曲是《战争的狂欢节》（*Carnaval de Guerra*）；1944 年，主题歌曲是《荣光的巴西》（*Brasil glorioso*）；1945 年，波特拉桑巴学校第四次夺冠，主题歌曲是《爱国的理由》（*Motivos patrióticos*）。虽然瓦加斯政府的审查行动对桑巴学校肯定带来了影响，但是，不可否认的是，桑巴学校和桑巴艺术家们认为他们有义务宣传政府的立场，颂扬爱国主义思想。[②] 由于比赛的压力，桑巴学校每年都需要政府的投资，因此，与政府合作是桑巴学校的基本生存策略。正是由于桑巴学校与政府的良好关系帮助桑巴超越了它的贫民区、非裔的渊源，演变成为民族文化的象征。证据是，1938 年桑巴学校同盟（UES）成立，它的章程的第一条是关于"民族音乐"（Musica Nacional）的建议性条款，在1947 年，此时瓦加斯已经下台，巴西政治已经民主化，但是，"民族音乐"反倒变成了强制性条款。《桑巴学校同盟章程》第六条规定：各个桑巴学校有权自主创作桑巴游行的主题，但是，民族话语在桑巴主题

---

① 巴西远征军（FEB-Força expedicionária Brasileira），1943 年 11 月，在美军的参与下组建完成，随后开往意大利战场。1944 年初，跟随美国部队，参与了几场攻坚战。具体信息参见 https://en.wikipedia.org/wiki/Brazilian_Expeditionary_Force.

② Alberto Mussa, Luiz Antonio Simas, *Sambas de enredo: história e arte*, São Paulo, Civilização Brasileira. 2009, p. 52.

中是强制性的，这一规定直到 1997 年才被桑巴学校独立联盟（LIESA）取消。①

　　为了证明桑巴学校注重政治的传统，巴西学者高米斯（A. H. C. Gomes）制作了以下表格：②

年份 （Ano）	桑巴学校名称 （Agramiação）	桑巴游行的主题 （Enredo）
1946	波特拉（Portela）	新世界的拂晓（Alvorada do novo mundo）
1947	波特拉（Portela）	功勋（Honra ao mérito）
1849	山地帝国 （Império Serrano）	歌颂提拉登蒂斯（Exaltação à Tiradentes）③
1950	山地帝国（Império Serrano）	共和国的 61 年（61 anos de República）
1951	山地帝国（Império Serrano）	海战（Batalha Naval）
1953	波特拉（Portela）	六个伟大的日子（Seis datas magnas）
1954	曼盖拉（Mangueira）	跨越几个世纪的里约（Rio através dos séculos）
1955	山地帝国（Império Serrano）	歌颂卡西亚斯元帅（Exaltação a Caxias）
1958	波特拉（Portela）	短暂的与永恒的巴西（Vultos e efemérides do Brasil）
1959	波特拉（Portela）	荣耀神坛上的巴西（Brasil Panteon de glórias）

　　自从桑巴艺术诞生以来，它就与民众的政治抗议紧密相连。④ 桑巴学校每年都为狂欢节的歌舞游行创作不同的主题歌，这些歌曲在颂扬巴西的

---

① José Adriano Fenerick, Nem do morro, nem da cidade: As transformações do samba e a Indústria Cultural（1920 - 1945）, Tese de Doutorado, Depto. História, Universidade de São Paulo, 2002.

② Antônio Henrique de Castilho Gomes, *A ［re］configuração do discurso do samba*. Tese de Doutorado, Departamento de Letras, Pontifícia Universidade Católica do Rio de Janeiro（PUC-Rio）, 2012, p. 51. https://www.maxwell.vrac.puc-rio.br/30154/30154_4.PDF. Access: 07/08/2024.

③ 提拉登蒂斯（Tiradentes，"拔牙者"），是 18 世纪巴西反抗葡萄牙殖民政府的领导人之一。 他的本名是 Joaquim José da Silva Xavier，他于 1746 年出生，1792 年被葡萄牙殖民政府处死。

④ https://gamarevista.uol.com.br/semana/qual-e-a-sua-fantasia/carnaval-e-politica/. Access: 14/08/2024.

历史和文化的同时也会揭露一些社会弊端。 在巴西军政府统治时期（1964—1985），桑巴学校与独裁政权既有合作也有抗争。 在此期间，巴西社会面临军政府的审查制度，公民的政治权利被剥夺，左翼运动遭到残酷镇压。 桑巴学校也受到军政府的严密监视。 巴西桑巴历史上最恐怖的时期是 1968 年，圣保罗的一位绰号叫作"帕托·拿阿瓜"（意思是"水中鸭子"）的知名狂欢艺术家被宪兵谋杀。① 即便如此，桑巴学校并没有丧失勇气，在诸多狂欢节上，他们在游行中质疑军人独裁政权。 1972 年，圣保罗的一所桑巴学校推出了"呼唤独立英雄"的游行主题，并借古讽今，向历史上的反抗运动致敬。 1983 年，圣保罗的一所名为"青衣和白衣"（Camisa Verde e Branco）的桑巴学校创作了以"鞭子暴动"（Revolta da Chibata， 1910）为背景的游行主题，结果遭到了军政府的严厉审查。②

1985 年，巴西军人政权垮台，民选政府当政，但是桑巴学校并没有放弃社会批判。 举最近的例子来说，2020 年，里约桑巴学校"圣克莱门特"（São Clemente）推出的主题歌曲《牧师的故事》批评了博尔索纳罗的极右翼政府。 2023 年，里约桑巴学校"蜂鸟"（Beija-Flor）创作了主题歌曲《勇敢的人》，表达了巴西独立后 200 年中，被排斥、被压迫的劳苦大众的抗争。 这首歌曲甚至质疑巴西独立运动本身，认为它只代表了统治精英的利益，广大的劳动者并没有享受到独立的好处。③

---

① "水中鸭子"（Pato N'Água，帕托·那阿瓜）是圣保罗市贝西加（Bexiga）社区的一个传统狂欢节团体"走一走"（Vai Vai）的一名场地吹哨人。 他被发现死在圣保罗附近的苏扎诺市的一条河中。 尽管当时许多报纸报道称"罪犯"是一名黑人且已被处决，但"水中鸭子"的悲惨死亡从未得到正式解释。 多数人认为帕托·那阿瓜实际上是军人宪兵队的受害者。 https://www. pragmatismopolitico. com. br/2020/07/heroi-do-bexiga-pato-nagua-samba-sao-paulo. html.

② 鞭子暴动（Revolta da Chibata）是 1910 年 11 月下旬发生在里约的海军下层军官和水手的暴动，其目的是反抗白人军官使用皮鞭惩罚黑人和混血人水手。 主要参与者是水手和海军士官。 他们反抗舰艇上恶劣的生活和工作条件，以及肉体惩罚。 鞭子暴动是巴西最早的针对政府的重大抗议运动之一，它推动了 1911 年的军事改革，政府改善了武装部队的生活和工作条件。 https://pt. wikipedia. org/wiki/Revolta_da_Chibata.

③ Neiva, Leonardo. "Seu Carnaval é político?"（19/02/2023）. https://gamarevista. uol. com. br/semana/qual-e-a-sua-fantasia/carnaval-e-politica/. Access：03/08/2024.

八、结束语

现代桑巴起源于巴西里约热内卢的贫民区，是非裔艺术家创造的、与非裔宗教仪式密切关联的音乐与舞蹈。 里约城市桑巴（一个通用的称呼，涵盖所有的桑巴流派）经历了无数次的转型，无数社会力量——里约城市贫民区的黑人、中产阶级、知识分子、巴西政府，都参与了桑巴文化的构建。 桑巴与狂欢节，桑巴与广播、唱片、电影等商业媒体结合，创造了桑巴文化共同体。

1930—1945 年是巴西桑巴发展的黄金期。 在此期间，桑巴歌舞与狂欢节逐步融合，自那时起，人们就很难将狂欢节与桑巴区分开来，它们两者之间相互构建，共同造就了世界著名的人文奇观。 随着桑巴学校的合法化，狂欢节桑巴游行比赛化，桑巴形成了一种独立的文化产业，它走出了贫民区，走出了巴西，传遍全世界。 从此，桑巴不再是巴西非裔的专属文化表达形式，它已经被打造成属于全世界的人类文化遗产。

发源于里约非裔贫民区的桑巴音乐被打造成巴西民族音乐，它与同时期的民族主义运动有关。 瓦加斯民族主义政府（1930—1945）为了构建民族国家的身份认同，扶持了桑巴音乐产业链，打造了桑巴文化共同体。 自1935 年起，政府部门资助桑巴学校，组织一年一度的狂欢节桑巴游行比赛，那些符合"主旋律"的桑巴歌曲被游行队伍反复传唱，观众与桑巴表演者都被灌输了官方的民族主义意识形态。 尽管桑巴游行队伍的成员来自不同的种族、社会阶层，有着不同的文化传统，但是当他们踩着桑巴舞节奏，尽情放歌时，毫无疑问，他们在分享一个共同的"巴西精神"，认同一个想象的"巴西人"共同体。

桑巴文化也可以被理解为巴西社会各种利益之间的交汇点。 首先，桑巴文化给贫穷的黑人艺术家提供了一条社会流动的路径，他们依靠自己的艺术天赋谋生，获得商业成功，获得社会声望，从而实现他们向中上阶层的流动。 其次，广播电台、唱片公司、电影公司等新型的媒体机构通过记录和传播桑巴音乐，获得了商业利益，收获了听众与观众，培养了自己的明星，创造了自己的文化共同体。最后，瓦加斯政府通过资助桑巴学校，组织桑巴舞游行比赛，规范了桑巴游行演出，将它提升为巴西民族音乐的代表，实现了其"新国家"的文化建设。从这个意义上说，里约社会的各种族、各个阶层都参与了桑巴文化的构建，通过桑巴音乐的创作和消费，他们都参与了巴西民族国家的构建。在此过程中，黑人艺术家发挥了他们的巨大创造力，他们的桑巴作品，经过白人的加工和包装，产生了巨大的社会和商业价值。

桑巴与巴西的政治紧密相连，在军人独裁统治期间（1964—1985），桑巴艺术家与政府既有合作又有对抗，也遭受过迫害。自20世纪60年代起，由于电视业的快速发展，巴西的桑巴学校开始注重视觉效果，狂欢节的桑巴游行变得越来越专业化、视觉艺术化。老一代的桑巴艺人（sambista）逐渐被来自艺术学院的狂欢专家（carnavalesco）所取代，他们为各个桑巴学校精心设计游行主题、服饰、方阵、花车，一年一度，竭尽全力为观众和游客打造美轮美奂的视觉盛宴。

如今，在几代巴西人的共同打造之下，巴西桑巴走向了世界，以桑巴游行为主要庆典的里约狂欢节被认为是世界上最盛大的奇观。在里约，狂欢节与桑巴文化紧密结合，几乎成为同义词。它促进了里约和整个巴西的旅游业和商业的发展。里约热内卢市的最新统计表明，仅2020年，狂欢节就为该市带来了约40亿雷亚尔的收入。[1] 2024年，圣保罗州旅游局预计狂欢节产生的收入将达到57.2亿雷亚尔。[2] 2024年的狂欢节，整个巴西的旅游收入约为90亿雷亚尔。[3] 除了在狂欢节期间参加桑巴舞游行比

---

[1] Alana Gandra, "Carnaval movimenta R＄4 bilhões na economia do Rio de Janeiro" (18/02/2022). Access: 02/08/2024. https://www.cnnbrasil.com.br/economia/macroeconomia/carnaval-movimenta-r-4-bilhoes-na-economia-do-rio-de-janeiro/

[2] https://www.investe.sp.gov.br/noticia/carnaval-2024-sera-o-mais-movimentado-dos-ultimos-cinco-anos-em-sp/.

[3] https://www.cnnbrasil.com.br/economia/macroeconomia/carnaval-deve-injetar-r-9-bilhoes-na-economia-brasileira-diz-cnc/.

赛外，桑巴学校以本社区为重点，组织各类社会活动。 人们在狂欢节期间从现场或电视上观看的每个桑巴学校至少 55 分钟的游行，是它们所在社区的居民及其支持者经过数月精心准备的结果。 这对于黑人和混血人占多数的贫民区来说，本身就意味着工作机会，例如，游行需要大量的场地工作人员、设计师、乐队乐手、技工，等等。 桑巴学校为它们周围的民众提供排练和表演的场所，为贫困的人群提供社交和娱乐的空间。 许多学校还设立与教育、文化和健康相关的社会项目，对处于社会边缘的一些群体进行专项服务。 社区、桑巴学校、桑巴爱好者们积极参与，不分种族，不分阶层，共同维护了桑巴文化。[①] 桑巴文化鼓励志愿服务，在个人主义泛滥的社会环境中培育了集体主义——每一个成员都以同样的方式奉献自己，为桑巴事业竭尽全力。 我们完全有理由认为，桑巴文化代表了巴西民族文化，桑巴共同体代表了巴西国家和民族的共同体，一个难以捉摸，时而是想象的、时而是真实的共同体。

（束长生，南京大学中美研究中心访问学者、巴西圣保罗大学东语系副教授）

[①] Giulia Reis, "Carnaval evidencia a importância da cultura do samba para as comunidades" (9/1/2023). Access: 02/08/2024. https://eshoje. com. br/entretenimento/carnaval/2023/01/carnaval-evidencia-a-importancia-da-cultura-do-samba-para-as-comunidades/.

两面"国旗"：1974年以来塞浦路斯土耳其族人的民族认同构建及其困境[*]

高成圆

摘要：从历史视角来看，20世纪20—30年代，塞浦路斯土耳其族人经历了从传统穆斯林宗教认同向现代土耳其民族认同的转变，这一认同在20世纪50年代进一步演变为要求塞浦路斯与土耳其合并的政治运动。1974年，希腊军政府策划的军事政变以及土耳其的武装干预，成为塞浦路斯历史的转折点。此后，塞浦路斯土耳其族人在土耳其民族主义的指导下进一步建构民族认同，使用土耳其国旗。1983年，"北塞浦路斯土耳其共和国"建立后，塞浦路斯土耳其族领导人将新设计的"北塞国旗"与土耳其国旗同时使用。与此同时，一种强调塞浦路斯土耳其族人独特身份特征的"塞浦路斯（土耳其族）主义"开始在塞岛北部兴起。这一替代性认同在左翼势力崛起后逐渐获得支持，但其建构之路并不容易。两面"国旗"的并存，正是塞浦路斯土耳其族在土耳其民族认同和塞浦路斯（土耳其族）认同之间摇摆与挣扎的生动写照。

关键词：塞浦路斯土耳其族　土耳其民族主义　民族认同　国旗

1974年土耳其军事干预后，塞浦路斯土耳其族（简称"塞岛土族"）在塞浦路斯岛（简称"塞岛"）北部地区逐步建立政治实体：先成立塞浦路

---

[*] 基金资助：国家留学基金委"联合培养博士研究生项目"（项目号：202206010181）；北京大学铸牢中华民族共同体意识研究基地2022年度"美美与共"民族问题研究支持计划。

斯土耳其族自治政府（Otonom Kıbrıs Türk Yönetimi），后升级为塞浦路斯土耳其族邦（Kıbrıs Türk Federe Devleti），最终于 1983 年单方面宣布建立"北塞浦路斯土耳其共和国"（Kuzey Kıbrıs Türk Cumhuriyeti，以下简称"北塞浦路斯"，目前，其仅得到土耳其承认）。伴随这一政治进程，塞岛土族的民族象征符号也发生转变——从单一使用土耳其国旗，到同时使用土耳其国旗与新设计的"北塞国旗"。安东尼·史密斯（Anthony Smith）指出："象征符号（旗帜、货币、国歌、制服、纪念碑和典礼）能够唤起民族成员对共同的历史遗产和文化血缘的情感。"[1]这一情感构成了民族认同的核心。从这个角度来看，国旗作为一种"被发明的表征实践"（invented representational practice），既是民族主义塑造认同的工具，也是民族认同的具象化表达。本文以塞浦路斯土耳其族的"国旗"使用及其变化为研究对象，落脚点是讨论其民族认同问题。

需要说明的是，尽管塞浦路斯希腊族和土耳其族的民族认同问题一直是学术界研究塞浦路斯问题的一个重要维度和关键切入点，但塞浦路斯本土并非两族民族认同构建的核心参照点，外部因素尤其是希腊和土耳其的民族主义对两族的身份塑造产生了深远影响。历史上，塞浦路斯希腊族和土耳其族均将各自民族主义发展的最终目标设定为与"祖国希腊"或"祖国土耳其"的统一，而非构建一个独立的"塞浦路斯民族"。在这一背景下，塞浦路斯未被两族视为一个独立国家的领土，而是被纳入希腊或土耳其各自的民族主义叙事之中。因此，对塞浦路斯土耳其族民族认同的考察，需从土耳其民族主义的框架内着手。此外，塞浦路斯土耳其族人作为所谓"境外土耳其人"（Dış Türkler）群体的一部分，在对其民族认同进行

---

① 〔英〕安东尼·史密斯：《民族认同》，王娟译，南京：译林出版社，2018 年，第 24 页。

探讨时，"泛突厥主义"①也是一个重要维度。 当前，国内学界关于塞浦路斯土耳其族的民族认同研究较为薄弱，在探讨塞浦路斯问题时会有所涉及。② 国外学者，尤其是土耳其学者和塞浦路斯土耳其族学者，在该领域的研究成果更为丰富。 从研究角度来看，相关研究主要涉及英国殖民统治的影响③、岛上希腊族民族主义的刺激与土耳其民族主义的影响④，以及塞岛土族民族认同的形成与演变⑤等。 本文基于土文学界已有的研究成果，尝试以 1974 年以来塞浦路斯土耳其族所使用的"国旗"变化为切入点，对这个过程所反映的塞岛土族民族认同的变化与困境进行初步的讨论与分析。

一、1974 年之前塞浦路斯土耳其族民族认同的形成与演变

阿尔泰·内夫扎特（Altay Nevzat）在讨论塞浦路斯土耳其族人民族主义兴起时指出，奥斯曼帝国对塞浦路斯岛的征服对于研究土耳其民族主义在该岛的兴起具有两个关键且持久的影响。 首先也是最重要的一点是，征服使得岛上出现了一个新的族群——土耳其族人。 土耳其民族主义最终在岛上兴起，很大程度上是基于这个族群（ethnicity）。 其次，奥斯曼帝国政府在岛上实施的制度建立了一个框架，在奥斯曼统治结束之时，这个框

① "泛突厥主义"（Pan-Turkism）出现于 19 世纪末，是突厥语族群的超民族主义/泛民族主义，是一种极端的民族沙文主义思潮。 雅各布·兰道（Jacob M. Landau）指出，"泛突厥主义的主要目标是：在所有确实是或者认为是源自突厥的民族之间，造成某种文化或实质的、或两者兼而有之的联合，不论其是否生活在奥斯曼帝国（后来是土耳其共和国）边界之内。"参见 Jacob M. Landau, *Pan-Turkism: From Irredentism to Cooperation*, London: Hurst & Company, 1995, p. 1.

② 代表性成果参见何志龙：《塞浦路斯问题研究》，博士学位论文，西北大学，2003 年。

③ Ilia Xypolia, *British Imperialism and Turkish Nationalism in Cyprus, 1923-1939: Divide, Define and Rule*, London: Routledge, 2017.

④ Niyazi Kızılyürek, *Milliyetçilik Kıskacında Kıbrıs*, İstanbul: İletişim Yayınlar, 2005.

⑤ Hüseyin Mehmet Ateşin, *Kıbrıslı Müslümanların Türkleşme ve Laikleşme Serüveni 1925-1975*, İstanbul: Marifet Yayınlar, 1999; Altay Nevzat, "Nationalism amongst the Turks of Cyprus: the First Wave," Doctoral Thesis, University of Oulu, 2005.

架内出现的族群间的关系逐渐因民族主义热情而政治化。① 内夫扎特指出了奥斯曼帝国对塞浦路斯最重要的两个政策，即向塞浦路斯移民并运用帝国的管理体系——"米勒特制度"（Millet System）。

在奥斯曼人到来之前，塞浦路斯的文化主体是操希腊语的基督教社群。 1571 年 9 月，奥斯曼帝国征服该岛后，岛上开始形成规模化的穆斯林群体。 这一群体的形成主要通过两个途径。 首先是在征服活动之后留下来的人员。 根据奥斯曼帝国档案记载，战后驻守该岛的士兵有 3779人。 此外，还包括财务官员（defterdar）、法官（kadı）以及记录官（tezkireci）等公务人员及其家属。② 其次是帝国政府出于巩固统治、战后重建以及发展农业的需要，沿用了传统的"苏尔贡"（Sürgün，即流放/驱逐）制度，将安纳托利亚的一些农民和城镇居民强制迁移到岛上定居。③ 1572 年 9 月，塞利姆二世苏丹（Selim Ⅱ，1566—1574 年在位）颁布移民诏令，命令从安纳托利亚、锡瓦斯（Rum/Sivas）、卡拉曼（Karaman）以及杜尔卡迪尔（Zülkadriye）等行省，每十户抽一户迁往塞浦路斯，移民可获得两年免税待遇。④

在奥斯曼帝国统治的大部分时间里，塞岛希腊族和土耳其族毗邻而居，和平共处，两族之间也没有明显的贫富差距。⑤ 但这并不意味着两族

---

① Altay Nevzat, "Nationalism amongst the Turks of Cyprus: the First Wave," Doctoral Thesis, University of Oulu, 2005, p. 46.

② T. C. Cumhurbaşkanlı ğ ı Devlet Arşivleri, *Belgelerle Osmanlı Yönetiminde Kıbrıs*, Istanbul, 2020, p. 10.

③ 当前学界一致认为奥斯曼帝国政府向塞浦路斯派遣安纳托利亚移民是帝国传统"苏尔贡"制度的一种体现和实践，但对于帝国政府的真正目的有不同看法。 参见 Halil Inalcik, "Ottoman Methods of Conquest," *Studia Islamica*, No. 2, 1954, p. 122; Ahmet C. Gazioğlu, *The Turks in Cyprus: A Province of the Ottoman Empire（1571 - 1878）*, London: K. Rustem & Brother, p. 74; Ronald C. Jennings, *Christians and Muslims in Ottoman Cyprus and the Mediterranean World*, 1571 -1640, New York: New York University Press, 1993, p. 236.

④ 关于该诏令的英文版本，参见 Ahmet C. Gazioğlu, *The Turks in Cyprus: A Province of the Ottoman Empire（1571 - 1878）*, pp. 297 - 299. 亦见 Ronald C. Jennings, *Christians and Muslims in Ottoman Cyprus and the Mediterranean World*, 1571 -1640, pp. 218 - 220.

⑤ Nancy Crawshaw, *The Cyprus Revolt: An Account of the Struggle for Union with Greece*, London: George Allen and Unwin, 2022, p. 21.

形成了一个共同体。 主要原因在于奥斯曼帝国对塞浦路斯的统治方式是通过所谓的"米勒特制度"①,对其进行间接统治。 这是由奥斯曼帝国地跨欧亚非三大洲、控制的地域内宗教和文化多元并存的格局所决定的。 简单来说,"米勒特制度"就是帝国内所有臣民按照宗教信仰和教派的不同,被划分为数个大小不同的"米勒"(millet),即不同的宗教社区/共同体。 塞浦路斯的行政机构以穆斯林群体为主导,隶属其他米勒特的成员较少,且多担任级别较低的职务。② 塞浦路斯东正教会有较大的自治权,大主教作为其所在米勒(教区)的首领(milletbaşı,即米勒特长),拥有一定的特权,最重要的是负责所在米勒的征税。 在社会生活方面,"两族之间也很少进行社交活动;两族居民被禁止通婚,除非某族居民在皈依另一族宗教信仰;教堂和清真寺在各自生活区域都占据着显眼的位置;每个社区都有各自的机构、咖啡馆和俱乐部"。③ 在这种基于宗教差异的体制安排下,由于征税④的需要,每个人所属的宗教派别极为重要,民族的差别反而不重要。⑤

宗教共同体通常与族裔认同密切相关。 一方面,对于塞岛希腊族而言,他们基于希腊正教的米勒与其族裔边界大致是吻合的,从而为其之后向族裔-文化认同转变提供了可能。 1830 年,希腊国家的独立为塞岛希腊族民族主义的构建提供了一个支点——希腊性(Greekness),或者说

---

① 目前,学界关于奥斯曼帝国有意识地创立"米勒特制度"这种说法仍然存在争议,但帝国内的确存在一种基于宗教差异而实行的多元主义治理方式。 作为一种描述性的概念,"米勒特制度"这一说法仍然保留。 参见昝涛:《"因俗而治"还是奥斯曼帝国的文化多元主义? ——以所谓"米勒特制度"为重点》,《新史学》2020 年第 2 期,第 189—224 页。

② Ilia Xypolia, *British Imperialism and Turkish Nationalism in Cyprus*, 1923 -1939: *Divide, Define and Rule*, p. 61.

③ Nancy Crawshaw, *The Cyprus Revolt: An Account of the Struggle for Union with Greece*, p. 21.

④ 奥斯曼帝国内非穆斯林的一神教徒,即犹太教和基督教徒需额外缴纳"人头税/人丁税"(Cizye)。

⑤ 〔日〕林佳世子:《奥斯曼帝国:五百年的和平》,钟放译,北京:北京日报出版社,2020 年,第 278 页。

是希腊的主体地位。① 基督徒知识精英们有了一个可以认同的民族国家，他们将其称为"祖国"。 在东正教的支持和引导下，希腊族逐渐发展出一种"基于与新成立的希腊国家共享族裔和文化来源的希腊文化认同"②。这种认同最终转化为将塞浦路斯与"祖国希腊"合并的想法，即"意诺西斯"（Enosis）。

1877 年俄土战争爆发后，为了获得英国对抵抗沙俄的支持，奥斯曼帝国与英国于次年签订条约，将塞浦路斯交由英国占领和管理。 对于希腊族来说，英国人的到来增加了他们实现"意诺西斯"愿望的可能性。 例如，塞浦路斯大主教索弗里尼奥斯（Archbishop Sophronios）在欢迎英国首任高级专员的致辞中就表示："我们接受这种政府管理权的变化，因为我们相信英国政府会帮助塞浦路斯，就像当年帮助爱奥尼亚群岛一样，实现'与它天然联系的希腊祖国的合并'"。③ 这是塞岛希族人首次公开提出把"意诺西斯"——塞岛与希腊合并作为他们的民族愿望。 此后，希腊族不断采取各种方式，通过各种渠道向英国人要求与希腊合并。

另一方面，岛上的穆斯林群体长期以来并没有形成一种明确的族裔意识。 首先，作为奥斯曼帝国的"一等公民"，帝国境内土耳其人的民族主义是最晚出现的，这是很自然的。④ 其次，不同于基督教对希腊族民族主义发展的推动作用，伊斯兰教对于帝国内分布范围极广、又同属于一个米勒的穆斯林群体而言，"显然并不利于在民族主义时代形成相对稳固的'族裔核心'。"⑤奥斯曼帝国晚期，知识和政治精英们为了挽救日渐衰败的帝国提出了不少方案，如奥斯曼主义、伊斯兰主义以及土耳其主义，这三种

---

① Nico Carpentier, *The Discursive-Material Knot: Cyprus in Conflict and Community Media. Participation*, New York: Peter Lang Publishing, 2017, p. 237.

② Nico Carpentier, *The Discursive-Material Knot: Cyprus in Conflict and Community Media. Participation*, p. 238.

③ 何志龙：《中东国家通史·塞浦路斯卷》，北京：商务印书馆，2005 年，第 131 页。

④ 昝涛：《现代国家与民族建构：20 世纪前期土耳其民族主义研究》，北京：生活·读书·新知三联书店，2011 年，第 137 页。

⑤ 昝涛：《现代国家与民族建构：20 世纪前期土耳其民族主义研究》，第 60 页。

认同/政策在帝国晚期是交织并行的①，因而直到 20 世纪初，作为一种身份认同的土耳其民族意识仅存在于少数的民族主义知识分子之间，这就可以理解，脱离于帝国核心领土的塞岛土族在 20 世纪 20 年代初还未像岛上的希腊族那样产生一种明确的民族意识。

此外，这一时期帝国统治精英们先后签署了关乎土耳其民族生死存亡的三份文件，即规定其实现民族独立与领土完整的地理界限的《国民公约》(Misak-ı Milli)②、意图灭亡奥斯曼-土耳其但最后沦为一张废纸的《色佛尔条约》③，以及使其在国际法意义上获得完全独立和自由的《洛桑条约》④。 根据上述条约，位于安纳托利亚之外的塞浦路斯土耳其族并没有被纳入土耳其民族国家构建的范畴。 作为现实主义的政治家，凯末尔在建国后也宣布放弃对安纳托利亚中心地带以外的前奥斯曼帝国领土的收复要求，并拒斥奥斯曼主义、伊斯兰主义和"泛突厥主义"等扩张主义意

---

① 关于奥斯曼帝国晚期，知识和政治精英们所提出的奥斯曼主义、伊斯兰主义以及土耳其主义这三种方案，参见昝涛：《现代国家与民族建构：20 世纪前期土耳其民族主义研究》，第 112—165 页；以及〔英〕伯纳德·刘易斯：《现代土耳其的兴起》，范中廉译，北京：商务印书馆，1982 年，第 349—371 页。

② 对现代土耳其而言，1920 年 1 月 28 日在奥斯曼帝国议会上通过的《国民公约》是其涉及塞浦路斯未来主权安排最早的条约。 虽然没有直接提到塞浦路斯，但《国民公约》明确提出了实现民族独立和领土完整的地理界限，由于土耳其族人作为塞岛的少数族群（20 世纪 20 年代初，塞岛土耳其族人仅占塞岛总人口的 19.7%），塞浦路斯被排除在外。

③ 1920 年 8 月 10 日，奥斯曼帝国苏丹政府与协约国签订《色佛尔条约》正式放弃了对塞岛的主权，其中有三个条款涉及塞浦路斯。 第 115 条规定，"缔约方承认英国政府于 1914 年 11 月 5 日宣布吞并塞浦路斯"；第 116 条规定，"土耳其放弃对塞浦路斯或与塞浦路斯有关的一切权利和头衔，包括该岛以前向苏丹缴纳贡品的权利"；第 117 条规定，"在塞浦路斯出生或常住的土耳其国民将获得英国国籍，并根据当地法律规定的条件失去土耳其国籍。" 参见 Murat Metin Hakki, ed., *The Cyprus Issue: A Documentary History*, 1878 - 2007, London: I. B. Tauris, 2007, pp. 6 - 7.

④ 1923 年 7 月 24 日，领导土耳其民族赢得独立战争胜利的安卡拉政府与协约国签订《洛桑条约》，使《色佛尔条约》成为一张废纸。《洛桑条约》同样有三个条款涉及塞浦路斯。 第 16 条和第 20 条维持了原《色佛尔条约》第 115 条及第 116 条的规定，承认英国对塞岛的主权；最大的变化是在第 21 条赋予居住在塞浦路斯的土耳其国民选择是否继续拥有土耳其国籍的权利——"1914 年 11 月 5 日常住塞浦路斯的土耳其国民将依据当地法律规定的条件获得英国国籍，并因此失去土耳其国籍。 但是，他们有权在本条约生效后两年内选择土耳其国籍，条件是在选择后 12 个月内离开塞浦路斯……"。 参见 Murat Metin Hakki, ed., *The Cyprus Issue: A Documentary History*, 1878 - 2007, p. 7.

识形态。①

　　20 世纪 20 年代是塞浦路斯穆斯林身份认同转变的关键十年，促成这一转变的根本原因是凯末尔革命的影响。 与此同时，希腊族愈演愈烈的民族主义运动促使留在岛上的穆斯林知识精英逐渐接受了土耳其民族主义意识形态，其核心便是凯末尔主义的世俗化、现代化和西方化的价值观。②他们开始对土耳其产生了一种精神上的浪漫迷恋，将土耳其视为祖国，并要求在穆斯林社区推行凯末尔激进的世俗化、现代化改革。

　　对凯末尔主义的追求在塞岛穆斯林群体中引发了现代主义和传统主义精英群体之间的分歧，并进一步演化为关于塞岛土族的身份认同冲突。 一方面是信奉凯末尔主义的现代主义者，他们希望构建一个基于土耳其民族主义的世俗民族；另一方面是传统主义精英，特别是受雇于殖民政府的精英，他们首先认为自己是大英帝国的穆斯林臣民，希望维护伊斯兰教的传统价值并继续享有英国殖民者的信任。③ 前者最终在 20 世纪 30 年代末占据上风，塞岛土族开始用世俗的民族因素取代他们身份中的伊斯兰因素。像土耳其那样，知识精英们在塞岛推行将阿拉伯字母拉丁化的"字母改革"以及用西式风格的帽子取代传统费兹帽的"帽子革命"，宣称"通过戴帽子，我们将像我们在土耳其的兄弟一样，因为我们永远不会与他们分离"④。 显然，塞岛土族已经发展出一种超越宗教的民族意识，开始由宗教认同转向世俗的族裔-文化认同，不过与当时的塞岛希腊族民族主义相比，土耳其族的民族主义仍然局限于文化运动，并没有相应地提出政治

---

① 昝涛：《现代国家与民族建构：20 世纪前期土耳其民族主义研究》，第 243 页。

② Altay Nevzat & Mete Hatay, "Politics, Society and the Decline of Islam in Cyprus: From the Ottoman Era to the Twenty-First Century," *Middle Eastern Studies*, Vol. 45, No. 6, 2009, pp. 918 – 919.

③ Niyazi Kizilyürek, "The Politics of Identity in the Turkish Cypriot Community: A Response to the Politics of Denial?" *Méditerranée: Ruptures et Continuités*, TMO 37, 2003, p. 199; Altay Nevzat & Mete Hatay, "Politics, Society and the Decline of Islam in Cyprus: From the Ottoman Era to the Twenty-First Century," p. 919.

④ Hüseyin Mehmet Ateşin, *Kıbrıslı Müslümanların Türkleşme ve Laikleşme Serüveni 1925 – 1975*, p. 21.

纲领。

在进一步论述塞岛土族民族主义的发展前，需要强调的是，英国的殖民统治（1878—1960）为土耳其族民族主义的兴起和发展提供了经济、社会、政治等方面的条件。 概括来说，在英国的统治下，塞岛穆斯林社区以农业为主的经济逐渐开始缓慢向新兴现代工业经济转变；连接主要城镇和大多数村庄的道路系统的建设使得通讯和城市化进一步发展；而城市化又促使大量土耳其族人进入殖民当局行政部门以及警察部队等安全机构工作。[①] 更为重要的是，面对希腊族对 "意诺西斯" 的追求，英国殖民当局注意到世俗的土耳其族精英的兴起，故有意识地利用土耳其族平衡希腊族，与土耳其族合作共同对抗 "意诺西斯"。[②] 1943 年，在英国殖民当局的支持与倡议下，"塞浦路斯岛土耳其少数民族机构"（Kıbrıs Adası Türk Azınlıklar Kurum， KATAK）成立。 该机构在其章程第 4 条明确规定："……塞浦路斯居民中每一位土耳其人和穆斯林都有权成为该机构的成员。" 这一条款标志着 "土耳其人" 作为形容词正式进入土族社区的政治话语体系。[③] 虽然知识界在一段时间内对于如何区别塞岛土族身份认同中的 "土耳其性" 和 "穆斯林性" 存在混乱[④]，但英国殖民当局为了联合土耳其族制衡希腊族，有意推进土族与土耳其的接触。 1948 年，英国驻塞浦路斯总督温斯特勋爵（Lord Winster）允许土耳其族成立 "土耳其社区事务委员会"（Türk Cemaat İşleri Komisyonu）。 该委员会的成立为塞岛土族和土耳其之间提供了沟通的桥梁，双方开始互访。 同年，由 300 人组成

---

① 关于英国殖民统治对塞浦路斯土耳其族民族主义的影响，参见 Ilia Xypolia， *British Imperialism and Turkish Nationalism in Cyprus， 1923 - 1939: Divide， Define and Rule*， London: Routledge， 2017.

② Niyazi Kızılyürek， *Milliyetçilik Kıskacında Kıbrıs*， p. 223.

③ Hüseyin Mehmet Ateşin， *Kıbrıslı Müslümanların Türkleşme ve Laikleşme Serüveni 1925 - 1975*， p. 40.

④ Hüseyin Mehmet Ateşin， *Kıbrıslı Müslümanların Türkleşme ve Laikleşme Serüveni 1925 - 1975*， pp. 39 - 40.

的土耳其代表团访问塞浦路斯。① 塞岛土族民族主义运动领导人登克塔什（Rauf R. Denkaş）在其回忆录中写道："由于这次访问，土耳其开始向塞浦路斯土耳其族人提供文化和教育援助、为塞浦路斯高中毕业生提供特殊名额和大量的奖学金、开设中学并派遣（具有）民族主义热情的教师。 休眠的种子已经破土而出。 土耳其国旗像红色的郁金香一样开始在绿色的塞浦路斯飘扬……"②

　　第二次世界大战后，在全球民族主义和去殖民化运动高涨的背景下，塞浦路斯希腊族与土耳其族之间的矛盾也不断升级。 塞岛土族知识分子认为，阻止"意诺西斯"最有效的办法就是"让土耳其介入塞浦路斯事业（Kıbrıs Davası）"。③ 这一时期，随着苏联在高加索和中亚地区影响力的巩固，土耳其的"泛突厥主义"者将注意力转向塞浦路斯，塞浦路斯问题由此成为"二战"后土耳其的"泛突厥主义"者最为关注的问题之一。④ 为争取土耳其政府和民众的支持，塞岛土族与"泛突厥主义"者建立了密切的联系，双方不仅合作创办了多个组织和刊物，⑤还共同构建了"祖国—游子"叙事。 在这一叙事中，土耳其被比作"祖国"（Anavatan，可对应英文 Homeland），塞浦路斯则被比作"游子"（Yavruvatan，直译为"儿童家园"，可对应英文 Babyland）。 通过强调共同的历史渊源和"土耳其血统"，将土耳其人和塞浦路斯土耳其族人描述为统一的民族共同体。 正如塞岛土族学者克孜勒于雷克（Niyazi Kızılyürek）所指出："塞岛土族民族主义者完全接受了"泛突厥主义"的象征和言论。 尽管动机不

① Rauf R. Denkaş, *Rauf Denktaş'ın Hatıraları*, 10. Cilt, İstanbul: Boğaziçi Yayınları, 2000, p. 121. 转引自 Niyazi Kızılyürek, *Milliyetçilik Kıskacında Kıbrıs*, p. 228.

② Rauf R. Denkaş, *Rauf Denktaş'ın Hatıraları*, 10. Cilt, p. 121. 转引自 Niyazi Kızılyürek, *Milliyetçilik Kıskacında Kıbrıs*, p. 228.

③ Niyazi Kızılyürek, *Milliyetçilik Kıskacında Kıbrıs*, p. 225.

④ Jacob M. Landau, *Pan-Turkism from Irredentism to Cooperation*, p. 135.

⑤ 其中比较有代表性的组织及协会有：塞浦路斯土耳其文化协会（Kıbrıs Türk Kültür Derneği）、塞浦路斯保护协会（Kıbrıs Koruma Cemiyeti）、塞浦路斯土耳其文化与援助协会（Kıbrıs Türk Kültür ve Yardım Cemiyeti）、塞浦路斯学校教育者协会（Kıbrıs Okullarından Yetişenler Cemiyeti），以及塞浦路斯属于土耳其协会（Kıbrıs Türktür Cemiyeti）等，最有代表性的杂志则是《绿岛杂志》（Yeşilada Mecmuası）。

同，但"泛突厥主义"者与塞岛土族民族主义者却共享着同一种土耳其主义意识形态（Türkçü ideoloji，按"泛突厥主义意识形态"）。 塞岛土族希望"通过被解放而融入民族共同体"，而实现这一目标的民族统一主义正是"泛突厥主义"者所倡导的。① 这表明塞浦路斯的土耳其民族主义作为一种具有政治纲领的意识形态运动登上了历史舞台。

与此同时，面对希腊将塞浦路斯问题提交联合国使其国际化②，以及希腊族"意诺西斯"运动升级为武装斗争的双重压力，英国选择拉土耳其入伙以平衡局势。③ 在英国和土耳其民族主义势力的共同推动下，土耳其政府于 20 世纪 50 年代中期正式介入塞浦路斯问题，在政治和军事层面为塞岛土族提供支持，帮助土耳其族建立起极端军事组织——"土耳其（族）抵抗组织"（Türk Mukavemet Teşkilatı，TMT），以对抗希腊族的"埃欧卡"（EOKA）武装力量。"土耳其（族）抵抗组织"主张将土族和希族相隔离，对塞岛进行"分治"（Taksim），并使塞岛与土耳其本土相连。 1958 年起，塞岛土族社会和经济生活领域加速"土耳其化"。 例如，从商业领域的"从土耳其人到土耳其人运动"（Türkten Türke Kampanyası），到日常交往中的"公民请说土耳其语"（Vatandaş Türkçe Konuş），再到将大多数村庄名和街道名称改为土耳其语名称。④ "土耳其（族）抵抗组织"还禁止塞岛土族光顾希腊族经营的酒吧和夜总会，规定土族商人的建筑物和房地产上的商业标志只能使用土耳其语⑤，等等。

---

① Niyazi Kızılyürek, *Milliyetçilik Kıskacında Kıbrıs*，p. 244.

② 1954 年 8 月 16 日，希腊首相亚历山德罗斯·帕帕戈斯（Alexandros Papagos）要求将"实现塞浦路斯人民民族自决"的议程列入联合国大会第九次会议议程。 参见 UN Document A/2703："Letter dated 16 August 1954 to the Secretary-General from the President of the Council of Ministers of Greece," New York, 16 August 1954.

③ 1955 年 6 月 30 日，英国首相艾登（Robert Anthony Eden）邀请希腊和土耳其参加伦敦会议，讨论"包括塞浦路斯问题在内的所有涉及东地中海安全的问题"。 7 月 2 日，土耳其政府接受邀请。 这是自 1923 年在《洛桑条约》中宣布放弃对塞浦路斯的一切权利后，土耳其时隔 32 年再次介入塞浦路斯事务。 参见 Mahmut Dikerdem, *Ortadoğu'da Devrim Yılları*, Istanbul: Istanbul Matbaası, 1977, p. 125.

④ Niyazi Kızılyürek, *Milliyetçilik Kıskacında Kıbrıs*, p. 248.

⑤ Niyazi Kızılyürek, *Milliyetçilik Kıskacında Kıbrıs*, p. 250.

　　1960 年塞浦路斯共和国的独立并没有为塞岛土希两族整合为一个塞浦路斯民族创造条件，共和国宪法"将两个独立的、分化了的、政治化的族群以法律的形式确定下来，其组织方式以预设的两个族群为基础，在国家层面进行联合的建构，然而这种联合不仅形式上分化，实质上也是脆弱的"。① 1963 年，塞浦路斯总统马卡里奥斯大主教（Archbishop Makarios）提出宪法十三项修正案再次开启了两族冲突的序幕，土耳其族"退出"共和国政府后，组建塞浦路斯土耳其族临时政府（Kıbrıs Geçici Türk Yönetimi），与希腊族形成各自为政的局面。② 在这个过程中，土耳其的介入与支持进一步强化了塞岛土族对土耳其民族的认同。 本文虽然聚焦于 1974 年之后塞浦路斯土耳其族民族认同的构建，但只有理解其在 1974 年之前的形成过程，才能把握塞岛土族在 1974 年后关于民族认同问题的话语和主张，以及他们在土耳其民族主义和"泛突厥主义"禁锢之下的身份困境。

二、土耳其国旗与塞浦路斯北部的"土耳其化"改造

　　1974 年 7 月 15 日，在希腊军政府的支持下，一小群自称为"埃欧卡-B"（EOKA-B）的右翼极端分子发动反对塞浦路斯总统马卡里奥斯大主教的军事政变，轰炸总统府并扶植桑普森（Nicos Sampson）作为傀儡总统成立临时政府。 土耳其政府将这场政变视为实现"意诺西斯"的"前奏"，认为其最终会威胁到土耳其的安全。 因此，在通过外交途径交涉无果的情况下，土耳其于 7 月 20 日发动了名为"塞浦路斯和平行动"（Kıbrıs Barış Harekatı）的武装干涉。

---

① 梁跃天：《身份问题与塞浦路斯民族问题的由来与现状——从族属差异到族群民族主义的冲突》，《世界民族》2021 年第 5 期，第 102—103 页。

② 马卡里奥斯的"十三点修正案"涉及希腊族和土耳其族在宪法实施过程中围绕建军、税收、公务人员比例和单独市政机构等问题的宪法条款，该修正案遭到土族领导人的强烈抵制。"十三点修正案"进一步激化了两族矛盾，并演化为流血冲突。 塞浦路斯共和国政府的土耳其族公务员在冲突后撤离岗位，希腊族称之为"退出"，土耳其族称之为"被驱逐"。 参见何志龙：《中东国家通史·塞浦路斯卷》，第 212—215 页。

土耳其军事行动的直接后果是塞浦路斯共和国在事实上形成"南北分治"的局面，即土耳其和塞岛土族控制了约占塞岛总面积37％的北部区域，南部则是希腊族控制下的塞浦路斯共和国。 仅成立14年的塞浦路斯共和国的独立与统一荡然无存。 而在停火后的两族和谈过程中，塞岛土族在土耳其军事占领的既成事实基础之上，为在政治上实现塞浦路斯分治迈出了第一步。

1974年10月1日，塞岛土族成立了以登克塔什为领导的塞浦路斯土耳其族自治政府，以取代1967年成立的塞浦路斯土耳其族临时政府。1975年2月13日，登克塔什又宣布将塞浦路斯土耳其族自治政府改名为塞浦路斯土耳其族邦，并随后采取了成立制宪会议、颁布邦宪法以及选举总统等一系列建制措施。 此时，摆在塞岛土族领导人面前的最大问题是，通过军事行动划定的"南北边界"①与岛上民族、语言以及宗教的界限并不一致，塞岛北部②的文化主体仍是希腊族，希腊文化的痕迹无处不在。面对这种巨大撕裂感，塞岛北部在土耳其和塞岛土族邦行政当局的领导下迅速进行了以实现"土耳其化"为目标的全面的文化重建。

首先是地名的"土耳其化"，将塞岛北部所有地点——村庄、城镇、城市以及区域的希腊语名称重新以土耳其语命名。③ 1976年，"塞岛土族邦旅游与信息部"出版了一份《塞浦路斯土耳其族邦旅游高速公路地图》。④根据这份地图，塞岛北部从城市到村镇的所有地名都完成了土耳其化。 除了地名，所有街道、店面以及路标中带有希腊语名称或用希腊语书写的文

---

① 指土耳其"塞浦路斯和平行动"的停火线——"阿提拉线"，也称为"绿线"。 参见何志龙：《中东国家通史·塞浦路斯卷》，第258—259页。

② 为了叙述方便，本文将土耳其在1974年军事行动中所占领控制的占据塞岛总面积37％的北部区域简称为"塞岛北部"，也有学者用"塞浦路斯的被占区域/领土"（the occupied zone/territory of Cyprus）来指代。

③ 塞岛土族重新命名地名的行为在1969年就已经开始。 参见 Christos P. Ioannides, *In Turkey's Image: The Transformation of Occupied Cyprus into a Turkish Province*, pp. 180 - 181, 183 - 185.

④ Kıbrıs Türk Federe Devleti Turizm ve Enformasyon Bakanlığı, *Kıbrıs Türk Federe Devleti Turistik Karayolları Haritası*, Ankara: Ajans-Türk Matbaacılık Sanayii, 1976.

字都被替换（为土耳其语）或删除，有学者在描述这一现象时指出，"毫不夸张地说，塞岛北部在语言上已经被粉饰过了"。①

1978 年 3 月 8 日，塞浦路斯共和国常驻联合国代表泽农·罗西季斯（Zenon Rossides）向联合国秘书处提交了一份报告，控诉土耳其和塞岛土族废除了北部 216 个村镇和地区历来使用的希腊语地名、改用新近捏造的土耳其语地名的行为。罗西季斯表示，"这一非法行为的目的显然是抹除这些地区的传统地理名称和历史渊源，企图将这些地区'土耳其化'。"②登克塔什对此回复称，塞浦路斯自 1571 年以来就是两个民族、使用两种语言的岛屿，有些村镇同时有土耳其文和希腊文两个名称。为了安置与希腊族人口交换后的 6.5 万名土耳其族人，对于原来有两种语言命名的村镇，塞岛土族邦还是使用历史上的土耳其语地名，但对于只有一个希腊语名称的村镇，土族邦就"不得不为它另取一个新的土耳其语名称"。③

登克塔什的回复似乎是土族邦根据塞岛北部的历史和现实做出的选择，而实际上，无论土族邦在何种程度上对北部村镇进行了重新命名，重点在于地名变化背后的意识形态和政治动机。重新命名其实反映的是命名者对被命名事物的权力。换句话说，权力产生的话语对空间进行了霸权式地重新表征和命名。④在这里，土族邦改变地名的实践可以借助约斯特·琼格登（Joost Jongerden）从空间角度讨论现代土耳其民族国家建设工程时所使用的"话语空间"（discursive space）概念来理解。琼格登指出，社会空间作为一个复杂范畴，可以从字面和隐喻两个维度来理解。其中空间的隐喻维度由话语构成，典型例子就是通过命名策略将价值观附加

---

① Russell King and Sarah Ladbury, "The Cultural Reconstruction of Political Reality: Greek and Turkish Cyprus Since 1974," *Anthropological Quarterly*, Vol. 55, No. 1, 1982, p. 5.

② UN Document A/33/62, "Letter dated 7 March 1978 from the Permanent Representative of Cyprus to the United Nations addressed to the Secretary-General," New York: UN, 8 Mar. 1978, p. 1.

③ UN Document A/33/72, "Letter dated 23 March 1978 from the Permanent Representative of Turkey to the United Nations addressed to the Secretary-General," New York: UN, 24 Mar. 1978, pp. 3 - 5.

④ Sezgi Durgun, *Memalik-i Şahande'den Vatan'a*, İstanbul: İletişim yayınları, 2018, p. 212.

于空间。① 土族邦将非土耳其语的地名——希腊语地名从地理空间抹去，并将其转化为土耳其语，从而实现了塞岛北部 "地理的土耳其语化"（coğrafyanın Türkçeleşmesi）②。 因而，从这个意义上来说，不论是从双语地名中保留土耳其语地名，还是采用全新的土耳其语地名，土族邦的目的都是为了在塞岛北部建立起一个 "话语空间"，将脚下这片土地作为从塞岛南部迁来的土耳其族与从安纳托利亚迁来的土耳其人的 "共同领土"，将其确认为 "土耳其民族的土地"。

其次是人口的 "土耳其化"，即构建一个由土耳其民族组成的、同质化的人口结构。 这个过程主要通过两方面来实施。 一方面，与塞浦路斯共和国进行人口交换，将南部的土耳其族人和北部的希腊族人进行交换。1975 年 7 月 31 日至 8 月 1 日，在联合国的斡旋下，塞岛土希两族在维也纳举行的第三回合谈判达成了有关人口迁移的协议，根据该协议第一条和第三条规定，在塞岛南部的土族塞人与在塞岛北部的希族塞人均可分别自愿移居到北方和南方。③ 按照前文登克塔什致联合国秘书长的信件，共计有6.5 万名塞岛土族人从南部迁移至北部。 另一方面，土耳其和塞岛北部行政当局还将安纳托利亚的土耳其人大规模迁往塞岛定居，来自土耳其的定居人口最初是作为 "季节性工人" 和 "辅助劳动力"，但这实际上是在有明确定居政策情况下的、有计划的人口转移，目的是改变塞岛北部的人口结构。④

---

① Joost Jongerden, "Crafting Space, Making People: The Spatial Design of Nation in Modern Turkey," *European Journal of Turkish Studies*, 2009 (10), p. 2.

② 笔者在这里借用了土耳其学者塞兹吉·杜尔贡（Sezgi Durgun）使用的概念。 杜尔贡指出，土耳其政府在民族国家建设过程中，将库尔德语、亚美尼亚语、希腊语等非土耳其语地名抹除并转化为土耳其语，她将这一过程概括为 "地理的土耳其语化"。 参见：Sezgi Durgun, *Memalik-i Şahande'den Vatan'a*, p. 213.

③ UN. Secretary-General, S/11789/Add. 1, 2nd interim report of the Secretary-General pursuant to Security Council resolution 370 (1975), New York, p. 2.

④ 土耳其和塞岛土族方面否认来自土耳其的定居民是有计划的人口转移，在统计塞岛北部人口时也没有对定居民和塞岛土族进行区分。 研究者约安尼季斯根据对北塞官方统计数据的整理汇总，计算出 1974 年至 1989 年，从土耳其向塞岛北部的移民人数达到 50 271 人。 参见 Christos P. Ioannides, *In Turkey's Image: The Transformation of Occupied Cyprus into a Turkish Province*, pp. 29 - 31.

政治方面的"土耳其化"改造同样显著，其中最重要的举措就是 1975 年颁布政党法。该法对土族邦政党规定了一系列禁令，例如禁止"贬低或诋毁土耳其民族的救世主和土耳其共和国的创始人阿塔图尔克的人格、活动或记忆或是反对阿塔图尔克革命；否认塞浦路斯土耳其族是土耳其民族不可分割的一部分；否认或废除土耳其共和国对塞浦路斯的保证权；利用土耳其共和国的法律和自然担保权，否认、改变或消除土耳其武装部队在塞浦路斯开展的和平行动的合法存在……"①这部政党法表明，"塞岛土族政治活动区域的边界是基于土耳其民族主义意识形态和分治'合法性'而制定的"，②这实际上是将塞岛北部所有政党置于土耳其远程控制下的一个既定秩序里。③

在其他社会文化领域，塞浦路斯土耳其族根据颁布的《姓氏法》，为自己选择了纯土耳其语的新姓氏；④同时，希腊族的纪念碑和标志被清除，取而代之的是凯末尔雕像和土耳其民族主义标语，如凯末尔的名言——"说我是土耳其人的人有多幸福！"（Ne mutlu türküm diyene!）；土耳其国旗不仅四处飘扬，还被雕刻或绘画在山坡上。⑤此外，塞岛北部的土耳其化和伊斯兰化是交织并行的，突出表现为北部绝大多数教堂被改造为清真寺。⑥这既是在试图清除希腊族作为文化主体在这一地区生活过的历史记忆，也象征着穆斯林土耳其族对基督徒希腊族的"胜利"。关于这一时期塞岛北部的"土耳其化"改造，一位塞浦路斯土耳其族学者对此有过精辟的总结："1983 年'北塞浦路斯土耳其共和国'宣布成立。在此

① Kıbrıs Türk Federe Devleti Kurucu Meclisi, *1975 Siyasal Partiler Yasası* (Dördüncü Kısım-Parti Yasaklamaları); Niyazi Kızılyürek, *Doğmamış Bir Devletin Tarihi: Birleşik Kıbrıs Cumhuriyeti*, İstanbul: İletişim Yayınları, 2005, p. 252.

② Niyazi Kızılyürek, *Doğmamış Bir Devletin Tarihi: Birleşik Kıbrıs Cumhuriyeti*, p. 252.

③ Doğuş Derya, *Living on the Margins of "the Turk" and "the Cypriot": The Cyprioturk as the Subject of Ambiguity*, Master Thesis, Boğaziçi Üniversitesi, p. 78.

④ Niyazi Kızılyürek, *Milliyetçilik Kıskacında Kıbrıs*, p. 291.

⑤ Christos P. Ioannides, *In Turkey's Image: The Transformation of Occupied Cyprus into a Turkish Province*, p. 184.

⑥ Christos P. Ioannides, *In Turkey's Image: The Transformation of Occupied Cyprus into a Turkish Province*, pp. 177–179, p. 182 (Table 8).

之前，世代相传的孩子们或他们的年幼弟妹们，始终浸润在土耳其民族主义的象征体系中——挥舞土耳其国旗、颂扬阿塔图尔克、诵读独立战争时期的诗歌，庆祝土耳其的国家主权和儿童节（4 月 23 日）、青年与体育日（5 月 19 日）、胜利日（8 月 30 日）以及国庆节（10 月 29 日），在 11 月 10 日沉浸于哀悼氛围，在官方组织的游行中高举土耳其国旗。而随着北塞浦路斯宣布成立，他们被赋予了新的 "国旗"、新的领袖和一套新的解放叙事。①

三、两面"国旗"同时飘扬下的认同困境

1974 年土耳其军事干预后，尽管联合国持续斡旋，塞浦路斯的土、希两族始终未能就统一方案达成共识。在此背景下，塞浦路斯土耳其族邦议会基于 "民族自决" 原则，于 1983 年 11 月 15 日单方面宣布成立 "北塞浦路斯土耳其共和国"。作为一个名义上独立于土耳其的政权实体，继续沿用土耳其国旗显然与其国家定位存在根本性矛盾。因此，设计一面能够代表北塞浦路斯的新 "国旗" 成为议会亟待解决的重要议题。

1983 年 11 月 23 日，北塞浦路斯《灰狼报》（*Bozkurt Gazetasi*）刊登了一份题为 "来自北塞浦路斯土耳其共和国议会主席的旗帜呼吁" 的公告。该公告明确指出，"所有自然人和法人、机构和组织都可以提出建议，为我们新国家选择国旗作为塞浦路斯土耳其人（Kıbrıs Türk halkı）的象征"。公告要求设计方案须最迟于 1983 年 12 月 3 日提交至议会主席处，由法律和政治委员会进行评估后向议会大会提交包含委员会建议的报告，最终由议会大会作出决议。② 然而，这一进程并未如期推进。直到 1984 年 3 月 7 日，"北塞制宪会议" 才正式讨论并通过了《北塞浦路斯土耳

① Ali Bizden, "Kıbrıs'ta Güç/iktidar Mücadelesinin Değişen Yüzü: Kıbrıs（lı/Türk） Milliyetçiliği," *Birikim*, 1997, Sayı 97, p. 82.
② "Kuzey Kıbrıs Türk Cumhuriyetin Meclisi Başkanlığından Bayrak Çağrısı," *Bozkurt Gazetsesi*, 23 Kasım, 1983.

其共和国国旗法》(Kuzey Kıbrıs Türk Cumhuriyeti Bayrak Yasası, 以下简称《国旗法》)。 该法案规定，新"国旗"以白色背景为基底，配以上下两条红色条纹，中间饰以红新月和星星。 值得注意的是，《国旗法》第五条明确规定塞浦路斯土耳其族将继续使用土耳其国旗作为其国旗，第六条规定每年 11 月 10 日将国旗降半旗以示哀悼。①

《国旗法》并未对新"国旗"及继续使用土耳其国旗的象征意义进行阐述，但时任"总理"内贾蒂·科努克 (Necat Konuk) 在议会发言中揭示了这一设计的深层政治意涵。 科努克表示："我们的国旗在颜色和比例上与土耳其国旗一致，上方的条纹象征祖国 (Anavatan, 指土耳其)，下方的条纹象征游子 (Yavruvatan, 指北塞浦路斯土耳其共和国)。"②这种"祖国—游子"的生物学隐喻将土耳其和北塞浦路斯的关系建构为一种血缘纽带，从意识形态层面强化了塞浦路斯土耳其族人对于"土耳其民族"的认同。 这种话语策略表明，即便在"北塞浦路斯"成立后，其领导人也并不认为存在一个独立于土耳其民族的"塞浦路斯土耳其族"身份，"塞浦路斯性"实质上被简化为纯粹的地理概念。 北塞浦路斯首任"总统"登克塔什的言论印证了这一立场。 他明确表示："不存在一个 (北) 塞浦路斯土耳其族的民族③，我们是北塞浦路斯土耳其共和国的土耳其人。 我们为自己是土耳其人而感到自豪。 土耳其既是我们的祖国，也是我们的民族。(Anavatan bizim de Anavatanımızdır, milletimizdir) 我们是在塞浦路斯建国的土耳其民族的一部分。"④在另一份声明中，登克塔什进一步强化了他的立场，他写道："我是一个安纳托利亚的孩子。 我的一切都属于土耳其，我的根在中亚。 我的文化、语言、历史乃至全部自我认同都表明我是

---

① "Kuzey Kıbrıs Türk Cumhuriyeti Bayrak Yasası," 参见 http: //www.cm.gov.nc.tr/dir_docs/ 15_1984b.doc, 登录时间：2024 年 3 月 15 日。

② "Turkish Republic of Northern Cyprus has its Own Flag Now," *Kıbrıs News Bulletin*, No. 6, Vol.3, 14 March, 1984, p.1.

③ 登克塔什的原话为 "KKTC diye bir millet yoktur"，KKTC 是 "北塞浦路斯土耳其共和国" 的土耳其文缩写，笔者认为这里可以理解为 "北塞浦路斯土耳其族"，与 "塞浦路斯土耳其族" 同义。

④ Niyazi Kızılyürek, *Milliyetçilik Kıskacında Kıbrıs*, pp. 295 - 296.

土耳其人。 我有一个国家和祖国。"①他断然否认塞浦路斯土耳其族身份认同中存在所谓的"塞浦路斯性"，并彻底排斥构建这种认同的可能性："（所谓的）塞浦路斯文化、塞浦路斯土耳其人、塞浦路斯希腊人以及共同的共和国，这些都是空话。 他们有希腊，而我们有土耳其，为何我们要共处于一个共和国的屋檐下呢？ ……他们人为构建文化文学，比如说有塞浦路斯人（Kıbrıslı），塞浦路斯土耳其族（Kıbrıslı Türk）、塞浦路斯希腊族（Kıbrıslı Rum）。 没有塞浦路斯土耳其族，没有塞浦路斯希腊族，也没有塞浦路斯人。 甚至不要问我们：'你是塞浦路斯人吗？'这可能会被视为一种冒犯，并且可能产生误解。 为什么呢？ 原因是在塞浦路斯生活的只有一种塞浦路斯人，那就是塞浦路斯驴。"②

1983 年 11 月至 2003 年 12 月，北塞浦路斯政权由右翼民族主义政党主导，其中民主党（Demokrat Parti）和民族团结党（Ulusal Birlik Partisi）是两大主要政党。 民族团结党由登克塔什创立，其党章明确宣称该党"将服务于塞岛土族以及土耳其民族的公共和民族利益，并将其置于一切之上，塞岛土族是土耳其民族不可分割的一部分"③。 这一表述成为这一时期北塞浦路斯当局意识形态的核心。 在登克塔什的领导下，北塞浦路斯当局将血缘——或更准确地说，假定的血缘④——视为民族认同最重要的因素。 通过构建"土耳其民族"的概念，登克塔什为塞岛土族追溯了一个值得"夸耀"的血统和宗谱，强调他们作为来自中亚土耳其人的身份，从而为塞岛土族的民族文化认同寻找稳固的根基。 与此同时，登克塔什极力否认和消解塞岛土族民族认同中的"塞浦路斯性"，甚至将塞岛土族在民俗和文学领域表现出的与土耳其的差异性视为"脱离祖国的危险因素"。⑤ 正如学者克孜勒于雷克所言："塞浦路斯土耳其族并非一个民族——

---

① Niyazi Kızılyürek, *Milliyetçilik Kıskacında Kıbrıs*, p. 293.

② Niyazi Kızılyürek, *Milliyetçilik Kıskacında Kıbrıs*, p. 294.

③ Christos P. Ioannides, *In Turkey's Image：The Transformation of Occupied Cyprus into a Turkish Province*, p. 170.

④ 〔英〕安东尼·史密斯，《民族认同》，王娟译，2018 年，南京：译林出版社，第 18 页。

⑤ Niyazi Kızılyürek, *Milliyetçilik Kıskacında Kıbrıs*, p. 295.

文化社会，仅仅是作为土耳其民族的'反映'而存在。"①换言之，以登克塔什为代表的塞岛土族领导人并不致力于构建一个名为"塞浦路斯土耳其族"的民族身份，也不想区分塞岛土族的具体特征，而是试图通过族裔纽带与情感，将塞岛土族压缩到一个模子中，即将他们还原为与安纳托利亚本土的土耳其人毫无区别的群体。

尽管北塞浦路斯当局通过"祖国—游子"的家庭隐喻构建了塞岛土族与土耳其人之间所谓的"血缘关系"，但面对凯末尔党人在《洛桑条约》中放弃对塞浦路斯的主权和一切权利的历史事实，即塞浦路斯从未被现代土耳其共和国纳入统治，且在地理上与土耳其本土安纳托利亚分离的现实，塞岛土族领导人还需要为土耳其族构建对现代土耳其在时空维度上的归属感。 这一任务主要是通过学校的历史教育②来完成的。

在土耳其和北塞浦路斯，当局不仅严格控制历史教学内容，还定期发布指令，明确"政治和意识形态的框架，每位教师必须在这一框架内设计课程"。③ 在北塞浦路斯的公立和私立中学，历史课是必修课程，教师必须使用北塞浦路斯"国家教育和文化部"批准的教材进行教学。④ 2004 年之前，初中历史教科书采用的是由塞岛土族历史学家韦赫比·泽基（Vehbi Zeki）所编写的《塞浦路斯历史》（*Kıbrıs Tarihi*），高中则使用《塞浦路斯土耳其族斗争史》（*Kıbrıs Türk Mücadele Tarihi*）。 需要说明的是，尽

---

① Niyazi Kızılyürek, *Milliyetçilik Kıskacında Kıbrıs*, p. 295.
② 本文重点关注的是中学历史教育。 北塞浦路斯的小学历史教育被包含在"社会科学"（Sosyal Bilgiler）这门课程中。 在一本供小学 5 年级使用的《社会科学》课本中，封面人物是土耳其"国父"凯末尔，扉页印有土耳其国歌《独立进行曲》（*Istiklâl Marşı*）与土耳其和"北塞浦路斯"的两面"国旗"，之后一页则是凯末尔的照片。 参见 Papadakis, Yiannis. "Narrative, Memory and History Education in Divided Cyprus: A Comparison of Schoolbooks on the 'History of Cyprus'," *History and Memory: Studies in Representation of the Past*, Vol. 20, No. 2, fall-winter 2008, p. 135.
③ Étienne Copeaux, "Otherness in the Turkish Historical Discourse: General Considerations," in *Clio in the Balkans: The politics of History Education*, ed. Christina Koulouri, Thessaloniki: Center for Democracy and Reconciliation in Southeast Europe, 2002, p. 398.
④ Yücel Vural & Evrim Özuyanık, "Redefining Identity in the Turkish-Cypriot School History Textbooks: A Step Towards a United Federal Cyprus," *South European Society and Politics*, Vol. 13, No. 2, 2008, p. 136.

管这些教科书多次再版，但其核心内容基本保持不变。 例如，《塞浦路斯历史》最早于 1971 年就被当时的塞浦路斯土耳其族 "教育部" 批准为初中历史教科书①，后续版本仅在最后补充 1971 年之后的事件。 本文以《塞浦路斯历史》为例，探讨其如何从空间和时间两个维度构建塞浦路斯与土耳其的历史联系。

就空间维度而言，《塞浦路斯历史》第一单元在对塞浦路斯基本地理特征（如经纬度、面积等）进行概述后，接着强调了其与土耳其在地理位置上的邻近性："塞浦路斯最近的邻居是祖国土耳其。 土耳其与塞浦路斯之间的最短距离是 70 公里（40 英里）。 天气晴朗时，从五指山（Beşparmak Dağları）可以看到土耳其南部海岸。 然而，塞浦路斯距离希腊 600 英里，距离叙利亚 70 英里，距离埃及 260 英里。"②通过这种对比，刻意凸显了塞浦路斯与土耳其在地理上的紧密联系，从而为 "塞浦路斯属于土耳其"这一主张赋予一种天然的 "合法性"。 作者进一步从两个层面深化了这一地理叙事。 书中指出，"塞浦路斯控制了伊斯肯德伦（İskenderun）港口与海湾，由此控制了安纳托利亚南部的海岸"。 书中由此强调，"倘若面临俄国威胁，土耳其军队会受到来自三个不同前线的攻击，而只能通过土耳其南部港口寻求帮助"③。 这种论述将塞浦路斯与土耳其的地理邻近性与后者的国家安全直接挂钩，强调了塞浦路斯的战略重要性。 另一方面，作者还从地质学的角度 "论证" 了塞浦路斯与土耳其的紧密联系："塞浦路斯在土壤结构、气候、植物和动物种类方面与安纳托利亚完全相似。 虽然它在第一地质时期是安纳托利亚的一部分，但后来与安纳托利亚半岛分离。因此，有必要承认该岛是伊斯肯德伦湾分离出来的一个部分和安纳托利亚的延伸。"④这种叙事不仅在学生脑海中绘制了一幅 "地图"，还通过地理

---

① 1971 年 2 月 1 日，塞浦路斯土耳其族 "教育部" 通过决议，批准韦赫比·泽基的《塞浦路斯历史》一书作为初中一年级至三年级的 "塞浦路斯历史课程" 的教科书。 参见 Vehbi Zeki, *Kıbrıs Tarihi*（*V. Baskı*）, 1974, Lefkoşa: Halkın Sesi LTD, 扉页说明。

② Vehbi Zeki, *Kıbrıs Tarihi*, p. 8.

③ Vehbi Zeki, *Kıbrıs Tarihi*, p. 12.

④ Vehbi Zeki, *Kıbrıs Tarihi*, p. 12.

想象将塞浦路斯与安纳托利亚紧密相连，从而强化了官方关于塞岛土族身份中"土耳其性"的主张。

　　就时间维度来说，《塞浦路斯历史》着重塑造了塞岛土族作为奥斯曼帝国征服后定居的"土耳其移民的后裔"这一身份，重现了安纳托利亚土耳其人与塞浦路斯土耳其族作为一个"族裔共同体"的辉煌往昔。书中写道："从历史角度来说，塞浦路斯对土耳其也十分重要。我们的祖先在 1571 年（由于政治、战略、经济以及宗教原因）以 8 万名烈士的代价征服了塞浦路斯。直到 1878 年，土耳其人实际统治塞浦路斯 3 个多世纪，他们对待当地人民非常好，并带来了自由与正义。土耳其人非常重视公共工程，在塞浦路斯建造了许多建筑，这些历史遗迹至今仍保留了'土耳其特色'。"①作者模糊了"奥斯曼人"与"土耳其人"的区别，将 16 至 19 世纪的奥斯曼统治时期塑造为塞岛土族社会的"黄金时代"，将奥斯曼帝国的统治遗产与现代土耳其民族身份直接勾连，本质上是将复杂的历史进程简化为线性传承关系。这种历史书写在北塞浦路斯官方话语中也有所体现。如民主党主席哈基·阿吞（Hakkı Atun）在 1996 年的就职演说中提道："作为自 1571 年以来生活在这块土地上、作为土耳其民族一部分的塞浦路斯土耳其人，我们是多么幸福。我们从未失去我们的语言、宗教、文化、个性和心灵。我们可能有一些英国统治时期所强加的文化特征，但我们知道它们是人为的，是日常生活中不可避免的一部分，重要的是我们内心对祖国的热爱……塞浦路斯发生的事情已经结束。几个世纪以来，作为土耳其民族的一部分，我们受到土耳其人的保护。"②

　　20 世纪八九十年代，新生的北塞浦路斯政权"内外交困"：对外，其非法国家地位导致国际孤立；对内则处于土耳其的严格控制与监护之下。这种特殊处境使得土耳其民族主义成为塞岛土族政治与社会生活中压倒性的意识形态。因此，延续 20 世纪 50 年代以来"祖国—游子"这套话语叙

---

① Vehbi Zeki, *Kıbrıs Tarihi*, p. 10.

② 9 Nisan, 1996, *Kıbrıs*. 转引自 Ali Bizden, "Kıbrıs'ta Güç/ İktidar Mücadelesinin Değişen Yüzü: Kıbrıs (lı/Türk) Milliyetçiliği," *Birikim*, 1997, Sayı 97, p. 86.

事——即宣扬（北）塞浦路斯在历史、地理和血缘上与土耳其的紧密联系，并将其族裔认同直接"嫁接"到土耳其本土安纳托利亚——除了受到右翼政党意识形态的影响外，对于当时的塞岛土族人来说，也是一个现成的、不费力且极具吸引力的方案。这种叙事不仅强化了对土耳其的认同纽带，也为塞岛土族在复杂的地缘政治环境中提供了一条身份归属的路径。

与此同时，自 20 世纪 80 年代起，一批在土耳其完成大学教育后返回塞岛的土族青年逐渐成为共和土耳其党（Cumhuriyetçi Türk Partisi, CTP）的领导力量。在这些知识精英的引领下，该党逐渐发展为左翼政党，作为主要反对党批评右翼政党对"塞浦路斯性"的忽视，并提出"塞浦路斯（土耳其族）主义"作为替代性认同、同时主张塞岛统一。这种新的身份认同在土族年轻一代中迅速兴起。面对左翼势力的崛起，登克塔什等右翼民族主义者通过激进的土耳其民族主义话语进行反制。1994—1996年共和土耳其党与民主党联合执政期间，一系列政治经济问题浮出水面：共和土耳其党不仅揭露了土耳其干涉北塞内政的政治丑闻，还指出北塞经济危机的根源在于对土耳其经济的过度依赖，而后者缺乏稳定的金融政策；土耳其驻军丑闻的曝光使土族民众开始质疑其存在的必要性；而塞岛本土民众与土耳其移民之间日益凸显的矛盾，更促使前者将后者视为身份认同中的"他者"。更为重要的是，北塞在各方面受到土耳其严格控制和监护的现象引发了公众对北塞"主权"独立和土耳其民族认同的质疑。

面对这一认同危机，在将共和土耳其党驱逐出联合政府后，右翼政党试图继续沿着土耳其民族主义的道路缝合社会领域的身份认同的裂缝。1996 年 9 月，民主党新闻办公室发布的《塞浦路斯土耳其族民族主义宣言》（以下简称《民主党宣言》）以及民主党主席小登克塔什（Serdar Denktaş，登克塔什之子）的相关言论，集中体现了这一时期官方的"新思维"。总体而言，这一"新思维"主要围绕两个核心问题展开：一是，如何界定塞浦路斯土耳其族的身份认同？它与土耳其民族主义的关系应当如何看待？二是，在新的历史条件下，土耳其军队在北塞的存在是否仍然具有必要性？

小登克塔什的言论可以总结为以下几个要点。

第一，"塞浦路斯性和土耳其性是塞岛土族身份认同中密不可分的地理和历史方面"，对他而言，塞岛北部的人民"是土耳其人也是塞浦路斯人，是塞浦路斯人但也是土耳其人"，因此，他们"应该聚集在作为土耳其民族运动的一部分——塞岛土耳其族民族主义的保护伞之下"。①

第二，"塞浦路斯土耳其族民族主义是为了捍卫塞岛土族的独立、平等和主权。保护、争取北塞浦路斯共和国的认可和延续就是塞浦路斯土耳其族民族主义。对于土耳其来说，保护土耳其在塞浦路斯的存在，保证其存在的持久性和安全性，就是土耳其民族主义。因此，土耳其民族主义和塞浦路斯土耳其族民族主义都设想保护塞岛土族人和土耳其国家在塞浦路斯的存在。"②

第三，"我父亲是一个土耳其民族主义者，而我是一个塞浦路斯土耳其族主义者，当我做决策时，我捍卫的是塞浦路斯土耳其族人的利益，而我的父亲优先考虑整个土耳其民族的利益。"③

小登克塔什在对自己的身份认同进行定位时，虽然试图与此前以其父亲为代表的土耳其民族主义者相区别，但他仍然将塞岛土族视为"整个土耳其民族"的一部分。尽管小登克塔什承认了塞岛土族身份认同中"塞浦路斯性"的存在及其重要性，但仍然没有将其作为区别于土耳其人的文化独特性，只是继续将其视为地理特征。这种处理方式实际上没有跳出其父亲"泛突厥主义"的叙事逻辑。为了重新确立北塞浦路斯政权在塞岛土族眼中的合法性，以及土耳其军队在塞岛北部存在的必要性，他将土耳其民族主义重新解释为塞岛土族民族主义的前提（对北塞"主权"的支持）和目的（捍卫土族的独立平等），二者的区别被掩盖，只剩下共同的目标。结合《民主党宣言》，可以更好地把握小登克塔什主张的内在逻辑。

---

① Serdar Denktas ile Röportaj, "Kıbrıslıyız ama Türk'üz, Türk'üz ama Kıbrıslıyız," *Kıbrıslı : Türk'ün Sesi*, 23 Ekim - 23 Kasım 1996, vol. 15, p. 7.

② Serdar Denktas ile Röportaj, "Kıbrıslıyız ama Türk'üz, Türk'üz ama Kıbrıslıyız," *Kıbrıslı : Türk'ün Sesi*, 23 Ekim - 23 Kasım 1996, vol. 15, pp. 7 - 8.

③ Serdar Denktas ile Röportaj, "Kıbrıslıyız ama Türk'üz, Türk'üz ama Kıbrıslıyız," *Kıbrıslı : Türk'ün Sesi*, 23 Ekim - 23 Kasım 1996, vol. 15, p. 5.

《民主党宣言》指出："即使是在 1974 年幸福和平行动结束的 22 年后，我们仍以'北塞浦路斯土耳其共和国人的'（KKTC'li）意识拥抱我们所有南方人、北方人①、塞浦路斯人、土耳其人以及伦敦人等因差异而彼此疏远的人民，我们的理解是，无论他生在何处，无论他来自世界何地以及何时来到，拥抱他以公民身份加入北塞浦路斯土耳其共和国的每一个土耳其人，将他定义为'塞浦路斯土耳其族人'。"②乍一看，这个宣言倡导无论出生地或来源，所有加入北塞浦路斯的人都可以被视为公民，即主张拥抱一个现代公民意义上的"北塞浦路斯土耳其共和国人"的国族意识。但该宣言接下来指出，塞岛土族民族主义并不是排斥土耳其民族主义，"恰恰相反，它全心全意认同土耳其民族主义及其所表达的所有价值观，并用最深沉的爱和感情拥抱我们伟大民族（土耳其民族）的所有人民、亲戚和兄弟"。《民主党宣言》进一步解释称，深情的塞浦路斯土耳其族民族主义不是一种对民族主义的分裂和歧视性理解，而是一种综合性理解，我们的路线是统一"北塞浦路斯土耳其共和国"；塞浦路斯土耳其族不是一个特定的实体，他们的血液里有着高贵的土耳其血统。③

显然，小登克塔什和《民主党宣言》并没有为塞浦路斯土耳其族提出一种新的身份认同。 他们的追求仍然是对"土耳其民族"的认同，塞岛土族民族主义依旧是土耳其民族主义的延伸。 这种出于巩固统治的需要，而在"祖国—游子"话语框架进行的修正，并没有得到塞岛土族的广泛支持，从而导致北塞社会在身份认同问题上的分裂持续存在。

2002 年 11 月，时任联合国秘书长安南提出的"安南计划"为塞浦路斯问题提供了新的解决方案，该计划设想建立一个由两个政治实体组成的松散的邦联制共和国。 这一计划为塞浦路斯土耳其族描绘了新的未来图

---

① 这里的"南方人"和"北方人"分别指塞岛希腊族（居住在塞岛南部）和土耳其族（居住在塞岛北部）。

② Ali Bizden, "Kıbrıs'ta Güç/ İktidar Mücadelesinin Değişen Yüzü: Kıbrıs (lı/Türk) Milliyetçiliği, *Birikim*, 1997, Sayı 97, p. 86.

③ Ali Bizden, "Kıbrıs'ta Güç/ İktidar Mücadelesinin Değişen Yüzü: Kıbrıs (lı/Türk) Milliyetçiliği, *Birikim*, 1997, Sayı 97, p. 86.

景。 在 2004 年举行的公投中，"安南计划"获得了塞岛土族 65% 的支持率，但因希腊族 76% 的反对率而最终失败。 共和土耳其党因支持"安南计划"，在 2003 年 12 月的议会选举中击败右翼政党，取得重要胜利。

共和土耳其党政府执政后，不仅在塞浦路问题上提出建立统一联邦的方案，还试图在官方层面重新定义身份认同和民族界限。 为此，他们着手对历史教科书进行改革，并于 2004 年底开始启用新版教材。 新版教科书突破了传统的"祖国—游子"话语框架，对塞浦路斯/塞岛土族与土耳其/土耳其人之间的历史联系进行了重构，主要体现在以下几个方面：

首先，"祖国"或"土耳其祖国"的表述被替换为"土耳其"或"土耳其政府"等中性词。

其次，"塞浦路斯是安纳托利亚地理上的延伸"或阐述二者在地理上的相似性等表述被删除，而是从塞岛地质形成角度进行了客观描述①，宣称塞浦路斯独特的领土和地质存在，认为"由于塞浦路斯是一个从海底升起的岛屿，在其历史上从未与周围任何大陆相连"②。 这种表述在"避免将该岛地质结构政治化"③的同时，还促使土耳其族萌发了将塞岛视为"家园"的归属感意识。

再次，在涉及塞岛土族群体的来源时，不强调其"土耳其血统"，只是指出"穆斯林土耳其人"在奥斯曼帝国征服后定居该岛的历史事实。

最后，通过介绍塞岛土族方言强调塞岛土族身份认同中的"塞浦路斯性"，还通过强调塞浦路斯文化、音乐和社会的存在，向塞岛土族灌输作为"塞浦路斯人"的公民概念。

共和土耳其党领导的北塞政府重构塞岛土族身份认同的战略，与其推

---

① "塞浦路斯岛的（地质）于 2 亿年前开始形成。 最初特罗多斯（Trodos）山脉是由于火山熔岩溢出并冷却到地表而形成的，随着时间推移变成了一座小岛。"参见 KKTC Milli Eğitim ve Kültür Bakanlığı, *Kıbrıs Tarihi： Ortaokullar için Tarih Kitabı（Temel Eğitim 2. Kademe）*, 2005, p. 10.

② KKTC Milli Eğitim ve Kültür Bakanlığı, *Kıbrıs Tarihi： Ortaokullar için Tarih Kitabı（Temel Eğitim 2. Kademe）*, 2005, p. 7.

③ Yücel Vural & Evrim Özuyanık, "Redefining Identity in the Turkish-Cypriot School History Textbooks： A Step Towards a United Federal Cyprus," p. 143.

动建立一个统一的塞浦路斯联邦的政治理念是一致的。 不同于登克塔什对族裔—文化民族主义的推崇，共和人民党试图在疆土— 公民民族主义的意义上，为塞岛土族重新建构一个与塞浦路斯希腊族共享的公民认同。① 然而，这一进程面临着来自右翼政党与土耳其的阻挠，以及与希腊族之间根深蒂固的分歧和不信任，使得这条认同重构之路异常艰难。 近年来，土耳其在国际舞台上积极谋求对"北塞浦路斯"的承认，多次在联合国呼吁承认北塞浦路斯的国际合法性。 然而，无论是"北塞浦路斯"获得主权独立还是"分治"永久化，塞岛土族都难以真正构建起一个脱离土耳其民族的"塞浦路斯（土耳其族）认同"。 这是因为，前者在某种意义上意味着"北塞浦路斯"作为土耳其的"延伸"而存在，而后者则意味着土耳其军队将在塞浦路斯长期驻留。 因此，在塞岛北部到处飘扬的两面星月旗之下，塞岛土族在土耳其民族认同与塞浦路斯（土耳其族）认同之间的挣扎与困境远未结束。

四、结语

历史地看，塞浦路斯土耳其族的民族认同困境其实源于其构建之初。20 世纪二三十年代，身处安纳托利亚之外的塞岛土族知识分子，与土耳其本土的知识分子一样，"将凯末尔主义（特别是其民族主义的信条）作为一种'宗教'来看待和膜拜"②。 凯末尔民族主义在政治上表现为疆土民族主义，专注于土耳其共和国内的民族建设；然而，其民族认同实质上是"一种依赖于超越其民族国家疆域的文化认同"，因而它在文化上又具有

---

① 在北塞浦路斯的政治话语体系中，不同政党通过特定的词汇选择构建了截然不同的身份认同框架。 例如，以民族团结党（UBP）为代表的右翼政党坚持使用"Türk"（土耳其人）或"Kıbrıs Türkleri"（Turks of Cyprus），强调自己对土耳其民族的族裔认同以及"祖国—游子"的血统论叙事；而以共和土耳其党（CTP）为代表的左翼政党则更倾向于采用"Kıbrıslı Türk"（Turkish Cypriots——这也是联合国的表述）或"Kıbrıslı"（塞浦路斯人），这种表述强调塞浦路斯土耳其族的"塞浦路斯性"，即他们在塞浦路斯本土历史与文化中形成的独立身份。
② 昝涛：《现代国家与民族建构：20 世纪前期土耳其民族主义研究》，第 355 页。

"泛突厥主义"色彩。① 因此，塞岛土族的民族认同一开始就带有"泛突厥主义"的底色。 此外，在 20 世纪四五十年代，塞岛土族民族主义由文化运动转向政治运动的过程中，为争取土耳其政府的关注和支持，塞岛土族知识分子借助了"泛突厥主义"者的话语。 塞岛土族的民族认同被限定在土耳其民族的框架内，塞岛土族的历史也成为土耳其民族历史不断发展延伸的一部分。

1974 年后，塞岛土族与来自安纳托利亚的土耳其移民共同生活在一个逐渐被"土耳其化"的塞岛北部区域。 塞岛土族随后的"建国努力"并非旨在建立一个独立的民族国家，而是对居住其中的人民进行"作为土耳其人"的身份规训。 正如学者所言，"1983 年成立的北塞浦路斯被设想为一个民族国家，但它希望与之融合的民族（土耳其民族）已经有了自己的国家（土耳其共和国）；它被设想为塞浦路斯土耳其族的国家，但却是基于对其'塞浦路斯性'的排除"②。 虽然左翼政党领导的北塞政府自 2004 年起在"国家层面"有意识地构建"塞浦路斯（土耳其族）人"这一民族/国族身份认同，致力于将民族建构与国家建设合二为一，但塞岛土族在身份认同上仍难以摆脱土耳其民族主义的桎梏。 这种困境在多个层面得到体现：在公共领域，北塞浦路斯至今仍在庆祝土耳其共和国的法定假日，"北塞国旗"大多与土耳其国旗并列升起；凯末尔的雕像和半身像仍然遍布政府部门和公共场所，许多街道以土耳其名人、地名命名；在学校教育中，除了北塞浦路斯官方历史，学生还学习土耳其独立战争、共和国建立和凯末尔改革的土耳其历史内容；教科书仍保留土耳其国歌和两面"国旗"的固定页面。

---

① 昝涛：《现代国家与民族建构：20 世纪前期土耳其民族主义研究》，第 381 页。
② Doğuş Derya, *Living on the Margins of "the Turk" and "the Cypriot": The Cyprioturk as the Subject of Ambiguity*, Master Thesis, Boğaziçi Üniversitesi, p. 132.

作为一个"无公认非国家行为体"①，北塞浦路斯的"主权"地位至今仅获得土耳其一国承认。 这种困境使北塞浦路斯必须依赖土耳其为其开辟更大的国际舞台和空间。 近年来，土耳其通过多边外交渠道，不仅在联合国内为北塞浦路斯发声，更成功推动其在"突厥语国家组织"中获得观察员地位。② 作为交换，北塞浦路斯在当局层面不得不配合土耳其提出的"大土耳其民族"叙事。 在土耳其 1974 年"塞浦路斯和平行动"结束半个世纪后，如何在文化认同层面梳理与土耳其民族主义的关系，以及如何处理对土耳其的依赖关系，或许仍是塞浦路斯土耳其族人在未来相当长的时期内需要面临的困境与挑战。

（高成圆，内蒙古大学历史与旅游文化学院博士后）

---

① "无公认非国家行为体"指从某一个国家分离出的实体，在法律上从属于一个得到国际公认的国家，拥有定居的人口，有确定的管理边界，具有有效统治的政府但没有得到国际公认，因而是缺少对外行为的地区。 参见杨恕、尹舒阳：《简论"无公认非国家行为体"的形成及其国际承认——以阿布哈兹、南奥塞梯、科索沃和北塞浦路斯为例》，《国际安全研究》2015 年第 4 期，第 73 页。

② 尽管北塞浦路斯长期处于政治和经济封锁的困境，但其获得国际组织观察员地位并非"新鲜事"。 北塞浦路斯分别于 1994 年、2004 年以及 2012 年获得 "国际突厥文化组织"（International Organisation of Turkic Culture）、伊斯兰合作组织（Organisation of Islamic Cooperation）以及经济合作组织（Economic Cooperation Organization）的观察员地位。 然而，"突厥语国家组织"是北塞浦路斯首次以其"宪法"名称"北塞浦路斯土耳其共和国"（Kuzey Kıbrıs Türk Cumhuriyeti）参与的国际组织，此前它主要以"塞浦路斯土耳其国"（Kıbrıs Türk Devleti/Turkish Cypriot State）的名义。 因此，土耳其和北塞浦路斯均将其视为承认北塞"主权"合法性道路上的重要里程碑。 2023 年 4 月 29 日，北塞浦路斯又获得了"突厥语国家议会大会"（The Parliamentary Assembly of Turkic States）的观察员地位。

斯维特兰娜·戈尔舍尼娜谈"19世纪俄国对中亚文化遗产的重新发掘"

伍雨荷　施　越

斯维特兰娜·戈尔舍尼娜（Svetlana Gorshenina）是俄裔瑞士籍中亚历史学家及艺术史学家，现任法国国家科学研究中心及索邦大学研究教授，主要研究领域为19世纪至20世纪早期的中亚历史。她的学术代表作包括《"中亚"的发明：从鞑靼利亚到欧亚的概念史》（*L'invention de l'Asie centrale. Histoire du concept de la Tartarie à l'Eurasie*，2014）、《中亚：边疆的发明与俄苏遗产》（*Asie centrale. L'invention des frontières et l'héritage russo-soviétique*，2012）等。2024年4月2日，北京大学东方文学研究中心、北京大学外国语学院邀请戈尔舍尼娜教授作题为"19世纪俄国对中亚文化遗产的重新发掘"的报告。主讲人展现了当前欧洲中亚近代史和中亚研究学界的前沿范式，呈现了后殖民主义视角对中亚研究的影响。本次活动得到北京大学俄罗斯—乌克兰—白俄罗斯研究中心和北京大学人文学部的支持。

一、研究问题

何为文化遗产？文化遗产这一概念，在俄语中的对应表达为"Культурное наследие"，在英语中为"Cultural heritage"，在法语中则为

"Patrimoine"。 在不同的语言环境中，这一概念的表意存在细微的差别：前两者着重强调文化遗产有形的、物质的属性，后者则着重强调其无形的、非物质的属性。 文化遗产并非一成不变的物质实体，而是多方势力持续争夺、有意建构的观念空间。 法语中用"Patrimonialisation"一词描述文化遗产建构的过程，将特定事物界定为文化遗产，意味着将其视为官方认可的历史文化纪念物（monument）。 由此，这些纪念物将会成为个人记忆、集体记忆的载体，成为代表"民族"或"帝国"文化身份的象征符号。

19世纪西方国家普遍存在文化遗产建构的历史实践，在欧洲以外的其他地区，殖民者开展文化遗产保护活动，不仅是出于对自身国家利益的考量，也是出于对"自我"与"他者"相互关系的反思。 从这一时期的历史经验来看，俄国征服者通过考古发掘、档案编纂、展览策划、古建复原等手段，重新发掘了中亚地区的文化遗产。 可以认为，19世纪中亚地区的文化遗产，是俄国征服者长期、审慎的建构行为的结果。 立足于上述判断，应当进一步思考以下几个问题：俄国征服者如何将"他者"的历史遗迹建构为永恒的文化遗产？ 这一系列建构行为是出于怎样的目的，最终强化了怎样的文化认同？ 被界定为文化遗产的物体，在事实层面和象征层面又发生了怎样的变迁？

二、研究对象

康斯坦丁·冯·考夫曼（K. P. von Kaufmann, 1818—1882，李鸿章在其文章中译为"高甫满"①）是19世纪俄国征服中亚事业的主要军事领导人之一。 在考夫曼的率领下，俄军征服了河中和费尔干纳地区，迫使布哈拉和希瓦成为俄国的保护国。 1867年，俄国当局重新划设中亚地区的行政区划，新设"突厥斯坦总督区"（下文简称"边区"），由锡尔河省和

① 《李文忠公全集·译署函稿》卷十，清光绪金陵刻本。

七河省组成。 考夫曼被沙皇任命为首任总督。 在任期间，他确立了俄国在中亚地区的基本治理框架，拥有在当地与周边政权宣战和媾和的决策权。 鉴于考夫曼在中亚所享有的巨大权力，他被俄国官方称为"突厥斯坦创建者"（Устройтель Туркестана），又被称为"考夫曼一世"（Kaufman Ⅰ）或"半个沙皇"（Yarim Pasha）。 在后来担任英印总督、英国外相的乔治·寇松（G. N. Curzon，1859—1925）的笔下，考夫曼与亚历山大大帝、帖木儿大帝和彼得大帝齐名，被视作具有开创性地位的"伟人"（Grands Hommes）。

图 1　康斯坦丁·冯·考夫曼

除军事、政治之外，考夫曼对中亚地区文化事业也产生了深远影响。

图 2　尤金·斯凯勒（Eugene Schuyler，1840—1890，美国驻俄外交官，1873 年受考夫曼邀请考察中亚）

与其他欧洲列强相似，考夫曼的文化实践立足于西方已有知识，服务帝国政策需求，着力推广意识形态。 在任期间，考夫曼效仿拿破仑远征埃及时的政策，主持了规模浩大的考古发掘工程。 他专门组建了由画家、科学家和探险家组成的团队，并应学术社团的需求收集各类藏品。 此外，他还邀请了多位外国官员、学者游历俄属中亚领土，以便及时保存第一手档案材料。 这一时期文化事业的成就，集中在考古发掘、古迹修复、收藏与策展、传记创作、档案收集和摄影等方面。

主讲人指出，在制定政策时，考夫曼有意将亚历山大大帝、帖木儿大帝与彼得大帝作为突厥斯坦文化遗产的历史渊源。 考夫曼在中亚地区的文化活动，既深受欧洲殖民传统影响，也呈现出一定的本土特质。 可以认为，上述三位历史人物的形象，分别代表了考夫曼中亚文化遗产建构活动的三个面向。

三、考夫曼文化遗产建构的"帖木儿大帝"面向

首先，考夫曼着力推进古迹修复工程，意在承袭帖木儿大帝时期的文化传统。

14—16 世纪的帖木儿王朝时期被誉为撒马尔罕的"黄金时代"，是中亚文化理想的代名词。 这一时期的遗迹被视作"古代辉煌的缩影"。 西方传统叙事将帖木儿王朝的文化成就奉为圭臬。 撒马尔罕作为帖木儿王朝的都城之一，在西方人眼中具有深远的象征意义。 15 世纪初，西班牙卡斯蒂利亚王国使臣克拉维约（Ruy Gonzalez de Clavijo）出使帖木儿王朝。其作品《克拉维约东使记》为欧洲留下了"金色的撒马尔罕"的迷思。1841 年，俄国地理学家汗内科夫（Nikolai Khanykov）自称为克拉维约之

图 3 《1868 年 6 月 8 日俄国军队进攻撒马尔罕》（俄国画家尼古拉·卡拉津绘）

后第一位考察撒马尔罕的欧洲人。 然而，在征服战争中，许多古迹因炮击而被毁坏，撒马尔罕更是因为俄军与布哈拉埃米尔国的两次军事冲突而遭受重创。

作为中亚地区实际上的最高统治者，考夫曼掌握着文化遗产恢复的主动权，其地位类似于历史上的帖木儿大帝。 为此，他需要确立一套标准对历史遗迹进行遴选，决定哪些值得保护、哪些该被重建。 在这一问题上，考夫曼面临着新旧冲突的两难处境：一方面，他希望向当地居民灌输"文明性"（grazhdanstvennost'/ гражданственность）观念，使其习得现代的、理性的生活方式。 为此，俄国官员需要打破城市的伊斯兰建筑传统，才能推进城市基础设施的改造工作。 另一方面，撒马尔罕是连接东西方的重要枢纽，在地缘政治和历史文化意义上举足轻重。 俄国官员为树立"开明"统治的形象，不得不保护这座名城的重要文化遗产。 就结果而言，考夫曼的遴选标准带有较强的西方中心主义色彩，其遗产保护策略亦呈现出明显的欧洲殖民统治特征。

考夫曼的古迹修复工程主要集中在撒马尔罕，而非总督府所在地塔什干。 这一决策有几方面原因：首先，撒马尔罕与亚历山大大帝、帖木儿大帝的经历以及同时期的历史进程有更为密切的联系，是西方叙事话语中"富饶东方"的代名词。 其次，考夫曼希望通过修缮这些历史遗迹，在亚历山大帝国、帖木儿帝国、沙皇俄国之间建立深层联系，以便证成俄国在中亚的"文明使命"。 最后，考夫曼本身面临着资金短缺的困境。 为此，他不得不将古迹修复工程局限在撒马尔罕一地，仅对帖木儿王朝相关古迹进行修缮，将伊斯兰建筑的修复交由瓦克夫（waqf）管理者负责。 这一时期由考夫曼出资修复的遗迹主要包括帖木儿陵（Gur-i Amir）、比比哈内姆清真寺（Bibi-Khanym Mosque）、沙希·辛达陵（Shah-i Zinda）、雷吉斯坦广场（Registan），等等。

总体来看，考夫曼的古迹修复工程具有以下几方面特点。 首先，古迹修复工程与城市发展、道路建设工程齐头并进，遗产重建成了新城规划的重要组成部分。 其次，修复工程主要由军事工程师和俄军士兵承担，当地

图 4　19 世纪后半期俄国摄影师拍摄的帖木儿陵相片

工匠参与相对有限。 最后，修复工程大多只是流于表面，主要包括清理遗址和加固结构，还使用了大量欧洲材料。 由于以上几点原因，修复后的古迹并未完全保留历史原貌，反而一定程度上迎合了泛欧洲的建筑风格。 主讲人认为，此举实际上破坏了当地的工艺传统，也与当时盛行的保护主义理念背道而驰。

四、考夫曼文化遗产建构的"亚历山大大帝"面向

其次，考夫曼着力推进考古发掘工程，意在承袭亚历山大大帝时期的统治合法性。

公元前 4 世纪马其顿王国的亚历山大大帝，是"欧洲"观念和普遍主义观念形成的关键角色。 在非西方国家中，亚历山大大帝因其传奇性的远征，被视为西方文明和"西方德性（Occidental virtues）"的象征。 法国学者布里昂（Pierre Briant）曾指出，关于亚历山大的叙事和欧洲的殖民扩张叙事密切相关，在这种路径之下，亚历山大大帝是第一个使西方文明惠及东方世界的征服者。 在任期间，考夫曼将考古发掘作为中亚文化遗产建

构的重要手段，这一点集中体现在对马拉坎达（Maracanda）所在地的考古论证之上。

马拉坎达是西方古典文献中所记载亚历山大大帝远征史上的重要军事据点，但具体位置不清。 而有关撒马尔罕的记述则集中在本土穆斯林文献。 近代欧洲学界关于马拉坎达所在地存在争议，通常认为该城位于索格底亚那（Sogdiana）或巴克特里亚（Bactria）地区。 将撒马尔罕与马拉坎达勘同的观点，最早见于 16 世纪佛罗伦萨学者佩朗蒂诺（Petrus Perodinus）的论述。 这一观点在 17 世纪广为流传。 19 世纪末至 20 世纪初的东方学家和历史学家巴托尔德（Vasilii Bartol'd）和维亚特金（Vasilii Viatkin）均倾向于否认两地勘同的说法。 而 19 世纪后半期的斯凯勒（Eugene Schuyler）、克列斯托夫斯基（V. V. Krestovskii）以及格里高利耶夫（V. V. Grigor'ev）等旅行者和文人则支持勘同说。

尽管缺乏确凿证据，考夫曼进入中亚地区之后，迅速接受并推广了撒马尔罕等同于马拉坎达的说法。 俄国统治者希望以此建立与亚历山大远征的直接联系，从而合法化自身的征服与统治。 这不仅涉及对古典文献的解读，也关涉到文化认同和地理想象等复杂的历史问题。 考夫曼对撒马尔罕北部的阿弗拉西亚布（Afrasiab）遗址尤为关注。 这一遗址历史上出土了大量金银货币。 这些历史文物或能证明，遗址所覆盖的古城便是经典文献中所说的马拉坎达。 因此，19 世纪 70 年代以来，俄国学者和官员对阿弗拉西亚布遗址的城堡区域进行了多次考察。 然而，在这一区域并未发现能够证实古代文明存在的轰动性艺术品。 对各层出土文物的考察也表明，今后对该遗址的研究很难再有重大进展。

这一时期的考察在学术层面并未取得显著成果，但在政治层面却极为重要。 19 世纪末，人种论和雅利安人学说在欧洲知识界流行。 部分俄国知识精英试图将俄罗斯人归入雅利安人种。 而语言学分类上的"印欧语系"则有助于将俄语和俄罗斯文化与影响中亚地区的古波斯文化结合在一起。 源自古波斯神话的译名"阿弗拉西亚布"有助于将俄国征服的进程解读为"回归雅利安人故土"，淡化征服者与被征服者之间的差异。 这些发现有助于强化俄国人作为雅利安人后裔和亚历山大大帝继承人的自我认同,让世人相信征服实际上是"重新回到了历史上的家园"。

五、考夫曼文化遗产建构的"彼得大帝"面向

最后,考夫曼着力推进展览策划、文献编纂等项目,希望借此彰显其彼得大帝式的"文明使命"。

考夫曼希望将中亚塑造为一个富庶、文明的殖民领地形象,为俄国在此区域的统治奠定道义上的基础。 为此,他将彼得大帝作为自己的典范,模仿并发展了彼得大帝的文化政策。 考夫曼开展了一系列大规模的知识收集和编纂工作,其主要成就包括:其一,下令由东方学家库恩(A. L. Kuhn)牵头编纂《突厥斯坦摄影集》(*Turkestan Al'bom*);其二,下令由博物学家梅若夫(V. I. Mezhov)编纂《突厥斯坦集成》(*Turkestan sbornik*);其三,系统管理和保存行政管理的档案文献。

1868年,考夫曼率军占领撒马尔罕后,与库恩合作发起了规模庞大的《突厥斯坦摄影集》项目。 这部摄影集原定要参加1872年于莫斯科举办的全俄工业展会,作为纪念彼得大帝诞辰200周年的贺礼。 考夫曼决定以此为契机,对"突厥斯坦"的名胜古迹和各地方物进行全面考察和影像记录。 考夫曼要求当局在展览上为其主管的边疆省份单独设馆。 该馆在展出后大获成功。 最终展出的《突厥斯坦摄影集》共分为4卷6部分,内容涵盖了考古发现、人类学图册、手工艺品、历史文献以及时任军官影集等诸多方面。 考夫曼甚至下令将部分相片制作成明信片,借助当时蓬勃发展的现代邮政业推广俄国统治下的边区的新形象。 这部影集以现代摄影技术将本地知识系统汇编,丰富呈现了欧洲分类体系下"边区"人群面貌、经济活动和社会状况,彰显了俄罗斯在当地的"文明使命"。

同一时期,考夫曼还督促博物学家梅若夫编纂了《突厥斯坦集成》。这是一部涵盖"突厥斯坦"各种知识的大型文献编纂工程,包括594卷,共10 710个条目。 这一启蒙时代风格的百科全书式的著作追求从俄罗斯

图 5　《突厥斯坦摄影集》收录的中亚本土服饰

视角出发全面记录了中亚当地的历史、风俗、文化等诸多方面。 考夫曼将这部文献集定位为一部"地理学著作"。 除此之外，考夫曼还利用军政文书档案，系统保存了本地行政管理的历史记录。 这些文书档案记录了俄国在当地的统治实践，为后世研究 19 世纪中亚地区的历史文化提供了宝贵的第一手资料。

考夫曼在中亚地区的文化政策，显然是受到了 18 世纪彼得大帝统治实践的启发。 彼得大帝建立了俄国首个国立博物馆，试图将其打造成"全民教育"的工具。 与彼得大帝类似，考夫曼也希望通过对辖境内信息的系统化编码，来维护和巩固俄国的统治。 考夫曼与军人、商人、文人和外交官等人士合作，寻求呈现边区形象的最佳方式。 他避免采用过于残酷或华丽的方式，而追求更科学的处理手法，以呈现俄国在中亚的"文明使命"。

六、总结与反思

应当如何理解考夫曼的文化政策及其施政动机？ 主讲人指出，总体而言,考夫曼对中亚文化遗产的重新发掘是选择性的,包含为沙俄征服证明的政治议程。 可以从以下三个方面理解考夫曼的一系列文化工程:

首先,考夫曼积极向俄国公众传播边区对俄国价值的全新认知。 他通过古籍修复、展览策划等方式,展示中亚历史"黄金时代"的物质遗存,意在扭转边区"只是一片贫穷殖民地"的偏见,暗示这片新领土蕴含的无限潜力。 这一政策也能让俄国人认为,他们比"无知的土著"更理解保护文物古迹的重要性,从而标榜俄国作为"文明世界"的优越性。

其次,考夫曼还希望通过文化工程影响俄国当局的政策,使自己主政的"边区"得到更多当局的资源倾斜。 他呼吁国际学术界关注俄国统治下的中亚,为学者们提供现成的资料和解读视角,证明俄国与它们同属于"伟大欧洲国家"。

最后,从中亚本地精英和民众的角度来看,考夫曼的文化工程展现了俄国相对较强的信息占有和编码能力,从而平息当地民众的反抗情绪,引导本地精英接受俄国统治。 此外,这些工作也服务于考夫曼个人的政治野望和自我期许。 考夫曼梦想在当代人和后人面前树立"开明政治家和知识赞助人"的口碑,塑造比肩亚历山大大帝、帖木儿大帝、彼得大帝等历史人物的形象。

(伍雨荷,北京大学区域与国别研究院2021级博士研究生;

施越,北京大学东方文学研究中心、北京大学外国语学院长聘副教授)

民族史视野下的南海研究

刘梓琳

从中国闽粤桂琼四省区（福建、广东、广西、海南）到东南亚诸国，南海沿岸无论哪一个区域都不是"单一民族地区"。历史上，在南海周边区域，不同民族，或同一个民族的不同民系，在南海沿岸相互交织。对于南海沿岸进行相关人文社科研究，完善各地民族史的整理，以此推动深化不同国家及地区之间的交流与对话，是一项重要的研究工作。这既是完善国家间合作的必要途径，也是预防霸权主义和强权政治、维护中国国家安全、推动中国与东南亚国家合作的重点。

一、历史上的南海跨族群交流

（番塔）始于唐时，曰"怀圣塔"。轮囷直上，凡六百十五丈，绝无等级。其颖标一金鸡，随风南北，每岁五六月夷人率以五鼓登其绝顶，叫佛号以祈风信，下有礼拜堂。①

这段文本来自宋代文学家方信孺，讲述的是广州著名的穆斯林文化建

---

① 方信孺、张翊、樊封：《南海百咏 南海杂咏 南海百咏续编》，刘瑞点校，广州：广东人民出版社，2010年，第15页。

筑——怀圣清真寺。 怀圣清真寺有一个重要特征，就是寺内建有一座光塔，即文章中的"番塔"，因此坊间（尤其是广州本地回族群众）称之为"光塔寺"。

广州光塔建于唐代，是中国南海沿岸对外交流的一个重要标志性建筑——"蕃客"（旅居广州、泉州等地的外国客商）登上光塔宣礼祷告（古人把外来宗教统称为"佛"），同时以光塔的风向标（文中"金鸡"）为指示，引导中外客商安全靠岸、出海。 光塔的建立，象征着海上丝绸之路的文化在广州得以交汇，也见证了广州著名的跨族群社区——坊间所言的"光塔街"与"旗下街"，在历史的变迁中逐步形成。 光塔本身给广州带来实际的经济繁荣，也吸引着籍贯、区域、文化、信仰不同的群体聚居于此。 时至今日，广州的对外交流依然是中国对外交流的一个重要组成部分。

笔者以广州中外交流的一则重要史料作引，原因是在南海沿岸，像广州这样有着多族群、跨文化交流长期历史的区域，并不是少数。 以马来西亚重要港口马六甲为例，马六甲苏丹国（The Sultanate of Malacca）被认为是今天马来苏丹法统的一个重要来源，但马六甲苏丹国的建立与发展也是一段多民族共生的历史。

马六甲在中国文献中被称为"满剌加"，自1403年建国以来就非常重视和中国之间的关系。 明初穆斯林职官马欢随同郑和出使西洋，对于他亲历的马六甲，也有以下记载："国王国人皆从回回教门，持斋受戒诵经。"①由此可见，明代的中国对于马六甲已有一定的了解，而马六甲本身除阿拉乌丁·利亚特沙未受封（明使途中遭遇海难，而且马六甲内部易储，明朝不知道新继位的是三王子阿拉乌丁而非原太子穆罕默德）外，其他历任苏丹皆接受明朝的册封，由此马六甲也成为明朝在东南亚的一个重要贸易伙伴。 在这样的历史背景下，华人移民在马六甲的活动也相当活跃，部分华人移民成为本地官员，辅助苏丹行政。

---

① 马欢：《瀛涯胜览校注》，冯承均校，北京：华文出版社，2019年，第23—24页。

除华人之外，印度裔商人在马来半岛的影响力也非常突出。在很长一段时间，东南亚的印度商人被称为"羯陵伽"（Kelinga），这个说法在马来官方史书《马来纪年》中有所体现。而后，这批印度裔移民被称为"克令"（Keling）。一般而言，马来半岛话语中的"克令"指带有南印度文化背景、信仰伊斯兰教的印度裔移民。他们大多数与各个马来苏丹形成亦政亦商的裙带关系，例如在马六甲苏丹国后期被处决的权臣敦墨太修（Tan Mutahir），就是马哈茂德沙苏丹的舅舅兼岳父，也是当时"克令"派系的领头人物。① 敦墨太修的姑姑，是马哈茂德沙的高祖母（马哈茂德沙曾祖父穆扎法尔沙生母），因为这个姻亲缘故南印度商人得以进入马六甲苏丹政治体系。除"克令"之外，在马六甲活动的族群还有：苏门答腊人（以巴昔人为代表）、波斯人、孟加拉人、爪哇人、吕宋人和淳泥人等。这些族群也同样具有不同的宗教信仰和文化传承，但在大航海时代前夜，这些族群都为马来半岛的文化增添不同的风采。时至今日，马六甲本地虽然风光不似以往，但各族群之间的关系还算融洽，是跨文化交流的一个典范。

至 15 世纪末、16 世纪初，原本以印度教为主体的爪哇岛出现宗教变迁，其代表人物拉登·巴达（Raden Pateh）就是一个具有多民族背景的人物。拉登·巴达有中文名字，在马来文书的拉丁转写为 Jin-Bun，目前已有的汉文转写多依照闽南话发音规则写为"陈文"。印度尼西亚著名历史学家萨努西·巴尼（Sanusi Pane）在其论述中，根据多方史料，结合已有叙事传统，指出这位爪哇岛首位穆斯林君主的身世确有中国背景，但对于其为满者伯夷（麻喏巴歇）最后一任君主与"中国公主"的私生子一事表示质疑。② 现阶段的研究者，例如廖大珂教授，认为拉登·巴达的生母很可能是一位普通的华人穆斯林女子，可能是当时的爪哇华人穆斯林望族彭氏家族（彭瑞和与彭德庆祖孙）的养女，故被当时的记载误认为是"中国

---

① 〔马来亚〕敦·斯里·拉囊:《马来纪年》, 黄元焕译, 吉隆坡学林书局, 2004 年, 第 264 页。
② 〔印度尼西亚〕萨努西·巴尼:《印度尼西亚史》, 吴世璜译, 北京: 商务印书馆, 1962 年, 第 127—128 页。

公主"。① 从这些线索来看，华人穆斯林在东南亚的活动甚至对当地的宗教文化产生了非常大的影响——当然这种转变没有外部想象中的暴力，反而是一直以兼容的方式延续。 拉登·巴达身世的叙事，一定程度上是为了连接前朝（满者伯夷）法统，从印度教过渡为伊斯兰教，但时至今日印尼的穆斯林大多数还保留着原本的文化，同时也带有其他区域（例如也门南部哈德拉毛、中国南部沿海）的文化因子，关于这方面的记载和研究，笔者也进行了相应整理。② 由此可见，对于爪哇地区的文化发展而言，华人与本地人是相互影响的。 例如三宝垄、淡目等地，至今依然保留着带有跨文化风格的历史遗存（例如苏丹王室墓园，以及淡目时期带有印度教时代特色的清真寺）。

而中南半岛的文化交流也显得非常活跃，笔者也作逐一展示：古代越南与中国在历史长河中形成了错综复杂的关系，朝贡体系下的友好往来是维系双边关系的重要纽带，虽偶有矛盾冲突，但交往交流始终是两国关系的主流。 儒家文化和华人移民对越南的经济和文化产生了巨大影响，如，越南文字拉丁化之前的"喃字"，就是依照汉字改写而成。 与此同时，越南也有南岛语系的族群，例如占婆人，他们原本信仰印度教，15 世纪越南北部京族政权（黎朝）占领占婆以后，马来文化圈的伊斯兰文化因素对占婆社区产生影响，现今占婆人穆斯林和"婆尼"信徒③占一定比例，他们是越南中、南部的一个重要少数民族，越南当局对占婆人的态度也从原来的排斥，到现今的逐步包容。 泰国本身就是一个多民族国家——以泰国王室为代表的上层社会与华人、马来人甚至波斯人④都有多多少少的姻亲和

---

① 廖大珂：《从〈三宝垄华人编年史〉看伊斯兰教在印尼的早期传播》，《世界宗教研究》2007 年第 1 期。

② 刘梓琳：《多元文化互动中的印尼伊斯兰教本土化》，《中国穆斯林》2020 年第 2 期。

③ 越南婆尼教是历史产物，占婆王国被越南黎朝占领后，一部分坚持印度教信仰的占婆人受穆斯林影响，把伊斯兰教的礼仪和印度教的习俗结合在一起，形成独立的宗教体系，因此他们自称"婆尼"，又称"白占"（以白衣为尊）。

④ 泰国国王拉玛一世与郑信有姻亲关系，其子（即拉玛二世）的母亲是一个改宗佛教的马来前穆斯林贵族女子。 另泰国外戚之一的汶那家族祖先原本是什叶派波斯人，后来改宗佛教。

血缘联系，泰南三府本身就是穆斯林聚居区，1902 年北大年苏丹国（The Sultanate of Patani）被泰国强行兼并后才加入泰国，而泰北地区有老族、高棉族和苗族等少数民族。 菲律宾历史上也有华人社区，西班牙人入侵后形成一些欧亚混血社区，至近代菲律宾强行吞并以穆斯林为主的棉兰老岛地区，使得当地马来裔穆斯林（西班牙殖民者称之为"摩洛人"）成为菲律宾南部的重要少数民族。 缅甸也存在"罗兴亚人"问题，该问题由来已久，涉及历史、民族、宗教等复杂因素……

整个南海沿岸，从中国到东南亚，都处于不同民族在经济、政治和文化的交流中不断繁荣、发展的历史进程中。 但随着近现代民族主义思潮的传入，这种思潮与反殖民运动以及殖民者利用民族主义分化革命者的情形相结合，使得南海沿岸部分地区的族群关系受到挑战。

二、民族主义的挑战

1740 年，荷兰殖民者与华商出现摩擦，继而荷兰殖民者在巴达维亚（今印度尼西亚首都雅加达）对华人展开镇压，甚至屠杀，史称"红溪河惨案"。① "红溪河惨案"的爆发，象征着东南亚地区首次以民族为标志的族群仇杀的出现。 在此之前，东南亚诸国的改朝换代，包括葡萄牙入侵马六甲，也没有出现过这样规模的仇杀事件。 此事激发了华人对殖民者的不满，但华人内部的分化也造成华人自身成为反殖民主义一方民族主义思潮的牺牲品——华人内部有"买办"阶层，这批人与殖民者有合作关系，对外置办工厂、把控地方经济，对内贩卖华人劳工，史称"卖猪仔"，在印尼历史上多次反殖民运动中，华人买办阶层往往选择与殖民者合作，而非与反抗者合作，这种情况直到 20 世纪初土生华人参政后才有所改观。 因此，民族主义对于东南亚族群关系的挑战，"红溪河惨案"可以说是早期的一个苗头。

① 华侨志编纂委员会：《印尼华侨志》，海天印刷厂，1961 年，第 43 页。

与此同时，缅甸、泰国（对应的是贡榜王朝和拉玛王朝）都有对外扩张的情况，前者在东吁王朝多年扩张的基础上，继续同一政策，不断吞并西部若开地区，对当地的穆斯林客商和阿拉干贵族展开血腥清洗，使得缅族和西部各族关系一直很紧张；后者则在 19 世纪开始往南推进，不仅吞并北大年苏丹国，而且还一度迫使马来亚北部的吉打、吉兰丹等苏丹国对其朝贡，这使得这些地区在今天更容易被原教旨主义和激进民族主义等右翼思想所影响。

殖民者大规模引入印度裔和华人劳工，而且这些人与他们的前辈相比要更隔离于原有的文化氛围——早期印度裔和华裔移民都有一定规模的穆斯林，而且本土化程度更高，后期的移民中基本没有穆斯林，相应的本土化程度也更低——这使得本地土著与这些移民的关系也非常紧张。 以华人为例，华人"勤劳"的叙事模式在海外并没有得到真正的认可，反而为族群关系蒙上阴影，学者齐亚乌丁·萨达尔教授就此提出评论：

> 华人被认为是勤劳的，这仅仅因为他们（为殖民者）提供了最低形式的劳动……马来人被认为是懒惰的，不是因为他们真的懒惰，而是因为他们的抵抗，他们倔强地抵制着，不想成为殖民资本主义的一个主要部分。①

这个观点甚少为华人学者所正视，因为华人主流舆论认为目前东南亚诸国对华人的抵触情绪大多来自贫富差距，其根源是华人的"勤劳"，从而惹人"眼红"，而很少关注到华人与殖民者、本地人之间尴尬的三角关系，更难以联系到这种"三角关系"背后的民族主义角力。 进入 20 世纪以后，反殖民运动的背后往往带有浓烈的民族主义色彩。 诚然，民族主义在反对殖民者的统治方面具有一定的号召作用。 但近代绝大多数第三世界

---

① 〔英〕齐亚乌丁·萨达尔：《东方主义》，马雪峰、苏敏译，长春：吉林人民出版社，2005 年，第 100 页。

国家的经济、军事和政治能力有限，而帝国主义列强内部也存在争斗，民族主义情绪往往容易被列强所利用，反过来成为压迫其他族群的借口。

因此，民族主义思潮并没有因为东南亚各国摆脱殖民者的压迫而得到缓解，恰恰相反，因为不平衡的国际秩序，东南亚各国的民族主义思潮反而愈演愈烈，出现极端化趋势，从而衍生成各国少数民族的负担。 马来群岛地区多次都出现对华人的打压和排挤事件，印尼更是因两次有组织、有暴力冲突的大规模排华事件（1965 年和 1998 年）而与中国的外交关系蒙上一层阴影，大批在印尼的华人也处于非常尴尬的被压制状态——直到 20 世纪 90 年代末瓦希德总统上台以后，华文教育才得以恢复，在此之前，印尼华人处于长达 33 年禁绝华文教育的困局中。

以笔者侨居印尼的远亲为例，第一代老人（已于 2011 年去世）还能讲闽南方言，会写汉字，有中文名字；到第二代（20 世纪 40 年代后期生人）已经不会汉字，只能讲普通话；到第三代（20 世纪 70 年代生人）和第四代（2000 年代生人），完全不会汉语汉字，也没有中文名字，除了宗教信仰属于基督教新教这一点与本地印尼人主体氛围（穆斯林）有所区别，其他都完全没有华人的痕迹。 亲戚之间交流，在晚辈中也只能用英语；对于先祖的拜祭（焚香、祷词），也局限于第一代和第二代，随着第三代受洗后也不见于后代。 可见苏哈托独裁统治期间，对于印尼华人的"民族主义"排斥，造成非常严重的族群文化断层后果。

而且这种民族主义作为一种极右翼思想，往往容易与极端主义、霸权主义等其他极右翼思潮合流。 在国际关系上，民族主义极端化带来的负面影响更大。

无论是对于东南亚国家内部，还是对于与东南亚国家有错综复杂关系的中国，这些问题都会带来一系列挑战。 民族主义思潮直接影响到各国华人华侨的生命财产安全，而且也容易误导各国与中国之间的外交关系。 对于民族主义思潮的负面影响，中国的研究者和相关机构应该采取一些正面措施，从而更好地缓解相关问题对中国产生的负面影响。

首先，完善、深化相关课题的民族史研究是非常有必要的。 民族史志的书写，是了解南海沿岸不同族群的必要手段。 笔者认为，跨学科合作是民族史志书写的一个非常重要的渠道——学者大多有专研方向，对于自己研究领域以外的学科即便有所关注，也难称得上"研究"。 外语学者大多精于翻译，知道如何将文本书写得更为"信达雅"，但在实际研究中，往往因缺乏基本的历史知识框架，难以从现实角度展开分析；而历史研究者则相反，他们虽了解基本史实框架，但因语言水平有限，或受学科研究的现实情况所限，较少参与田野调查，在分析文本、阅读一手资料时往往处于被动，甚至容易被欧美研究者的思路带偏。 因此，确立研究合作机制，从多学科、多领域、多方法（结合田野、文本分析和时事解读）的角度完善研究进程，是当今南海民族史研究的重要基础。

其次，对于任何形式的民族主义叙事，研究者都应该予以最基本的警惕。 无论是中国，还是南海沿岸的东南亚国家，极端民族主义对于现实的经济、政治和文化发展都会造成严重干扰。 在开展相关宣传和知识普及的过程中，基于国家利益、领土完整和区域安全的底线，研究者必须立足于公正、客观的立场，展开相应的研究与叙事，避免敌对势力利用中国研究者的话语来"印证"所谓"中国威胁论"的合理性。

结语

在以往的研究中，国内研究者对于南海沿岸地区的关注大多集中在现实的安全问题，对于背后民族史因素的解读，更多是分析其他研究者的成果，较少见到直接的田野考察与"就事论事"式的分析，这不利于中国学术界在南海安全问题上获取话语主动权——主动权不仅来自国家现实实力，也来自相应情报的收集与分析。 部分人的盲目自信与误读，既是国内对于沿南海地区相应民族宗教问题认识的一个重要短板，也是安全问题分析的一个重要缺陷——这表现在研究与分析过程中，部分研究者缺乏对现实的经济文化演变分析，把问题简单归因于表面因素（例如宗教和所谓的"文明冲突论"）。

全球化虽然会面临挑战，但科技进步与物资交流的大趋势是不可避免的。 了解更为全面的世界史，是辅助了解现实的一个重要渠道。 综上所述，以更为全面、客观、公正的心态对待南海沿岸的民族史研究，完善南海地区相应的人文社科建设，是新时代中国学者必须秉持的治学原则。

（刘梓琳，韶关学院文学与传媒学院讲师）

动荡下的平静：俄罗斯保守化转型中的城市群像

邹文卉

2023 年 4 月，我降落在莫斯科，开启了一年有余的俄罗斯访学生活。彼时的俄罗斯在舆论与想象中总笼罩着疫情、战争与制裁的暗色，面目模糊又令人忧惧。 然而，当我真正踏上这片土地，看着机场里的人们迎来送往、各司其职，与记忆中 2018 年的俄罗斯唯一不同的是偶尔能看见身着迷彩服的军人，日常生活本身带有的平静与力量在这一刻不容置疑地穿透不安的阴霾，像潮水般浸透了我，让我也自然而然地摘下了口罩，小心翼翼地深吸一口气，开始随着当地生活的潮涌流动起来。

越深入对象国的日常生活，便越会感到曾经逻辑清晰、界限明确的各种认知判断在丰富的细节与情境中逐渐变得似是而非、难以定义：每当享受莫斯科以美食、花卉、爵士乐为主题的城市活动，看到精致餐吧里穿梭往来的精英人群，或是在各个景区看到游人如织的景象时，总觉得俄罗斯在全球制裁下的经济维稳和内循环政策大有成效；但当听闻大学教职工微薄的月薪，结识家境普通、为了在高物价的莫斯科生活而不得不打好几份工的学生，看着超市里突然售罄的鸡蛋货架时，歌舞升平的表象下涌动的危机感又让人难以忽视。 除此之外，当我每日进出耸立如巨人般的莫斯科大学主楼，往返图书馆和食堂之间，习惯于平静又安全的校园生活时，瓦格纳"叛乱"、莫斯科音乐厅恐袭，以及时不时坠毁在中央商务区（CBD）

的无人机又总会提醒我，此时身处之地暂时无法逃脱动荡与危险的阴云。回想起来，那一年的沉浸式体验犹如在怒海中游泳，时而浮出水面，看到波翻浪涌、风雨如晦；时而沉入海底，却是静谧安宁、波澜不惊。 战争与和平、动荡与平静重叠交织，共同构成了我在俄罗斯矛盾又和谐的生活印象。

通常而言，对俄罗斯的关注集中于总统和联邦精英所在的首都莫斯科，试图理解其中酝酿的经济、军事和外交政策。 不容忽视的是，俄罗斯又是极端割裂的沙漏，除莫斯科之外它仍有横跨欧亚大陆的巨硕身躯，一定程度上超脱于风云变幻的国际局势和愈发保守的国内政策，以一种不同于首都的逻辑平静、自洽，甚至有些冷漠地运转着。 根据俄罗斯联邦统计局数据，截至 2020 年，俄罗斯城市化水平达到 74.65％，人口超过百万的城市更是达到了 16 个。① 毫无疑问，城市是全面认识俄罗斯庞大体系的重要支点，要了解俄罗斯的全貌，必须走出莫斯科，到辽阔疆域中具有区域影响力的大城市去，只有这样才能更细致、更深切地认识随着俄乌冲突长期延宕、国际环境愈发严峻，在政治、经济、外交等方面迅速转向"普京式保守主义"的俄罗斯，如今在地方层面的发展现状究竟如何，城市中的普通人又如何生活。

打定主意，我在 2023 年的夏天背起行囊，开始从北到南、自西向东地游历俄罗斯国内各大城市，从北方白夜时期的圣彼得堡到南部黑土区顿河畔的罗斯托夫，从鞑靼斯坦共和国的首府喀山到欧亚分界线乌拉尔山脉旁的叶卡捷琳堡，在亲身体验和观察中，收集俄罗斯政治转型动态中的城市群像。

喀山：被彰显与被遮蔽的民族

喀山是俄罗斯第五大城市，拥有 126 万人口，也是鞑靼斯坦共和国的

---

① Федеральная Служба Государственной Статистики （ РОССТАТ ）, Численность населения Российской Федерации по муниципальным образованиям на 1 января 2020 года.

首府。 初见喀山，一时未觉它与其他联邦主体的大城市有何不同：街道上跑着产自苏联时代、略显破旧的铁皮公交车；位于城区中心的喀山联邦大学的综合大楼始建于 19 世纪，顶部刻有列宁头像；对面的街心花园中也矗立着列宁的塑像，不过是青年时代的弗拉基米尔·伊里奇·乌里扬诺夫（Владимир Ильич Ульянов，列宁本名），17 岁的他进入喀山大学法律系后不久就因参加学生运动遭到逮捕和流放，1893 年他也正是在喀山以列宁为笔名，写下了第一篇作品《农民生活中新的经济变动》（*Новые хозяйственные движения в крестьянской жизни*）。

然而，随着脚步逐渐深入，喀山作为鞑靼斯坦共和国首府的特性开始从熟悉的俄罗斯城市表象下浮现，让人不得不关注到它与俄罗斯族占主体的城市的不同之处：在市中心最繁华的步行街鲍曼街随意走入一家餐厅就可以吃到马肉料理；街边食品店和书店招牌用的不再是熟悉的俄语，而是用西里尔字母拼写出来的鞑靼语，反复路过后才结合店内售卖的商品猜到了单词对应的含义；在喀山的克里姆林宫，能看见东正教圣母领报大教堂（Благовещенский собор）的葱头圆顶和耗资超一亿美元的俄罗斯最大的清

图 1　喀山克里姆林城墙内的库尔沙里夫清真寺

真寺——库尔沙里夫清真寺（Мечеть Кул-Шариф）绚丽的金色穹顶并肩而立，保加尔汗国、金帐汗国、鞑靼斯坦、俄罗斯等不同历史时期的风格在此融汇……

　　凡此种种，时刻提醒着初来乍到的游客，喀山市在历史、民族和宗教上具有的复杂身份。事实上，喀山也是俄罗斯国内民族最多的城市之一，有超过 115 个民族聚居于此。根据 2020 年人口普查数据，喀山的主体民族是鞑靼族，人口比例达到 48.25%，略高于第二位的俄罗斯族（46.35%）。除此之外，占比较高的民族还有楚瓦什族、乌兹别克族、塔吉克族、阿塞拜疆族等。① 一方面，喀山被塑造为各民族、各宗教和谐共处的典范城市，甚至建造了汇集东正教、天主教、伊斯兰教、犹太教、佛教、道教等 16 个世界不同宗教文化的建筑奇观"全宗教大教堂"（Храм всех религий）；另一方面，在众声喧哗的民族和宗教之下，鞑靼族和鞑靼语的身份认同却在不同场合被单独提出和强调。喀山联邦大学的政治学者在访谈中指出，一项当地专家组开展的伏尔加河流域民族和语言认同研究显示，喀山市民首先认为自己是鞑靼斯坦人，然后是俄罗斯人，最后才是喀山市居民。另一位教授也表示，"如果有一个环境，当然可以说鞑靼语，发展鞑靼语，对于鞑靼人的孩子来说，我认为这是一个非常好的因素，应该为他们创造一切条件"。除此之外，1992 年 6 月召开的世界鞑靼人代表大会更是被视为意义非凡的一场盛事而被反复提及。

　　离别之际，当我回望在喀山市体验和观察到的点滴，在这片官方搭建的"民族和谐展示屏"之上，鞑靼族作为最受关注的主角，毫无疑问给我留下了最深刻的印象。然而，正如"屏蔽"一词的构成，既然有被框入显示屏内去彰显的，就必然有被阻挡于显示屏外而被遮蔽的，那么被遮蔽的究竟是什么呢？彼时"身在此山中"未曾反思，直到夜火车的隆隆铁轨声载着我驶离喀山，奔赴下一个城市，我才有机会抽离出来去思考这个问题。

---

① Территориальный орган Федеральной службы государственной статистики по Республике Татарстан—Всероссийская перепись населения—2020. https://16.rosstat.gov.ru/vpn2020.

推动我找到答案的是在火车卧铺包厢偶遇的俄罗斯女孩达莎，年仅 20 岁的她来自与鞑靼斯坦共和国接壤的另一个联邦主体——巴什科尔托斯坦共和国。 虽然是相邻地区，但巴什科尔托斯坦无论是经济发展水平还是资源禀赋程度都远不及鞑靼斯坦，像达莎一样的年轻人也只能去周边地区的城市求学和工作，休息日或假期才乘车返乡。 列车包厢里只有我们两人，达莎逐渐打开了话匣子，来自山村的她给我展示手机里拍摄的老家木屋和璀璨星空，谈论她对军事冲突的消极态度，以及邻居奶奶家里那个奔赴前线就再没消息的哥哥。 看着家乡同龄朋友们或为了丰厚津贴，或被爱国主义感召纷纷参军，她感到心情复杂，毕竟国家给予的薪酬和津贴对于小地方而言十分可观，而这个自治共和国的生育率又高于大多数联邦主体，拥有更多适龄青年。

交谈至此，我不禁想起此前旅游去过的另外一个自治共和国——地区生产总值在俄罗斯国内排名倒数的达吉斯坦共和国。 达吉斯坦共和国的首府马哈奇卡拉与喀山更是仿佛两个世界，市中心列宁大街旁边充斥着烂尾高楼，甚至民宿所在的居民楼只有部分楼层做了装修，其余则是连墙都没有的毛坯房。 从高处俯瞰，低矮平房沿着里海海岸蜿蜒散布，到了晚上，街道难见灯光，和夜色融为一片。 正是此时我才深切意识到，俄罗斯极其不均衡的地区发展水平如何体现在普通人生活中，当鞑靼斯坦共和国被视作维护国内民族团结稳定的重点区域①，以及全球制裁背景下与伊斯兰世

---

① 1991 年苏联解体后，鞑靼斯坦共和国是分离主义势力最为膨胀的地区之一，1992 年 3 月 21 日在内部进行全民公决，61.4%的选民投票支持独立。 随着民族分离主义运动愈演愈烈，车臣战争爆发，鞑靼斯坦正是各联邦主体中第一个与联邦中央签订双边分权条约、和平划分利益和权责范围的自治共和国，一定程度上为遏制地方分离主义趋势做出表率，也由此大幅提升议价能力，获得联邦中央大量资源倾斜。 1994 年 2 月 15 日，俄罗斯联邦中央与鞑靼斯坦共和国签署了《俄罗斯联邦国家权力机关与鞑靼斯坦国家权力机关之间关于划分管辖范围和相互授权的条约》，在国际关系、税收和财政等方面赋予鞑靼斯坦超出俄罗斯宪法规定的特权，以此维护联邦稳定统一。 尽管随着普京上台、两次车臣战争落幕以及垂直权力体系的建立，应属俄罗斯国家的权力被逐渐回收，曾经俄罗斯央地关系中特殊的"非均衡性联邦主义"现象也有所缓和，但鞑靼斯坦共和国此前利用特权积累了大量政治经济资源，在联邦中央保持了较为重要的地位，被视作维护国统一的重点关注区域，是各自治共和国中资源禀赋高、政策关注度强且发展势头迅猛的"优等生"。

图 2　达吉斯坦共和国首都马哈奇卡拉市中心的"半烂尾楼"

界构建联系的重要桥梁①，而被联邦中央重点关注并摆到台前的时候，俄罗斯维持军事行动和经济运转所需要的大量人力物力，却需要由经济欠发达地区来支撑，由山村里送出的一批又一批年轻人来填补，而他们的身影又在很大程度上被模糊甚至忽略了。

凌晨两点，达莎背起不大的行囊下了火车，我看着她的身影经过简陋的车站，消失在墨黑的夜里。想必此后我们再也不会相见，但那晚短暂交会绽放的光亮，让我或多或少听到了来自被遮蔽一方的声音。

叶卡捷琳堡：自由主义叙事的残响

火车缓缓停靠在叶卡捷琳堡时天已大亮，我拖着行李箱开启了下一段旅程。叶卡捷琳堡始建于 1723 年，以叶卡捷琳娜一世命名，历来是俄罗斯乌拉尔地区重要的军工业基地、交通枢纽和科教中心，著名的欧亚分界线界碑也是该城市的重要标志。但这些都并非我来到此地的真正原因，我的博士论文关注的主题是俄罗斯城市层级的政治转型和权力结构，而叶卡捷琳堡市政

---

① 鞑靼斯坦共和国及其首府喀山因主体民族信仰伊斯兰教，长期以来着重构建与伊斯兰世界的联系，也是联邦中央"另辟蹊径"增加国际影响力的平台。喀山第一任市长卡米尔·伊斯哈科夫（Камиль Исхаков）就具有浓厚的宗教背景，他的祖父是著名的伊斯兰神学家，他的父亲则是喀山努拉清真寺的伊玛目，在俄罗斯穆斯林中享有名望。卡米尔·伊斯哈科夫本人也在 2008—2011 年间赴吉达担任俄罗斯联邦驻沙特阿拉伯"伊斯兰会议组织"（后更名为伊斯兰合作组织）代表，代表俄罗斯与伊斯兰世界搭建联系网络。

府长期与上级斯维尔德洛夫斯克州政府对抗，是"州长—市长"冲突现象的"教科书级的案例"，也最终促使我决定来此进行访谈和考察。

事实上，叶卡捷琳堡还有一重不容忽视的身份，即俄罗斯联邦第一任总统鲍里斯·叶利钦的故乡。 在苏联解体前后风起云涌的20世纪90年代，叶卡捷琳堡也跟随着叶利钦的脚步，成为乌拉尔地区民主改革力量的大本营。 1987年10月21日苏共中央十月全会上叶利钦发言引起轩然大波之后，叶卡捷琳堡城市中央广场也爆发了抗议活动，吸引了乌拉尔地区的大量"民主人士"，引发了该市的民主运动。① 1990年2月25日人民代表选举的前一周，叶卡捷琳堡市中心广场上举行了集会，叶利钦也在此时飞往叶卡捷琳堡，在广场上发表公开讲话，号召民众参与投票选举符合自身政治诉求的政党。 时至今日，漫步在叶卡捷琳堡著名的文化展馆"叶利钦中心"，仍能在叶利钦博物馆的展览布局和介绍词中，感受到围绕"自由与民主"展开的叙事逻辑，以及依旧浓墨重彩的、强调地方自治与自主的政治底色。

除此之外，叶卡捷琳堡还是苏联末期"摇滚政治"的发源地。1986年，一群当地音乐家在叶卡捷琳堡创立了斯维尔德洛夫斯克摇滚俱乐部，意图创造一种替代当时苏联主流文化的流行音乐，使得现场表演不再仅限于民歌或古典音乐会，而是能够自由表达意见，进行

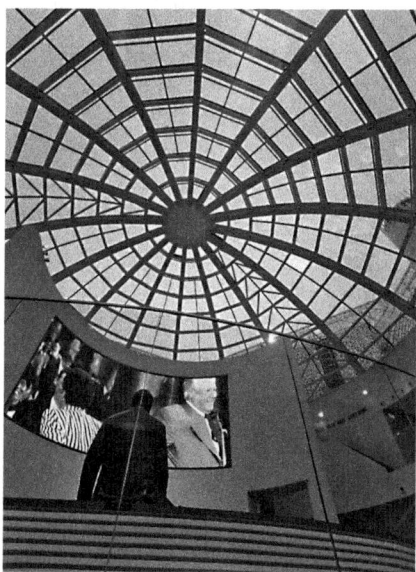

图3　叶卡捷琳堡叶利钦博物馆中的照片与塑像

---

① Мухаметов Руслан Салихович Политические партии в Свердловской области: этапы развития // Studia Humanitatis. 2013. №3.

艺术创作。该俱乐部作为地下摇滚音乐中心声名鹊起，很快成为俄罗斯最有影响力的文化场所之一，在此成名的摇滚乐队也未曾止步，而是分头前往莫斯科（如"阿加莎·克里斯蒂"和"卡恰洛夫的狗"乐队）和圣彼得堡（如"鹦鹉螺"和"娜斯佳"乐队），也借此将文化解放的浪潮由乌拉尔地区带向全国各地，以独特的方式参与到 20 世纪末的俄罗斯政治转型进程。如今在叶卡捷琳堡街头，仍不难发现对当年摇滚反叛文化的追忆：街道展板总结了近五年来的城市活动，其中声势最大的就是关于摇滚俱乐部的系列文化活动；市中心公园旁边的地下街道也以"摇滚不死"为主题，墙绘中清晰可见"乌拉尔摇滚之父"亚历山大·潘特金（Александр Пантыкин）年轻时的面容。

交织在叶卡捷琳堡城市文化中的细节，总让置身其中的我有种回到 21 世纪初期，全球化进程仍轰轰烈烈地向前推进的恍惚感和错位感。但对于叶卡捷琳堡近 30 年来政治进程的了解又时刻提醒我，随着垂直权力体系不断延伸加强，城市利益集团现已分崩离析，曾经的时代一去不返。与当地州政府官员和乌拉尔联邦大学政治学教授的交谈也揭示出，如今的城市政府在政治实践中自主性已经大大削弱。正如官员所言，"联邦法律明确规定，我们有一个统一的公共权力体系，各级政府都被纳入其中……今天城市和地区政府之间没有矛盾了，因为一切都同步了，一切都协调了，一切都沿着一条线建立起来了"。甚至在政治场域之外，前文提及的盛极一时的摇滚俱乐部及其举办的摇

图 4　叶卡捷琳堡市地下街道摇滚主题墙绘中的"乌拉尔摇滚之父"

滚音乐中心近年来也因为听众减少、入不敷出而难以为继。

所谓残响，即声源停止发声后，由于惯性和反射等原因，声音没有立即停止，而是呈缓慢衰减的现象。可以说，我在实地观察中注意到的那些仍旧保留自由主义色彩的叙事元素，有如曾经在俄罗斯政治转型初期振聋发聩的叶卡捷琳堡所留下的金声残响。必须承认的是，俄乌冲突和西方制裁正加速影响着俄罗斯加强中央集权、维护国内政治稳定的进程，如今的城市当局在政治实践中必须依附和遵从上级政府，已经转变的政治逻辑与仍然怀旧的文化叙事彼此冲撞，共同奏响了萦绕在我耳际、略显不和谐的余音。如果说喀山让我看到的是当前俄罗斯民族政策和战争动员对发展水平不同的地区造成的差别影响，叶卡捷琳堡则更为显著地呈现了在不断加速的国家权力再集中进程中，城市政治层面已然发生的转变和尚未消散的涟漪。

顿河畔罗斯托夫：非常近，特别远

顿河畔罗斯托夫始建于 1749 年，19 世纪时被开辟为南方大港，是俄罗斯南部通往亚速海、黑海、高加索地区和中亚地区的要道枢纽，也是黑土区的农业种植腹地和经济文化交流中心，被称为"俄罗斯的南方之都"。[①] 自 2014 年克里米亚事件爆发，至 2022 年俄乌冲突开始，顿河畔罗斯托夫的又一个地理特征被普遍关注：该城市所处的罗斯托夫州与乌克兰接壤，毗邻乌克兰东南部地区，距离乌东前线仅 100 多公里，使其成为俄罗斯军事行动的重要支点和后方支援基地。换言之，来到此处的人们都将不得不走出平静的舒适区，时刻意识到这里与战乱动荡仅有一步之遥。

首当其冲提示这种"非常近"之感的，是 2022 年冲突爆发后罗斯托夫机场全线关闭，而我不得不从莫斯科乘坐 18 小时的火车才能抵达罗斯托夫

[①] Чеботарев Б. В. Очерк о начальном периоде истории г. Ростова-на-Дону и окрестных селений // Из истории Дона: XVII-XX вв. Ростов н/Д., 1956；Ильин А. М. История города Ростова-на-Дону. 3-е изд. Ростов н/Д., 2006.

这一事实。也许是因为车次不多的缘故，即便我乘坐的已经是目前俄罗斯载客能力最高的双层列车，它也被挤得满满当当，鲜有空位。从站台上一路走过，身边掠过的人群中穿着迷彩军装的比例较之平时大幅提升，佩戴着"圣乔治"丝带的年轻士兵被家人围绕，相互拥抱做临行前的告别。

当我们长途奔袭终于抵达顿河畔罗斯托夫，在为期十余天的走访与考察中，与军事行动相关的诸多细节更是无孔不入地渗透进日常生活，隐隐昭示着自己的存在：从超市门口经常可见面容疲惫的伤兵，再到民宿楼下信箱被塞入的征召合同兵传单。每当此时，总会回想起 2023 年 6 月 24 日普里戈任号称进行"正义游行"时，我在社交媒体上看到的罗斯托夫。彼时新闻视频中的瓦格纳军队进入了罗斯托夫的南部军区总部，背景里穿梭其中的市民却大多神色如常，没有放慢自己的脚步。而现在，罗斯托夫的生活仍在继续，乌克兰的无人机袭击也在频频发生，对于别尔哥罗德州和罗斯托夫州而言早已是家常便饭，唯一不同的是我已然身临其境，与曾经的新闻报道和媒体画面近在咫尺。

机缘巧合，我们获得了和全俄国立司法大学罗斯托夫学院①的师生深入交流的机会，不仅作为嘉宾观看了该校学生和达吉斯坦共和国司法学院学生之间围绕"国家与法的理论"展开的知识竞赛，还被邀请走上讲台介绍中国的高等教育体系，回答师生有关招考方式、大学生活、教育公平、课业压力等五花八门的问题。眼看着台上台下氛围愈发热烈，我抓住机会向他们发问，想知道前线冲突是否对当地人的日常生活造成了影响。面对突然的问题，学生们面面相觑无人做声，倒是班主任女老师优雅地站起身，慷慨激昂地做了回答。她表示这里所有的人都怀抱着赤诚的爱国之心，绝对支持总统的决定，同时也真诚地祈祷前线战士平安归来，希望能尽快实现国家目标，重归和平。令人印象最深刻的，则是她提到在这里，

---

① 该学院是俄罗斯联邦司法部全俄国立司法大学的罗斯托夫分院，Ростовский институт（филиал）Всероссийского государственного университета юстиции（РПА Минюста России），类似国内的职业教育院校，招收中专、大专学生，主要培养公检法、社会服务、基层行政领域的专业技术人才，详细信息参见学院官网 https://rostov.rpa-mu.ru/。

人们已经习惯了新的生活常态，也让我意识到当"非常近"的距离长期存在，终有一天会彻底模糊最后的界限，彻底融合成为生活的一部分。

图 5　受邀坐上罗斯托夫学院知识竞赛的"评委席"

与"非常近"的感觉一体两面，我在罗斯托夫乃至此后的日子里，时常浮现的另一种感觉则是"特别远"。 首先，虽然在地理意义上离前线战场并不遥远，但顿河畔罗斯托夫的城市氛围相当温馨松弛，充满了亲切的生活气息。 市中心长长的普希金街道串联起了两旁无数精致的咖啡馆、餐厅和图书馆等公共地标，走累了随时可以在街边长椅上坐下休息发呆，看着母亲逗弄新生的孩子，年迈的夫妻携手并行，年轻人平躺在秋千上晒太阳，小狗摇着屁股晃来晃去……清晨或黄昏时刻，静静的顿河上会驶过庞大的货轮，水面泛起波纹又复归平静，仿佛没有什么能够真正将其打破。某日在当地图书馆查资料时，恰巧看到中国新闻报道当天凌晨在罗斯托夫州发生的大规模无人机袭击，而当我抬起头，看到馆内读者们依旧专注平和，不禁再次怀疑自己是否活在了平行世界。

再有便是，当我沿着铁轨再次回到 1000 公里之外的莫斯科，在罗斯托夫由温馨日常塑造出的"特别远"之感，转而以另一种政治冷漠和有意隔绝的方式延续了下来。 莫斯科市长索比亚宁显然将城市工作的重心放在艺术、音乐、传统文化等"去政治化"生活领域，以保持生活的正常运转。 层出不穷的文化活动，如音乐节、春季集市、博物馆之夜等充盈着城市生活，让人无暇他顾。 2024 年 3 月中旬俄罗斯总统选举投票期间，莫斯科市内还遍地开花，设立了多个以东正教传统节日"谢肉节"为主题的民俗集市，民众注意力也从大选本身被分散开去。 不仅如此，红场甚至没有成为选举投票的宣传区域，而是忙着为大选结束后即将举行的"克里米亚回归 10 周年活动"做准备，将舆论关注点引向更积极的爱国主义叙事。 联想到莫斯科"克拉库斯"音乐厅恐怖袭击发生之时，我正在俄罗斯"北方之都"圣彼得堡调研。 次日出门，却发现市中心除了火车站大屏上点燃的电子蜡烛，整个城市再难发现其他与之相关的痕迹，行色匆匆的路人们似乎在长久的自我隔离中，将对政治的冷漠贯穿到了生活之中。

图 6　静静的顿河

图 7　红场上为"克里米亚回归 10 周年活动"搭建的展板

　　回溯这一年行走在俄罗斯各个城市的经历，越发体会到难以给当前俄罗斯政治转型中的日常生活下一个清晰明确的定义。 俄罗斯近年来的保守化转型主要体现在经济国有化、权力再集中、意识形态爱国主义、强化内循环体系等方面，而生活在当地则能进一步观察到，这些大趋势造成的小涟漪也在不断扩散，在变与不变中寻求自我安置。 俄罗斯城市群像正是提供了动荡与平静、彰显与遮蔽、自由与保守、遥远与临近等多组矛盾关系，共同构成了我们对当代俄罗斯更为具体的印象和理解。

（邹文卉，北京大学区域与国别研究院 2019 级博士研究生）

区域国别学
研究导引

编者按

要在中国建设"整合的、问题导向的、专业的区域国别学"（唐士其教授语），必然需要对世界各国的区域与国别研究成果，进行批判性的消化、吸收与转化，而这将是一个漫长的过程，需要无数研究者在自己的具体研究领域默默耕耘。然而，专业的研究者如果能够对自己长期浸润其中的学术传统进行及时的总结，将有助于缩短其他人探索的时间，同时扩大相关领域的学术共同体。从 2024 年春开始，北京大学区域与国别研究院公众号将推出"区域国别学研究导引"系列，约请相关领域的专家，对自己长期面对的学术传统展开梳理和介绍工作，形成一些"研究导引"，其基本格式包含：一则篇幅可长可短的导言及对重要研究文献的述评。这是区域国别学学科建设真正需要的基础性工作之一，无论对于教学还是学术研究，都具有重要意义。我们将通过"有组织的科研"，持续和有序地推进"研究导引"的编写，期待更多学界同仁支持与加入这一基础性工作。

"门罗主义"研究文献初探(跨大西洋部分)

章永乐

正如刘小枫先生指出:"当今国际政治思想领域中,'门罗主义'堪称头等问题"(《此疆尔界》封底推荐语)。 中国在全球化时代所面临的一系列所谓普遍承认的行为规则,正是国际体系在"门罗主义"影响之下的重要产物。 我们也可以说,对于区域与国别研究而言,"门罗主义"同样构成一个"头等问题"。 这不仅是因为以地理空间划分的"美国研究"和"拉丁美洲(与加勒比海地区)研究"都无法回避"门罗主义",更是因为"门罗主义"的历史直接关系到区域与国别研究的前提:作为集体认同之地理基础和对象的区域空间,其范围与边界究竟是如何被界定的。

区域空间的范围与边界,从根本上涉及人群的集体政治认同与特定地理空间的关系,涉及在特定空间之内接纳和排斥哪些人群这一实践问题。1823 年,美国总统门罗在其国情咨文中提出了一系列外交主张,首先赋予"西半球"(Western Hemisphere)/"美洲"这一空间以鲜明的政治意义。 这一空间被视为具有与欧洲君主制国家不同的共和制政体原则,相比于"腐败"与"专制"的老欧洲,更加"健康与充满活力"。 而在美国以南的美洲部分,几个世纪以来存在"西属美洲"的认同。 曾流亡法国的智利青年弗朗西斯科·毕尔巴鄂(Francisco Bilbao)于 1856 年提出"拉丁的美洲、萨克逊的美洲以及印第安的美洲"(la América latina, sajona e

indígena）三分法，前者被视为对于土著具有更强的包容性。 毕尔巴鄂试
图以"拉丁的美洲"概念来对抗美国日益逼近的侵略步伐。 而在美洲拥有
一系列殖民地的法国，出于加强在美洲影响力的目的，也大力传播"拉丁
美洲"（Amérique latine）的概念。 而美国从一开始就推广"西半球"/美
洲这一整体空间想象，因而长期与欧洲列强乃至拉美本地精英存在政治空
间论述上的竞争。 但随着美国实力的不断增长，其精英对于"西半球"/
"美洲"空间的持续论述，影响了一系列拉丁美洲与加勒比国家，并为美
国主导的泛美（Pan-American）体系建设奠定了认知和身份认同层面的
基础。

美国在"西半球"/"美洲"地理空间中，界定建立同质性所依据的原
则，进而排除其所界定的异质力量。 从19世纪50年代开始，"门罗主
义"又与"America for the Americans"这一口号联系在一起。 这一口号
发源于19世纪四五十年代美国出现的反天主教移民的"一无所知"（know
nothing）运动，原本是一个国内政治中的排外口号，被转用于"门罗主
义"的场景，其实质诉求在于建立域内政治主体对于空间的专属控制，产
生了强大的感染力。 随着美国的影响力超出西半球，"美洲人的美洲"这
一口号也流布于世界各地，与当地的空间政治结合在一起，于是日本产生
了亚洲主义者的"亚洲是亚洲人的亚洲""东洋是东洋人的东洋"，乃至于
发展为"大东亚共荣圈"的理论；在一战后的欧洲，泛欧主义者一度喊出
"欧洲人的欧洲"的口号，主张打造一个"欧罗巴合众国"，而在巴黎和会
上遭到挫败的德国精英试图通过学习美国的区域霸权经验及"门罗主义"
论述，同时参照日本的"亚洲门罗主义"论述，在欧洲重建德国的区域霸
权，卡尔·施密特（Carl Schmitt）的"大空间理论"是这一努力的理论高
峰，并影响了二战期间日本国际法学家的"广域国际法"理论建构。 德日
两国精英试图通过将美国区域霸权阶段的"门罗主义"解释树立为正统，
对抗美国跃出西半球之后的"全球门罗主义"姿态——当然，对于当时尚
处于半殖民地状态的中国而言，这种对抗不过是不同类型的帝国主义国家
之间的斗争而已。

　　"门罗主义"还影响到了更多的国家与区域：英帝国的统治精英们在排除其他国家和国际组织对于遍布全球的英国殖民地和势力范围的管辖时，就借用了"门罗主义"话语，将这种主张命名为"英国门罗主义"（British Monroe Doctrine）；意大利在巴尔干半岛主张自己的"门罗主义"，民国时期的中国报章称之为"巴尔干门罗主义"；在苏联，托洛茨基曾批评"一国建成社会主义"的主张为"社会主义的门罗主义"；早在 19 世纪 80 年代，当澳大利亚尚未成为自治领（dominion）的时候，就针对南太平洋提出了自己版本的"门罗主义"；印度的尼赫鲁总理针对南亚次大陆—印度洋提出"印度门罗主义"；而 20 世纪 60 年代戴高乐政府对于中非和西非的法国前殖民地的外交政策，也经常被称为"法国门罗主义"（French Monroe Doctrine）。 而在近代中国，不仅有诸多针对美国与日本版本的"门罗主义"的评论，更有"中国是中国人的中国""广东是广东人的广东""湖南是湖南人的湖南"这样的口号，这些都与源于西半球的"门罗主义"话语具有一定的亲缘关系。 当区域的范围覆盖若干国家的时候，"××是××人的××"体现的是一种超国家的区域主义；当区域的范围与民族国家边界重合的时候，"××是××人的××"往往与民族主义紧密结合；而当区域的范围限于国家之下的地方单位的时候，"××是××人的××"体现的是一种地方自主性的意识。 在一个政治边界变动频繁、政治空间意识急剧转变的年代，这些不同空间层面的话语还会发生"交叉感染"。 这一现象在东亚比大西洋两岸表现得更为明显。

　　笔者的专著《此疆尔界："门罗主义"与近代空间政治》（简称《此疆尔界》）初步展开了"门罗主义"话语演变与全球传播进程研究的问题意识，并集中探讨了美国、德国、日本与中国四个国家及其所在

区域的"门罗主义"话语，同时也涉及其他一些区域与国别的"门罗主义"话语。而这一探索也明确了"门罗主义"研究的几个分析层次：

第一，狭义的"门罗主义"政策及其解释传统。

狭义的"门罗主义"政策就是1823年门罗总统提出的一系列政策及其延续，可以毫无障碍地被归入美国研究和拉丁美洲与加勒比地区研究。两个世纪以来，"门罗主义"长期具有美国外交政策基石的地位，而其解释也经历了急剧的演变，不同时代、不同派别的美国政治精英通过不断重新解释"门罗主义"政策，使得"门罗主义"政策呈现出极其复杂的面貌，同时，"门罗主义"也在西半球乃至全球产生了复杂的影响。

第二，"门罗主义"话语谱系。

"门罗主义"话语谱系的范围比狭义的"门罗主义"政策及其解释传统范围要大得多。它可以超出外交政策的领域，进入到公共舆论与大众文化想象的层面，触及集体的政治认同。比如，"西半球"的想象在美国的大众文化中占据重要地位，"××是××人的××"这一句式更是在许多区域的大众文化领域打下了深刻的烙印。由于"门罗主义"话语在全球的广泛传播，许多其他国家也出现了明显模仿"门罗主义"的空间政治话语，其中不少话语变体是对美国精英的直接回应，或预设了以美国精英为潜在听众。

第三，"门罗主义"话语背后的空间政治。

话语是一定的政治主体在特定权力结构之下行动的产物。对于"门罗主义"的研究，最终需要深入到对话语背后的空间政治的探讨。比如，泛欧运动的口号"欧洲人的欧洲"，其背后不仅是特定的欧洲精英群体对于美国与苏联的态度，也涉及他们对于欧洲内部的贵族与平民关系的争论。而日本的"亚洲门罗主义"则涉及日本与西方列强以及亚洲邻国的关系。只有明确正在进行的空间政治斗争，我们才能够理解行动者如何"以言行事"，以"门罗主义"话语推动特定的政治议程。

由于篇幅与能力所限，《此疆尔界》分析的空间覆盖范围与颗粒度（或分辨率）均有局限。然而自2018年以来对于"门罗主义"持续不断的研究，也使笔者熟悉了一批重要的基础研究文献，在此略加整理与评论，与读者分享，以促进对"门罗主义"的深入研究。 考虑到文献量的庞大，拟先推荐"跨大西洋部分"，"跨太平洋部分"留待下次探讨。

1. Dexter Perkins，*The Monroe Doctrine*，*1823 – 1826*，Cambridge，MA：Harvard University Press，1927.

2. Dexter Perkins，*The Monroe Doctrine*，*1826 – 1867*，Baltimore，Md：The Johns Hopkins University Press，1933.

3. Dexter Perkins，*The Monroe Doctrine*，*1867—1907*，Baltimore，Md：The Johns Hopkins University Press，1937.

4. Dexter Perkins，*A History of the Monroe Doctrine*，Boston：Little，Brown and Co.，1963.

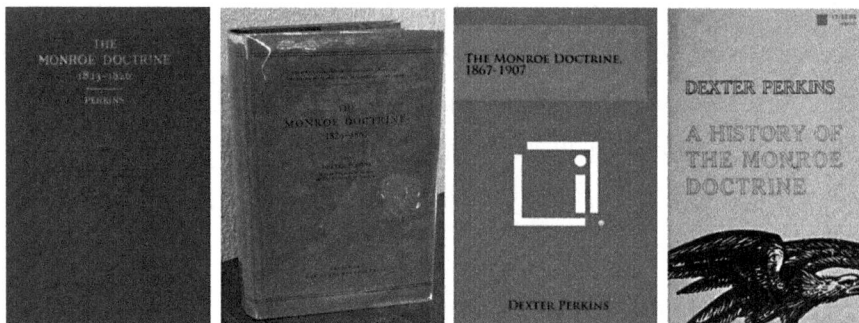

要理解狭义的"门罗主义"政策及其解释传统，德克斯特·珀金斯的四部著作是绕不过的基础文献，它们追溯了"门罗主义"从 19 世纪初的起源一直发展为美国外交政策基石的历程。 作者首先撰写了对于 1823—1826、1826—1867、1867—1907 这三个时间段的研究，在此基础上加以提炼，于 1941 年出版了 *Hands off：A History of the Monroe Doctrine*，这个版本在 1955 年进一步修订为 *A History of the Monroe Doctrine*。 珀金斯的写作信守传统外交史"家法"，从主要参与者的外交政策态度及其对美国国家利益的评价入手来解释外交政策的演变；在重点追溯美国内部的

　　"门罗主义"解释演变的同时，珀金斯还注意叙述其他国家对于美国政策和话语的反应，以及"门罗主义"对拉丁美洲和欧洲本身的影响。

　　作为一名外交史家，德克斯特·珀金斯曾在 1918 年 6 月应征入伍，并被派遣到法国战场，参加了一战最后阶段的战斗。 1956 年，他担任美国历史学会主席。 *A History of the Monroe Doctrine* 最后一章《回顾与展望》探讨了 1962 年的古巴导弹危机，分析美国在西半球的反共政策为何符合 1823 年门罗国情咨文的初始精神。 由此可见，冷战时期的珀金斯强烈认可美国政治制度和外交政策的基本精神。 他表达自己的写作目的是通过对"门罗主义"的叙述，纠正美国公众对于"门罗主义"的常见误解，从而形成"知情的意见"（informed opinion），为美国的外交政策提供更为健康的民意基础。 当然，对于引发拉美国家较强反弹的"门罗主义"的"罗斯福推论"，珀金斯持有负面评价，他对削弱"罗斯福推论"的"睦邻政策"更为肯定，并主张"门罗主义"未来应该进一步增强泛美主义的精神。 但珀金斯的"门罗主义"研究与来自左翼的殖民主义—帝国主义批判大相径庭，作为美国主流史家，他致力于维护美国自身的"道路自信"和"制度自信"，读者可从具体的历史叙事中体会其笔法。

　　德克斯特·珀金斯的儿子布拉德福德·珀金斯（Bradford Perkins）继承了乃父的外交史研究。 与父子研究风格较为接近的还有塞缪尔·弗拉格·比米斯（Samuel Flagg Bemis，著有 *John Quincy Adams and the Foundations of American Foreign Policy*）、阿瑟·P·惠特克（Arthur P. Whitaker，著有 *The United States and the Independence of Latin America，1800–1830*）等，均对"门罗主义"的历史有重要论述。

5. Walter Lippmann，*U. S. Foreign Policy：Shield of the Republic*，New York：H. Wolff，1943.

　　美国传播学巨擘李普曼以这本出版于 1943 年的著作参与了当时美国公共舆论界围绕未来外交政策走向的激烈辩论，并对中国社会学家费孝通的"门罗主义"论述产生了重要影响。 此书最为尖锐的观点是，从 1823 年到 1898 年，美国人对于"门罗主义"何以发挥作用并没有正确的认知。 尽管当时英美不是盟友，英国还在许多重要的时刻与美国发生冲突，但英国不希望欧陆列强加强对美洲的控制，因而运用其海军，发挥了拒止欧陆列强的作用，而美国无意识地享受了这种拒止的成果。 这种"不劳而获"给美国人的错觉是，他们不依靠结盟的力量，就能够达到拒斥欧洲列强的目的。 1898 年美西战争的胜利，使得美国成为一个太平洋大国，它的势力已经远远超出了美洲，背负着前所未有的承诺。 然而在李普曼看来，美国的外交政策恰恰进入了一个紊乱期。 美国的承诺范围与日俱增，然而"门罗主义"顺利运行所依靠的英美非正式盟友关系，却已经遭到削弱，这导致美国并没有力量来兑现自己与日俱增的承诺。 在李普曼看来，威尔逊总统和他的国内政敌都同样错误地认为，美国从来都没有盟友，最纯粹的美国传统是反对结盟的，这种错误的认识源于没有正视英国在"门罗主义"政策运作中起到的实质性支撑作用。

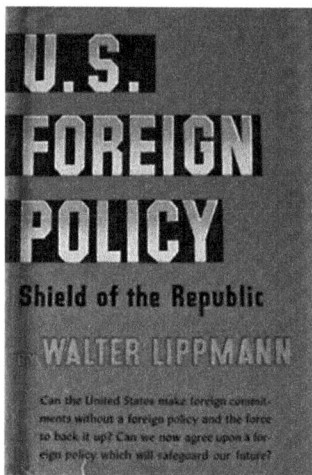

在 1943 年的背景下，李普曼强调从 1898 年开始美国外交政策陷入紊乱，正是为了在新的时势之下，重建"承诺"与"力量"之间的平衡关系。 在二战尚在进行之中的背景下，李普曼认为要兑现美国的外交承诺，需要维持与苏联、英国以及中国的盟友关系，在未来的战后秩序中，需要通过结盟，防止德国与日本等战败国重新崛起。 对李普曼的常见批评是，他过度强调了英美的非正式联盟对于"门罗主义"的支撑作用，而忽略了美国运用"门罗主义"对抗英国的程度不亚于对抗其他列强。 斯蒂芬·钱伯斯（Stephen Chambers）在 *No God But Gain: The Untold Story of Cuban Slavery, the Monroe Doctrine, and the Making of the United States* 甚至指出，门罗主义的起源就具有强烈的反英国因素：美国许多精英通过古巴走私黑奴，而英国海军在大西洋上游弋，打击黑奴贸易。 对于

当时的美国执政精英来说，英国对于美国的威胁并不亚于神圣同盟。 因而，我们大致可以说，李普曼对于"门罗主义"历史的书写，具有特定的政治目的，他大力强调英国对于"门罗主义"运作的支撑作用，以驳斥"美国没有结盟传统"这一常见观点，从认知层面为美国"跃出西半球"开道。

李普曼的这本著作值得与荷兰裔美国地缘政治学家斯皮克曼（Nicholas John Spykman）于 1942 年出版的 *America's Strategy in World Politics：The United States and the Balance of Power* 对照阅读。 如果说李普曼强调的是结盟的重要性，斯皮克曼强调的是在全球范围内维持势力均衡对于保持美洲安全的重要性，并对麦金德的地缘政治论断做出重要修改。 但无论是李普曼，还是斯皮克曼，都主张告别固守西半球边界的立场，积极参与欧亚大陆事务。 二战之后，美国采取了积极介入欧亚大陆事务的立场，这使得"半球门罗主义"变成一种持续的"全球门罗主义"。

6. Jay Sexton，*The Monroe Doctrine：Empire and Nation in Nineteenth-Century America*，New York：Hill and Wang，2011.

杰伊·塞克斯顿目前是美国密苏里大学历史学教授，长期研究美国史与全球史。 他的著作以美国的国家建设与帝国建设为线索，对美国"门罗主义"在 19 世纪的演变进行了分期和理论思考。 塞克斯顿指出，在 19 世纪至 20 世纪初美国的几场关键性对外关系问题辩论——19 世纪 40 年代的扩张、南北战争期间的外交、1898 年的帝国主义、第一次世界大战的参战以及国际联盟的建立——当中，辩论的双方一次又一次地以"门罗主义"作为思考的框架。 而这

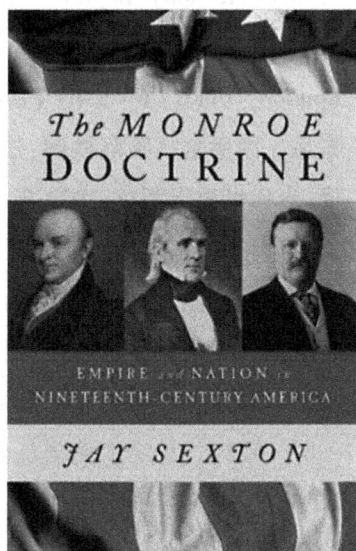

使得"门罗主义"最好被视为单数而非复数：有孤立主义的"门罗主义"，也有国际主义的"门罗主义"；有支持奴隶制的"门罗主义"，也有反对奴隶制的"门罗主义"；有扩张主义的"门罗主义"，也有反兼并主义的"门罗主义"；有干预主义的"门罗主义"，也有非干预主义的"门罗主义"；有"盎格鲁-撒克逊主义"的"门罗主义"，也有颂扬"泛美主义"的"门罗主义"。但塞克斯顿同时也指出了演变的方向：门罗总统1823年发表的国情咨文极力推崇反殖民主义原则，但这一政策声明却迅速转变为之后几代美国政治家推行扩张主义外交政策的旗帜与口号，并在"罗斯福推论"中达到高峰。这仿佛是一个"屠龙少年"成为"恶龙"的故事。由于有更多的先行研究可供参考，该书能够运用很多德克斯特·珀金斯未曾运用过的史料，但更重要的是引入了德克斯特·珀金斯并不具备的诸多理论视角，讲述了一个更具批判性的"门罗主义"故事。当然，如果考虑1823年的西部印第安人、大西洋上的奴隶走私船、约翰·昆西·亚当斯觊觎的古巴与得克萨斯，研究者也许还可以吹毛求疵，提出这样的疑问：这个故事的主角，真的曾经是一个"屠龙少年"吗？

7. Francis Anthony Boyle，*Foundations of World Order：The Legalist Approach to International Relations*（1898 – 1922），Durham and London：Duke University Press，1999.（已有中文译本〔美〕弗朗西斯·安东尼·博伊尔：《国际秩序：法律、武力与帝国崛起 1898—1922》，颜丽媛译，当代世界出版社，2024 年。）

要理解美国在全面"跃出西半球"之前，如何以西半球为"根据地"，在与欧亚两洲的互动中，提出一系列国际秩序建设的制度方案，进而将这些制度方案运用到更广大的空间，本书提供了一张重要的知识地图。作者是汉斯·摩根索的学生。本书聚焦于近代国际体系剧变的关键历史时段（1898—1922），总结了美国从西半球区域霸权向世界舞台中心挺进时所奉行的"法律主义"外交进路，描绘了美国法律工作者深度参与帝国事业的途径、方式与成果，为"帝国与国际法"研究提供了鲜活的范例。

　　作者笔下的故事具有地理空间上的分
殊：在美国对自身控制力缺乏信心的东半
球，美国大力运用国际法与国际组织的"法
律主义"新机制，防止欧洲列强间的冲突升
级危及美国安全；而在西半球的拉丁美洲及
加勒比地区，美国则试图通过国际法与国际
组织，对其帝国主义武力干涉进行正当化。
作者的分析触及了美国"门罗主义"外交政
策的解释问题，并指出，西奥多·罗斯福提
出的"罗斯福推论"得到了当时美国大多数
国际法学家的赞同。 但美国在两个半球的
行为差异，统一于其国家利益：在其建立了霸权的区域，以"法律主义"
继续巩固自身的霸权，而在自身缺乏控制力的其他区域，需要防止自己被
拖入战争，同时保护自身的商业与资本利益。 从 1898 年到 1922 年，美国
的国际法学家群体对于美国的区域秩序与全球秩序战略产生了显著的影响
力。 如果要研究美国的法律工作者与"门罗主义"之间的关系，本书具有
显著的参考价值。

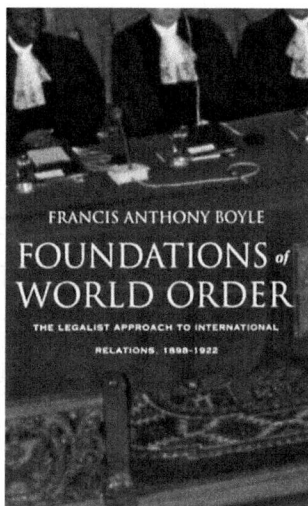

8. Stephen Wertheim，*Tomorrow，the World：The Birth of U. S. Global Supremacy*，Cambridge，MA：The Belknap Press of Harvard University Press，2020.

　　美国的"半球门罗主义"，究竟是如何最终变成"全球门罗主义"的？
在很长一段时间内，美国精英都宣称要避免陷入欧洲式的权力政治，直到
二战爆发后，他们才最终达成前人没有达成的共识：美国必须成为全球超
级军事大国。 史蒂芬·韦特海姆在这本出版不久的著作中指出，以往的研
究文献对此有两种解释：一种是将美国描绘成一个"不情愿的大国"，在
其他列强都倒下之后，才摆脱"孤立主义"，不情愿地承担起领导权；另一
种是认为美国从一开始就觊觎全球霸权，只不过到二战时才找到机会，实

现自己的野心。 作者认为这两种观点都有偏颇之处。 直到 1940 年，组成美国外交政策阶层的一小群官员和专家要么希望英国在全球事务中继续保持主导地位，要么希望没有任何国家能够占据全球主导地位。 然而，战争冲击了他们的预期。 法国投降之后，美国外交精英曾设想与英国建立一个以白人为主导的同盟。 在此基础上，罗斯福与丘吉尔发表了《大西洋宪章》，然而在美国国内并没有获得良好的反响。 英美联盟的设想，逐渐被一种通过国际组织实现全球主导地位的"工具性国际主义"（instrumental internationalism）思路所取代，其中，"国际主义"与"帝国主义"经常难以区分。 而英国在战争中遭受重创，两国实力的差距也使得一种平等的英美联盟变得日益不可能发生。

从新旧霸主的关系来看，"半球门罗主义"意味着一种划界而治：在西半球消除旧霸主的霸权，但不挑战其在另一个半球的霸权。 但"全球门罗主义"意味着在东半球对旧霸主进行重新定位。 威尔逊曾经想用国联秩序对英国进行重新定位，但遭遇了失败。 纳粹德国对于英国的沉重打击，使得美国有可能在自己设想的国际秩序之中，重新界定旧霸主的地位。 这种能够界定旧霸主地位的权力，当然也就能够在全球范围之内界定异质性的力量，并予以遏制、打击和清除。 作者在最后谈到了小布什的全球反恐战争，并将其根源追溯到二战期间美国塑造新共识的历史过程。 而对本书的批评，往往采取尼尔·弗格森（Niall Ferguson）为英帝国辩护的口吻：帝国的秩序并不完美，但它避免了更为糟糕的秩序的发生。

9. Juan Pablo Scarfi，*The Hidden History of International law in the Americas：Empire and Legal Networks*，Oxford & New York：Oxford University Press，2017.

本书作者胡安·斯卡菲在剑桥大学取得博士学位，具有意大利与阿根廷双重国籍，是近年来区域国际法史研究的代表人物之一，本书侧重探讨"美洲国际法"的历史。 作者认为，对"美洲国际法"的理解，既要放在美国树立西半球霸权的背景下，也要看到拉丁美洲国家的主体性，认识到拉丁美洲学者的思想贡献。 本书讲述了西半球"美洲国际法"独特思想与方法的思想史，侧重考察美国政府和政治精英于 19 世纪末、20 世纪初在西半球经营区域霸权的国际法策略以及与拉丁美洲政治—法律精英的互动关系，主要关注"美洲国际法学会"（AIIL）的兴起与演变。 该组织由卡内基国际和平基金会资助，由詹姆斯·斯科特（James Brown Scott）和阿尔瓦雷兹（Alejandro Alvarez）在华盛顿创建，旨在构建、发展并编纂整个西半球的国际法。 胡安·斯卡菲研究了美洲国际法学会引发的关于美洲国际法、干涉与不干涉、泛美主义、国际公法与私法的编纂、"门罗主义"的性质与范围等问题的争论，以及斯科特、阿尔瓦雷兹和西半球其他法学家、外交家、政治家和知识分子的国际法思想。

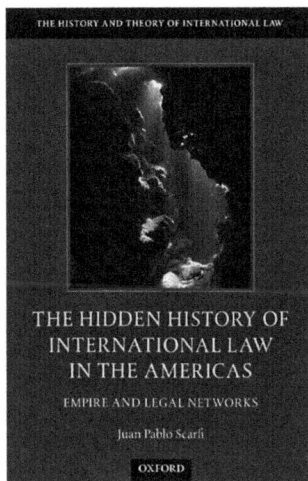

本书以"半球"（Hemisphere）为视野研究美洲国际法的思想史，同时专注于国际法学家与思想史学者过去较少关注的美洲国际法学会组织，展示了拉丁美洲精英与美国精英在"美洲国际法"观念发展过程中的合作与斗争。 长期以来，阿根廷的法律精英在对"门罗主义"解释权的争夺中相当积极有为，作为一名阿根廷学者，作者对于本国与本地区的史料的运用，填补了前人研究的一些重要的空白。 自 2017 年本书出版以来，作者在研究美洲国际法史的道路上继续前进，值得读者持续关注。

10. Christopher Rossi，*Whiggish International Law：Elihu Root，the Monroe Doctrine，and International Law in the Americas*，Leiden；Boston：Brill Nijhoff，2019.

克里斯托弗·罗西将剑桥学派"语境主义"的历史研究主张应用于美洲国际法史问题研究之中。 这本书的切入点是 20 世纪初美国政治家埃利胡·鲁特（Elihu Root）和其他美国精英对"门罗主义"的重述。 卡尔·

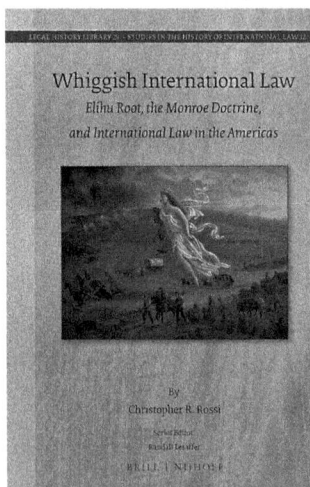

施密特曾评论过美国精英从主张"门罗主义"是一项国际法原则转向主张"门罗主义"是美国的外交政策,一针见血地指出,这里的关键在于谁来掌握"门罗主义"的解释权,而鲁特无疑是这个关于"门罗主义"解释权的故事之中的关键人物之一。 罗西的探讨可以丰富我们对于这个时期美国精英如何探讨"门罗主义"与国际法关系的认识。 作者运用了巴特菲尔德的"历史的辉格党解释"概念,以伊莱胡·鲁特等精英的"门罗主义"的解释所发生的戏剧性变化作为核心史料,将其建构为"国际法史的辉格解释"的典型案例,进而转向对于国际法史领域更为晚近的方法论争论的回应。

作者对于巴特菲尔德的批评视角的运用,算不上特别让人印象深刻,毕竟,作为美国的政治家与法律工作者,鲁特的首要关注点在于实践与行动,并没有义务遵循作者所界定的历史学家的学术规范;而历史叙事的主体性,本身也是史学理论长期争论的问题,并无定论可言。 但作者所讲述的鲁特等精英如何在美国与拉丁美洲关系不断变化的背景之下重新解释"门罗主义"的故事,对于我们理解 20 世纪初"门罗主义"的演变,具有重要的参考价值。

11. Gretchen Murphy,*Hemispheric Imaginings: The Monroe Doctrine and Narratives of U. S. Empire*,Durham and London:Duke University Press,2005.

对于研究"门罗主义"的外交史学者而言,这本著作仿佛是来自文学学者的"挑衅"。 格兰钦·墨菲是得克萨斯大学奥斯汀分校英语系教授,与外交史学者的视角不同,墨菲是将约翰·昆西·亚当斯的 1821 年独立日演讲作为文学文本来阅读,揭示其与当时的流行文学之间的联系。 作者将小说与非虚构文本并列起来进行细读与分析，强调了作家在塑造美利坚帝国观念方面所发挥的重要作用。 本书从揭示"门罗主义"本身的诞生如何从文学方面获得灵感，到追溯莉迪亚·玛丽亚·柴尔德（Lydia Maria Child）、纳撒尼尔·霍桑（Nathaniel Hawthorne）、玛丽亚·安帕罗·鲁伊斯·德·伯顿（María Amparo Ruiz de Burton）、卢·华莱士（Lew Wallace）和理查德·哈丁·戴维斯（Richard Harding Davis）的小说中对半球统一以及新旧世界分裂的想象，讲述了"门罗主义"的文化史。 墨菲认为在推广"门罗主义"的过程中，小说和新闻一样，都起到了至关重要的作用，共同塑造了一种"将美帝国主义隐藏在西半球的想象之中"的灵活的意识形态，而后来的"罗斯福推论"只是将一直以来隐含的内容加以彰显。

在研究进路上，本书在很大程度上受到艾米·卡普兰（Amy Kaplan）的 *The Anarchy of Empire in the Making of U. S. Culture* 启发，读者亦可将两本书放在一起阅读，这有助于深化对于美利坚帝国构建背景之下的美国身份认同的理解。

12. Alton Frye，*Nazi Germany and the American Hemisphere*，1933 – 1941，New Haven：Yale University Press，1967.

本书作者奥尔顿·弗莱是智库学者，曾担任美国参议员爱德华·布鲁克（Edward W. Brooke）的幕僚。 该书的问题意识是，20 世纪 30 年代富兰克林·罗斯福（Franklin Roosevelt）总统上台之后，对拉美转向"睦邻政策"，这一转向的背景是德国、日本与意大利在拉美影响力的增长。 作者分析了从 1933 年到 1941 年底德美两国开战前这一时期纳粹德国对西半球的政策，有助于我们理解美国"门罗主义"在这一阶段的变化。

作者指出，纳粹德国的崛起事实上危及了美国及其邻国的安全。 20世纪 30 年代，德国与美国之间的对抗主要是在经济领域发展起来的。 两国的决策者都强调外贸对国内经济复苏的重要性，德美两国都在拉丁美洲市场为本国工业产品寻找销路。 长期以来，美国一直将拉美视为自己的经济扩张领域，但德国在这一地区的经济渗透使美国面临挑战。 德国的贸易方法成功地帮助扩大了德国与中美洲和南美洲国家的贸易，并不断威胁美国国务卿科戴尔·赫尔（Cordell Hull）的贸易计划。 拉丁美洲成为两个大国之间冲突的重要地区。 虽然德国的宣传没有在美国取得成功，但却在拉丁美洲取得了重大进展。 在西半球获取军事和政治优势构成了纳粹主义外交政策与希特勒全球野心的重要组成部分，而这有助于我们理解富兰克林·罗斯福主导的美国外交政策的转变，尤其是"门罗主义"解释的转向。

13．Lothar Gruchmann，*Nationalsozialistische Großraumordnung．Die Konstruktion einer "Deutschen Monroe-Doktrin"*，Stuttgart：Deutsche Verlags-Anstalt，1962

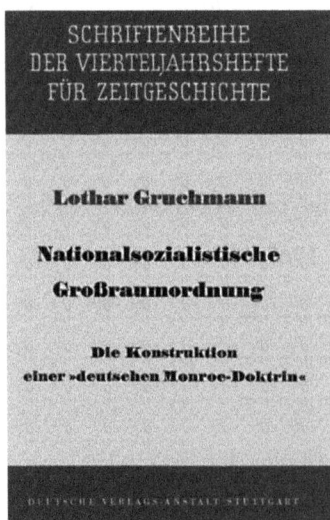

如果要知道战后德国学者对于卡尔·施密特的"门罗主义"论述是如何进行系统性批判的，本书是非常值得推荐的。 洛塔尔·格鲁克曼出生于 1929 年，他长期研究德意志第三帝国的司法史。 本书的研究基础是作者的博士论文，其立论尤其体现二战之后联邦德国知识界的主流政治立场。 作者指出，引用"门罗主义"来为自身在欧洲的侵略政策以及"大德意志帝国"方案做辩护是纳粹的外交活动中非常重要的一环，然而美国"门罗主义"和纳

粹的"大德意志帝国"政策之间存在着根本性的差异。 作者以卡尔·施密特（Carl Schmitt）的"大空间秩序"理论为关键的论辩对象，认为施密特对于 1823 年门罗总统所阐发的外交政策的解释本身就是错误的，门罗总统试图回应一种迫在眉睫的外部威胁，并非试图确立一种一般意义上的排斥西半球空间之外的列强干涉的基本原则。 施密特批判 20 世纪以来美国的帝国主义与普遍干涉主义，作者则努力论证，美国的许多行为符合国际法以及被德国攻击的国家的利益。 更重要的是，作者认为美国的"门罗主义"是防卫性的，而纳粹的"门罗主义"是进攻性的，试图全面重构欧洲的区域秩序。

事实上，在二战期间，美国精英就对德日两国对于"门罗主义"话语的运用做过一些回应，论证后者是对美国"原版"的歪曲。 但如果我们考虑到美国的"原版"形象即便在美国内部也处于不断流变之中，类似的辩驳总是存在自身无法覆盖的历史场景。 概念史的方法将有助于我们建立更为完整的概念与话语谱系。 但与此同时，我们也需要理解类似洛塔尔·格鲁克曼这样的执着于界定孰为正统的"判教"论述的实践动力：一位西德学者在 1962 年对施密特做出这样的回应，是再正常不过的事情，没有任何值得意外之处。

14. Wilhelm Grewe, *Epochen der Völkerrechtsgeschichte* (2nd ed.), Baden-Baden: Nomos Verlagsgesellschaft, 1988. （英译本标题为: The Epochs of International Law）

作者威廉·格雷韦（1911—2000）是德国外交家、国际法教授，在战后联邦德国的外交政策中起到了重要作用，是"哈尔斯坦主义"的主要推手。 曾任联邦德国驻美、驻日大使与北约大使，并曾任海牙国际仲裁法院成员，也曾在弗莱堡大学担任国际法教授。 本书是视野宏大的国际法史作品，首版于 1984 年，被广泛认为是 20 世纪国际法的经典著作之一，并长期作为欧美国际法学生的必读书目，其中有一定篇幅探讨了"门罗主义"与国际法之间的关系。

该书的历史分期在一定程度上受到文德尔班（Wolfgang Windelband）的影响，探讨了从中世纪到地理大发现、三十年战争、拿破仑时代、《凡尔赛和约》、冷战，再到单一超级大国时代的国际法历史，将现代国际法史划分为西班牙、法兰西、不列颠和盎格鲁-美利坚"时代"。 该书的根本目标在于明确"法学理论与国家实践之间的密切联系"，强调法学理论和国家实践"都是同一个权力的表达形式"。 作者对于国际体系及其霸权力量与国际法之间关系的认识，与卡尔·施密特以及摩根索等两次世界大战之间的活跃学者有着强烈的呼应关系。 也正因如此，有一些评论家试图从格雷韦身上寻找纳粹的踪迹。 作为中国的读者，更值得我们关心的是，一战之后美国对德国所造成的压力，究竟在哪些方面激发了德国学者对于"门罗主义"的思考。 格雷韦对"门罗主义"与美国倡导的国际法特征的评论，究竟在哪些方面接近施密特，在哪些方面具有自己的特色，是我们阅读本书时可以尝试的路径。

15. Wei Li, *Deutsche Plaene zur europaeischen wirtschaftlichen Neuordnung 1939 - 1945: Weltwirtschaft, kontinentaleuropaeische Autarkie und mitteleuropaeische Wirtschaftsintegration*, Hamburg: Verlag Dr. Kovac, 2007

本书是北京大学历史学系李维教授留学德国期间所取得的研究成果之一，集中探讨了德国在两次世界大战之间有关经济政策的计划和对战后欧洲经济组织的规划。 该书研究的中心在于纳粹思想中有关全球经济、欧洲大陆自给自足和中欧经济一体化之间的关系，尤其探讨其中是否构思了有关"统一欧洲经济区"的内容。 著作考察了纳粹党内各派人士对欧洲的意识形态构想、纳粹当局的纲领性计划（其中设想了经济一体化的具体措施），以及工业组织对欧洲的实际计划（这些计划更多地受到实际情况的影响，而较少受到长期愿景的影响，并在很大程度上以经济效益为导向）。

尽管本书并非对于德式"门罗主义"话语的直接研究，但对于我们理解德式"门罗主义"话语背后的空间政治实践逻辑，有非常直接的启发。作者更为晚近的作品《欧洲合众国——库登霍夫-卡莱基"泛欧"思想研究》（北京大学出版社2017年版）也有助于理解一战后的"欧洲门罗主义"，值得推荐。

16. Peo Hansen, Stefán Jónsson, *Eurafrica*: *The Untold History of European Integration and Colonialism*, Bloomsbury Academic, 2014.

本书是两位瑞典林雪平大学研究者的合著作品，可以被视为对某种版本的"欧洲门罗主义"的历史研究。这种版本的"门罗主义"将欧洲一体化组织成员的非洲殖民地视为欧洲当然的势力范围，力图以"欧非"的概念加以整合。在今天，欧盟官方将欧洲一体化的历史表述为一个以和平与合作超越民族主义对抗和帝国主义抱负的故事。然而，两位作者指出，这个故事是非常片面的。一战后兴起的泛欧运动就已经在很大程度上发展了"欧非"（Eurafrica）这一概念；二战之后，1957年成立的欧洲经济共同体不仅包括比利时、法国、意大利、卢森堡、荷兰与联邦德国，也包括了它们的海外殖民地，尤其是非洲殖民地。参与欧洲经济共同体建立的成员国领导人，尤其是法国领导人，有清晰的"欧非"概念和计划。在欧洲经济共同体成立的时候，有报纸文章欢呼这是一项"对这个黑暗大陆的新协议"。而非洲的许多民族独立运动的精英也正是通过回应"欧非"的概

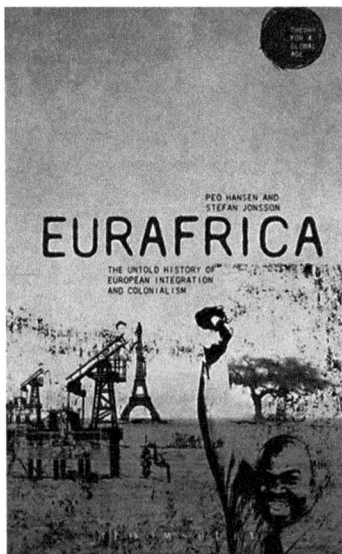

念，与前殖民宗主国达成某种妥协，从而以大众为代价，继续背负许多殖民时代的遗产。"欧非"概念也对非洲自身的一体化观念产生了阻碍作用。

到了 20 世纪 60 年代中期，"欧非"的概念基本上从欧洲精英的正式政治议程上消失，欧洲经济共同体和其他欧洲国际组织找到了更有效、更俭省的手段对非洲进行干预。 虽然"欧非"作为一项政治议程看起来是一个过渡性的现象，但这个现象本身可以对许多既有的认知框架产生冲击作用。 与日本思想家竹内好提出"以亚洲为方法"相似，两位作者主张"以欧非为方法"，深入认识欧盟在全球化时代的自我定位，尤其是认识当下欧盟的非洲政策的历史根源。 对于经常持有道德优越感的当代欧盟精英而言，本书所讲述的故事可以带来这样一种警醒：正如近代欧洲的现代化道路与殖民主义密不可分，欧盟的一体化进程也并未真正脱离殖民主义的阴影。

（章永乐，北京大学法学院长聘副教授、北京大学区域与国别研究院副院长）

乌兹别克斯坦科学院东方学研究所访学及文献查阅指南[*]

漆 中

一、东研所简介及访学前的准备

乌兹别克斯坦共和国科学院阿布·雷洪·比鲁尼东方学研究所（O'zbekiston Respublikasi Fanlar akademiyasi Abu Rayhon Beruniy nomidagi Sharqshunoslik instituti，以下简称"东研所"）是当今最重要的中亚史研究机构之一[①]，其前身最早可以追溯至成立于 1943 年的乌兹别克国立公共图书馆（O'zbek davlat ommaviy kutubxonasi）东方部（Sharq bo'limi）。自 1957 年后，该所开始以中古时期百科全书式学者阿布·雷洪·比鲁尼（Abu Rayhon Beruniy）命名。[②]

* 笔者在乌兹别克斯坦共和国的访学过程中，受到了华东师范大学研究生院研究生出国（境）访学资助项目（B类）及华东师范大学历史学系研究生出国（境）访学资助项目的支持，谨此说明。

① 该所官网网址：http://beruni.uz/en-ca/

② Abu Rayhon al-Biruni Institute of Oriental Studies ed., *The Treasury of Oriental Manuscripts*, United Nations Educational, Scientific and Cultural Organization, Tashkent, 2012, p. 9.

东研所以其丰富的手稿（qo'lyozmalar）馆藏而著称于世。据统计，目前该所保存有超过 2.6 万份手稿①，所涉语言包括察合台语、波斯语、阿拉伯语和乌尔都语等，所涉地域则是以中亚为中心。2012 年，东研所以乌兹别克文、俄文、英文三种文字出版了《东方手稿宝库》（*The Treasury of Oriental Manuscripts*）一书。该书按照历史、文学、自然科学等主题，分门别类地概述了馆藏手稿，是我们了解东研所机构历史和手稿情况的基本参考文献之一。

以笔者所研究的浩罕汗国史为例，目前存世最重要的浩罕汗国抄本史料有相当一部分都保存在东研所。比如，第 12136 号手稿《统帅阿里木库力史》（*Tārīkh-i'Alīm Qūlī Amīr-i Lashkar*）。该书以察合台文写就，其所记述的核心内容，是浩罕汗国晚期的重要政治人物阿里木库力（'Alīmqūl）的生平与活动。在 1863—1865 年间，阿里木库力扶

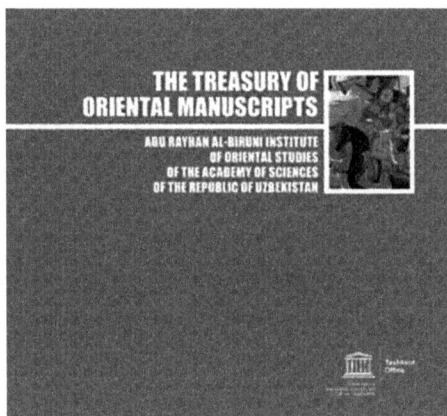

图 1　《东方手稿宝库》英文版书影

持苏丹·赛义德汗（Sultān Sa'yyid Khān）登上汗位，并自封统帅（Amīr-i Lashkar）称号，成了汗国的实际控制者。该书作者毛拉穆罕默德·玉努斯·江·塔什干迪（Mullā Muhammad Yūnus Jān Tāshkandī），亦是不容小觑的角色。他早年担任过浩罕汗国的米儿咱巴什（Mirzābāshi，书记官），接着成了阿里木库力的心腹，随后在阿古柏入侵新疆之际前往了喀什噶尔，阿古柏兵败身死后他又回到了浩罕。因此，他是当时诸多重大事

---

① Abu Rayhon al-Biruni Institute of Oriental Studies ed., *The Treasury of Oriental Manuscripts*, p. 6.

件的亲历者①，其记述极具价值，是我们研究 19 世纪中后期浩罕汗国史的重要参考资料。 还有某些与浩罕汗国相关的抄本，甚至只保存在东研所，属孤本史料。 如第 1837/3 号手稿，乌畏思（Uvaysiy）所写的叙事诗（dāstān）《穆罕默德·阿里汗大事记》（*Vāqʼiāt-i Muhammad ʼAlī Khān*）等。② 我们在研究穆罕默德·阿里汗（MuhammadʼAli Khān，或译"迈玛达里汗"）时期的浩罕汗国史时，可资利用的、原始性高的文献不是那么多。 而当时的宫廷女诗人乌畏思所撰的这篇叙事诗，便是一份不可多得的史料。 该诗对穆罕默德·阿里汗在张格尔叛乱后、浩罕决定出兵新疆前的相关史事进行了叙述，可补充其他史料记载的不足。③

由此可见，对中亚史研究者，特别是浩罕史研究者来说，东研所几乎是必须到访的机构。 因此，从 2024 年 3 月至 7 月，笔者以访问学者的身份在该所进行了约四个月的研究工作。 目前，在国内学界，访问过东研所的学者十分稀少，有关东研所的信息也非常缺乏，但对该机构感兴趣和需要前往该机构访学的国内学者却日益增多。 所以，笔者不揣浅陋，就自己所积累的经验，在本文中对申请访问东研所和在所内查阅资料的流程进行简单介绍。

---

① 参见已故浩罕史大家帖木尔·贝森比耶夫（Timur Beisembiev）教授的研究：*The Life of "Alimqul: A Native Chronicle of Nineteenth Century Central Asia"*，edited and translated by Timur Beisembiev，London and New York：Routledge，2003。 该书导论部分对阿里木库力及穆罕默德·玉努斯·江的生平进行了详细考订，见该书第 1—13 页。 此外，塔吉克斯坦籍的著名浩罕史学者沙德曼·沃西多夫（Shodmon Vohidov）教授对《统帅阿里木库力史》的另一个版本进行了整理和研究。 见：Shodmon H. Vohidov，*Qoʻqon xonligi tarixi：xonlik tarixi manbalarda*，2014（未刊），b. 979 - 1006。
此外，沃西多夫教授为该编年史的整理还写过一篇介绍（kirish），参见：Muhammad Yunusjon Shigʻovul Toyib Toshkandiy：*Tarixi Aliquli amirlashkar*，*Tuhfayi Toyib*，tarjimon：*Shodmon H. Vohidov*，b. 28 - 32，36 - 102。 注：该书在十余年前曾小范围出版流通过，沃西多夫教授本拟于 2023 年在撒马尔罕（Samarqand）重新出版此书，但最后却并没有付印。 笔者手上的这本书，是沃西多夫教授赠予的付印前定本，因此没有具体的出版信息。
② 该诗亦有整理本：Sherali Qoʻldoshev：*Qoʻqon xonligi tarixi nazmiy manbalarda*，Toshkent：Akademnashr，2016，b. 5 - 16。
③ *Qoʻqon xonligi tarixi nazmiy manbalarda*，b. 3 - 5. *Qoʻqon xonligi tarixi：xonlik tarixi manbalarda*，b. 85 - 86.

首先，来访者应具备正规高校或科研机构的科研人员或学生身份，并由所在单位负责人开具介绍信。介绍信可以用乌兹别克文、俄文或英文写成，但不管是哪一种文字，至少都应该具备如下内容：

（1）抬头，应写明东研所的全称（乌兹别克文全称见文章第一段，俄文全称为：Институт Востоковедения имени Абу Райхана Беруни Академии Наук Республики Узбекистан，英文全称为：Institute of Oriental Studies named after Abu Rayhon al-Biruni of the Academy of Sciences of the Republic of Uzbekistan），还应写上所长（direktor）的姓名（现任所长为 Bahrom Abduhalimov，西里尔字母写作：Бахром Абдухалимов）；

（2）来访者基本信息：姓名、护照号、所属单位全称及职务（如有）等；

（3）来访者研究方向简介；

（4）来所研究目的与访问时长（须注明访问起止日期）；

（5）介绍信开具人的信息，包括姓名、职务和联系方式等；

（6）介绍信开具日期及开具单位的公章。

介绍信开具完成后，申请人应把它扫描并制作成 PDF 文件，随后附个人简历发送到东研所的官方邮箱（berunil@academy. uz）。如果得到了对方的同意回复，便可以开始办理签证，做好前往乌兹别克斯坦的准备了。关于申请签证手续，来访者可通过官方邮箱咨询东研所国际处的工作人员。

二、到所交通方式及到所后的手续

东研所位于塔什干市以东的米儿咱兀鲁伯区、米儿咱兀鲁伯街 79 号（Mirzo Ulug'bek tumani, Mirzo Ulug'bek ko'chasi, 79）。

图2 东研所主楼照片（笔者自摄）

到达东研所的方式有如下几种：

（1）打车。 在手机应用程序 Yandex Go 上直接输入 "Mirzo Ulug'bek 79"，或东研所的乌兹别克语名称（O'zbekiston Respublikasi Fanlar akademiyasi Abu Rayhon Beruniy Sharqshunoslik instituti）。 有时 Yandex Go 会自动定位到东研所的后门，不在米儿咱·乌鲁伯格街上。 如果来访者一开始不熟悉路线，在到达后发现自己还不在东研所的门口，可以按照 Yandex Go 系统地图的指引，穿过科学院图书馆（O'zbekiston Respublikasi Fanlar akademiyasi Fundamental kutubxonasi）一旁的铁门（见下图），便可到达。

（2）地铁：搭乘塔什干地铁 1 号线至"伟大丝绸之路站"（Buyuk Ipak Yo'li bekati）下车，随后转乘公交或步行前往东研所。 从地铁站出来以后就有公交站，乘坐任何一趟由

图3 乌兹别克斯坦科学院图书馆和其一旁的铁门

西南往东北方向的公交车均可。 从地铁站旁的公交站出发，经过两站后，在国防部（Mudofaa vazirligi）门口下车。 从国防部门口穿过马路，再步行一小段路，即可抵达东研所。

需要注意的是，东研所正门一般不会打开，入所需绕至右侧（正对东研所的右侧）的小门进入。

当来访者抵达东研所后，应告知门卫来意，并登记护照号等个人信息。 一般而言，门卫会拨通国际处的电话，随后就有工作人员到大门口进行接待。 当工作人员检查完介绍信，确认无误以后，便会将来访者带至二楼副所长（direktor o'rinbosari）办公室进行面谈，面谈内容包括：来访者个人情况、来所访问目的等。 如果副所长同意访问申请，国际处工作人员就会带领来访者完成剩下的登记手续，并办好身份证明（guvohnoma）。身份证明上会有一个编号，来访者每日到所后（东研所工作时间：上午 10 点至下午 5 点，其中下午 1 点至 2 点为午餐休息时间），需要在门口的登记册上写下该编号。 身份证明最好随身携带，因为门卫会不定期抽查，而且调阅手稿时也需要出示身份证明。此外，申请长期访学的外国

图 4　笔者在东研所的身份证明

学者必须与东研所签订协议，并缴纳每月 250 美元的注册费（有专人定期陪同前往银行缴纳）。

对一些情况特殊的研究者来说，仅副所长审批是不够的，还需要同所长谈话，只有在得到所长的批准后，方可入所进行研究。 笔者所在单位此前与东研所没有任何交流或合作关系，且笔者是第一位申请长期驻所研究的中国籍硕士研究生，国际处的工作人员没有处理过类似申请，所以就必须和所长面谈。 现任所长巴赫罗姆·阿布都哈里莫夫教授为人谦和，对待外国学者十分友好，一般都会同意来访者的申请。

三、已刊文献查阅方式

东研所所藏文献资料，可以分成两个部分：第一部分是藏于二楼图书馆（kutubxona）中的已刊文献；第二部分是藏于三楼手稿库（qo'lyozmalar fondi）里的手稿文献。 本节介绍的是已刊文献的查阅方式。 研究者进入图书馆查阅资料之前，需要提供一份介绍信复印件给馆员存档，随后才可以开展工作。

在图书馆内，有如下两种图书目录可供使用：

一种是以资料卡片形式保存在图书馆，并按题名或作者姓氏首字母顺序排列的目录（alfavitli katalog）。 这类目录所收录的书籍多是帝俄到苏联时期出版的，以俄语为主、乌兹别克语为辅。 目录卡片以所涉地域为类别（如乌兹别克斯坦、中国、日本和伊朗等），放置在一个个抽屉中。 某些类别的目录卡片还会按专门领域细分，如语言、文学等。

读者若要索书，须将目录卡片左侧的书号抄下来交给馆员。 图书馆所藏的所有出版物，读者都可以自行扫描，且不用额外付费。

图 5　放置目录卡片的抽屉（笔者自摄）

另外，一小部分馆藏书籍是有电子版的，所以读者在对所需书籍进行扫描之前，可以先向馆员询问，该书是否已有电子版。

另一种图书目录，是该馆的电子目录系统。 读者可以请求馆员通过书籍标题（sarlavha）、主题（mavzu）、作者（muallif）和编号（raqam）等信息，在该系统中进行查询。 不过，由于字母体系（目前乌兹别克斯坦大部分的学术书籍仍然使用西里尔字母，而该系统使用拉丁字母）、编目者的错误录入等问题，一些书无法在目录系统中被找到。 此外，还有一些书籍的书名不是用原语言录入目录系统的，所以也很难被检索出来。 比如，笔者发现：日本学者间野英二所著的《巴布尔与他的时代》（『バーブルとその時代』）一书①，其书名就是用英文录入系统的。

除了上述两种目录以外，读者还可以利用2018年出版的目录——《乌兹别克斯坦共和国科学院阿布·雷洪·比鲁尼东方学研究所出版物（1991—2018）》②，查找自乌兹别克斯坦独立以后至2018年东研所出版的图书、东研所研究人员撰写的论著和整理的史料。 找到需要的文献后，可将其题名写给图书馆员，请他们代为查找。 该书收录的绝大部分书籍，图书馆均藏有副本。

在午餐休息时间，图书馆是不会关门的，读者仍可留在馆内阅读。 不过，一般到下午4点30分左右，图书馆就会提前闭馆。

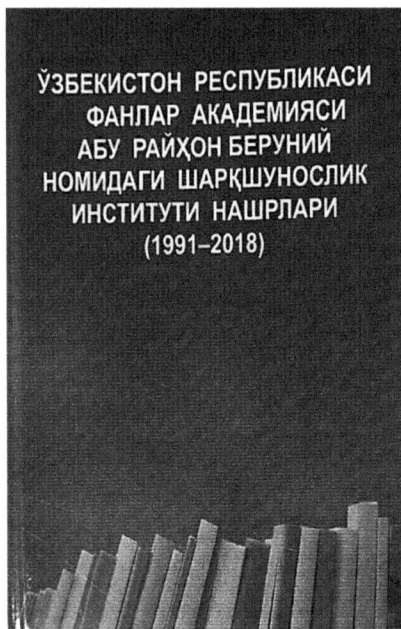

图6　《乌兹别克斯坦共和国科学院阿布·雷洪·比鲁尼东方学研究所出版物（1991—2018）》书影

---

① 間野英二：『バーブルとその時代』，『バーブル・ナーマの研究』4，京都：松香堂，2001年。

② O'zbekiston Respublikasi Fanlar akademiyasi Abu Rayhon Beruniy nomidagi Sharqshunoslik instituti nashrlari（1991 - 2018），tuzuvchi va nashrga tayyorlovchi：S. U. Karimova，mas' ul muharrirlar：B. A. Abduhalimov，O'. A. Sultonov，Toshkent：Fan，2018.

四、手稿文献查阅方式

如前所述，东研所里最重要的文献资料，便是保存在三楼手稿库的手稿。查阅自 1952 年至 2000 年间，东研所以俄文出版的 14 卷本手稿目录解题——《乌兹别克苏维埃社会主义共和国科学院东方手稿集成》（*Собрание Восточных Рукописей Академии Наук Узбекской ССР*）、《乌兹别克斯坦共和国科学院东方手稿集成》（*Собрание Восточных Рукописей Академии Наук Республики Узбекистан*），是我们检索手稿文献信息最重要的方式。不过，上述信息汇总的编排并不以手稿编号为顺序，读者在检索时应注意。东研所官网提供了这 14 卷本手稿目录的电子版。①

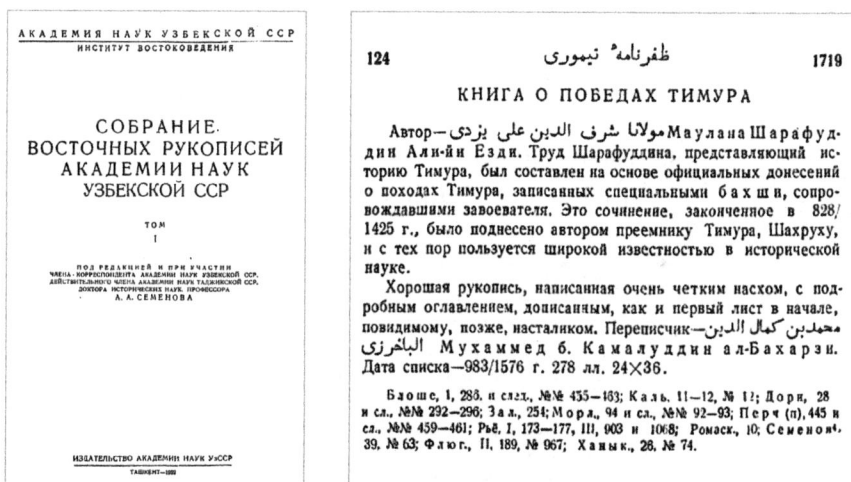

图 7 《乌兹别克苏维埃社会主义共和国科学院东方手稿集成》
第 1 卷（左图）及该卷中《帖木儿武功记》（Ẓafarnāmah-i Tīmūrī）一书的解题（右图）②

---

① 网址：http://beruni.uz/en-ca/ilmiy-hayot/nashrlar.html

② Академия Наук Узбекской ССР Институт Востоковедения：*Собрание Восточных Рукописей Академии Наук Узбекской ССР*，Том Ⅰ，Ташкент：Издательство Академии Наук УзССР，1952，с. 57.

除此之外，读者还可以到三楼的阅览室（qiroatxona）中检索目录卡片，以了解该所所藏手稿的基本信息。卡片对手稿的描述没有上述目录解题详细，只包括作者、语言、形成年份、尺寸与手稿首末文字等信息。而且，卡片是以纳斯塔里克（Nasta'liq）体的阿拉伯—波斯字母写就，具有一定的阅读难度。

近年来，东研所还以手稿目录卡片为基础，制作了电子手稿目录网站（见下图）。① 该网站操作界面的语言是英文，我们可以根据手稿编号、语言（察合台文简记为 tur、波斯文简记为 per、阿拉伯文简记为 ara）等信息进行查询。不过，由于技术等原因，该网站时常出现打不开的情况。此外，不少手稿也并未被收录进电子目录中。

当然，东研所还出版过一些专题性的手稿目录，如《与纳格什班底教团相关的手稿索引》（ *Naqshbandiya tariqatiga oid qo'lyozmalar fihristi* ）等②，亦可资参考。

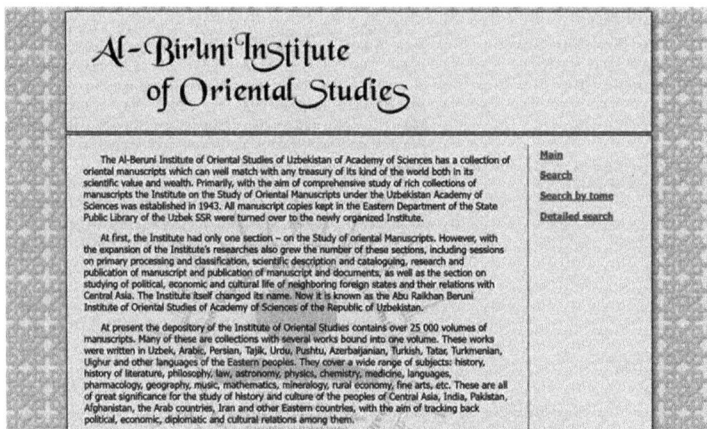

图 8　东研所电子手稿目录的网站主界面

---

① 网址：http://scam.beruni.uz/scam/

② *Naqshbandiya tariqatiga oid qo'lyozmalar fihristi*，mualliflar：Shamsuddinxon Ziyovuddinxon o'g'li Boboxonov，Abdulaziz Mansur，Toshkent："Movarounnahr nashriyoti"，1993.

读者若需阅览手稿的话，要携带前述身份证明至珍稀手稿阅览室（noyob qo'lyozmalar qiroatxonasi），告知工作人员手稿编号和题名，并填写表单、上交手机，在阅览室内等候工作人员传送手稿。读者在阅读手稿时，允许携带纸质资料、笔和笔记本电脑，也有无线网络可以利用，但严禁使用相机、手机、扫描仪等设备对手稿进行拍照或扫描。此外，珍稀手稿阅览室在午餐时间关闭，下午 2 点以后才会再次开放。

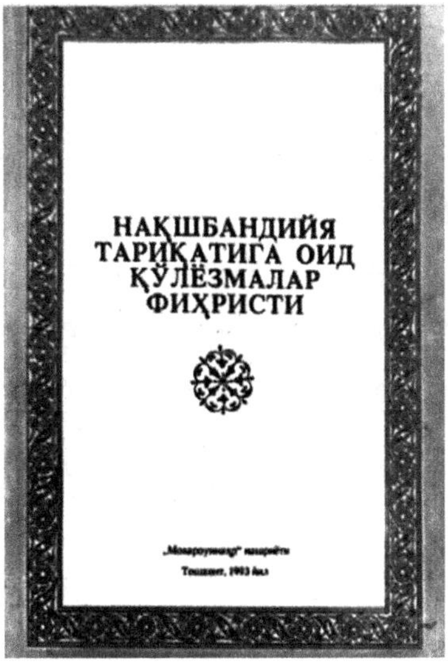

图 9 《与纳格什班底教团相关的手稿索引》书影

最后，读者若需复制手稿，可以至东研所 301 办公室，向负责手稿复制的专员提出申请。这位专员会提供一份空白的申请表（样表见下图），申请人须在上面填写个人信息、拟复制手稿的编号、名称（asar nomi）和页码（sahifa raqamlari）等信息。每个月的最后一个星期四，是提交手稿复制申请的截止日期，东研所会在截止日期过后审核每一份申请。如申请获得批准，专员将计算出复制费用，并与申请人拟定一份协议。随后，专员会告知申请人东研所的银行账号。申请人应尽快去银行缴纳复制费用，并将缴费单据交给专员。若没有问题的话，申请人在数日以后（具体时间不定）就可以获得 JPG 格式的复制手稿了。目前，一页（folio，对开页）普通手稿的一般精度复制费用，是 3.4 万乌兹别克苏姆（so'm），约合人民币 19 元。

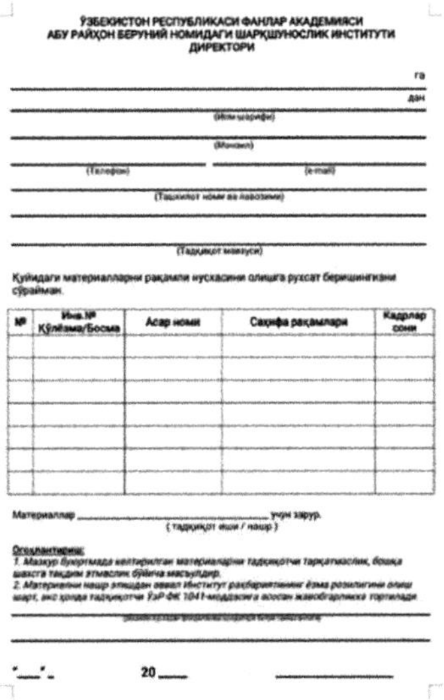

ЎЗБЕКИСТОН РЕСПУБЛИКАСИ ФАНЛАР АКАДЕМИЯСИ
АБУ РАЙҲОН БЕРУНИЙ НОМИДАГИ ШАРҚШУНОСЛИК ИНСТИТУТИ
ДИРЕКТОРИ

__________ га

__________ дан
(Исм шарифи)

____
(Манзил)

__________ __________
(Телефон) (e-mail)

____
(Ташкилот номи ва лавозими)

____
(Тадқиқот мавзуси)

Қуйидаги материалларни рақамли нусхасини олишга рухсат беришингизни сўрайман.

№	Инв.№ Қўлёзма/Босма	Асар номи	Саҳифа рақамлари	Кадрлар сони

Материаллар __________ учун зарур.
(тадқиқот иши / нашр)

Огоҳлантириш:
1. Мазкур буюртмада келтирилган материалларни тадқиқотчи тарқатмаслик, бошқа шахсга тақдим этмаслик бўйича масъулдир.
2. Материални нашр этишдан аввал Институт раҳбариятининг ёзма розилигини олиш шарт, акс ҳолда тадқиқотчи ЎзР ФК 1041-моддасига асосан жавобгарликка тортилади.

"___"__ 20__ __________

图 10 手稿复制申请样表

以上便是笔者在东研所积累的一些粗浅经验。 由于时间所限，不少地方我也并未了解透彻。 若有错谬之处，还望读者诸君不吝赐教。 但是，如果这篇小文如果能在日后给相关领域的研究者带来一些便利的话，则是笔者的荣幸。

最后，请允许我引用中亚史学者丹尼斯·塞诺（Denis Sinor）的名言作为结语："无论如何，辛勤耕耘终将得到回报，发现会连续不断，新的世界将会展开在他眼前，只要他无畏地在这片未开垦的土地上劳作。 中央欧亚的学生必须面对先驱者的艰辛和苦难。 收获肯定是巨大的，可劳动者还不多。"①

（漆中，华东师范大学历史学系 2022 级硕士研究生，

研究方向为清史与清代新疆问题、浩罕汗国史）

---

① 〔美〕丹尼斯·塞诺：《丹尼斯·塞诺内亚研究文选》，北京大学历史学民族史教研室译，中华书局，2006 年，第 20 页。

学术活动
纪要

佩里·安德森：西方向何处去？

2023 年 12 月 6 日晚，北京大学区域与国别研究院 "有朋（Adventus amicorum）" 系列研讨第 40 讲暨人文社会科学研究院 "文研讲座" 第 360 讲在北京大学二教 107 举行，主题为 "西方向何处去？（Whither the west?）"。 本次讲座由加利福尼亚大学洛杉矶分校历史学和社会学教授佩里·安德森（Perry Anderson）主讲，复旦大学国际关系与公共事务学院教授殷之光，北京大学社会学系长聘副教授田耕和北京大学政府管理学院政治学系长聘副教授、北京大学人文社会科学研究院副院长段德敏与谈。讲座由北京大学法学院长聘副教授、区域与国别研究院副院长章永乐主持研讨，数百名师生在场聆听了研讨。

佩里·安德森（Perry Anderson），生于 1938 年，英国历史学家和社会理论家，当代著名的马克思主义史学家、思想家，加利福尼亚大学洛杉矶分校历史学和社会学教授，长期担任《新左翼评论》（New Left Review）主编。 著有《绝对主义国家的系谱》《从古代到封建主义的过渡》《新的旧世界》《思想的谱系》《印度意识形态》《美国外交政策及其智囊》等多本专著。 2016 年，安德森曾应北京大学 "大学堂" 顶尖学者讲学计划之邀，在北京大学发表四场演讲，演讲内容收入《大国协调及其反抗者》（北京大学出版社 2018 年版）。

图 1　安德森教授在演讲中

首先，安德森教授界定了"西方"的概念。"西方"通常指所有的发达资本主义国家，但讲座中使用的"西方"仅指的是资本主义的"大西洋区域"（Atlantic zone of capitalism），包括北美和欧洲。

要理解西方，需要理解新自由主义（Neo-liberalism）。自 20 世纪 70 年代末，新自由主义成为西方的主导经济秩序。新自由主义通常包括对金融和贸易的放松管制、公共服务私有化、缩减社会支出等。新自由主义始于 20 世纪 70 年代的英美，在 80 年代迅速发展并获得了成功。然而，新自由主义的成功是建立在信贷的大幅扩张之上的，最终，债务金字塔崩塌带来 2008 年的金融危机。这场危机的规模可与 1929 年的华尔街崩盘相提并论。但不同的是，2008 年之后并没有出现另一场"大萧条"，而是迅速迎来了复苏。

安德森教授指出，"大萧条"是理解当今西方政治局势的起点。1929年 11 月，美国股市遭遇"黑色星期五"时，美国、法国和瑞典都是保守派执政，英国和德国则是社会民主党执政，但这些政府都信奉当时主流的经济理论，实行金本位制度和平衡预算的政策，反而加剧了经济危机。直到

1932 年末 1933 年初，非传统的经济政策才先后在瑞典、德国和美国得以应用。 虽然这些国家使用的经济手段背后的思想理论不同，但核心都是加强国家在市场中的作用。 二战结束了美国的经济大萧条，并使其打破古典自由主义经济的做法得以体系化，这一体系被称为"嵌入式自由主义"（embedded liberalism），其结合了美元与黄金挂钩的金本位制度，逆周期的货币和财政政策，以及高且稳定的就业水平和福利保障，成功地促进了资本主义世界的经济发展。 20 世纪 70 年代，这一体系崩溃，经济陷入滞胀而衰退，随之而来的是新自由主义的兴起。

图 2　1931 年 2 月，失业者在芝加哥开设的施食处排队

　　新自由主义一路高歌猛进，直到 2008 年金融危机爆发。 但 2008 年金融危机之后的情形与 1929 年完全不同。 在美国，奥巴马政府立刻投入巨额公共资金挽救银行、保险公司和濒临破产的企业，而这些资金从未用于改善医疗、教育等公共服务。 美联储实行了"量化宽松"的政策，大规模秘密印钞以拯救股市。 安德森教授指出，这些措施看似不符合新自由主义

的原则，但其实是新自由主义的扩展，核心仍然是远远超过经济增长的信贷的持续扩张。因此，金融危机被解决之后，新自由主义又重新运转了起来。

新自由主义为何在经历金融危机的剧烈冲击后仍能恢复如初？安德森教授认为，有两个关键条件。首先，没有其他理论范式出现以取代新自由主义的主导地位。正如波兰经济学家米哈尔·卡莱茨基（Michał Kalecki）所预见的，经济学长期以来被数学所"麻痹"，极大地抑制了任何形式的原创性思考。其次，西方任何重大的政治运动，无论是要求废除资本主义还是要对其进行改良的运动，在 21 世纪初几乎已经消失殆尽。西方社会民主党不再对资本表现出任何反抗，转而与新自由主义站在同一阵线。

但这并不意味着新自由主义没有了反对者。在 2008 年之后，新自由主义的负面影响逐渐浮现。社会层面，不平等问题急剧上升，工资长期停滞；政治层面，有意义的选举选择逐渐消失，选民政治参与度下降，日益强化的寡头政治取代了民意的表达。这一体系也开始产生对抗力量——民粹主义（populism）。

安德森教授指出，不同类型的民粹主义有一个共同点，即拒绝 20 世纪 80 年代以来西方所确立的国际体系，它们反对的不是资本主义本身，而是其当前的社会经济形态。民粹主义的共同敌人是当前的政治体制及既得利益集团，这一集团主导了新自由主义秩序，并由中右翼和中左翼政党轮番执掌政府。新自由主义秩序带来的影响——不平等、寡头政治和生产要素的自由流动（包括劳动力的流动），正是民粹主义运动的三个核心攻击目标。不同民粹主义运动的分歧就在于它们赋予各目标的权重。右翼民粹主义主要聚焦于生产要素的自由流动，利用民众的排外心理和种族主义情绪进行反击，移民问题成为右翼民粹主义争取弱势群体支持的主要手段。左翼民粹主义则将不平等视为最大敌人。

接下来，安德森教授回顾了西方民粹主义的发展历程。欧洲是当代民粹主义的起源地，至今也仍然是民粹主义运动分布最广泛、形式最多样的地区。 欧洲民粹主义的历史可以追溯到 20 世纪 70 年代初的斯堪的纳维亚地区，1972 年丹麦和挪威的进步党成立，随即法国国民阵线（Front National）、瑞典民主党（Swedish Democrats）、意大利北方联盟（Northern League）、英国独立党（UK Independence Party）等右翼民粹政党纷纷崛起。 这些右翼政党都强烈批判国家政治体制的腐败和封闭，同时反对欧盟的决策。 左翼民粹主义力量则在 2008 年金融危机后才开始出现，如意大利五星运动（Five Star Movement）、希腊激进左翼联盟（Syriza）等。 这表明，左

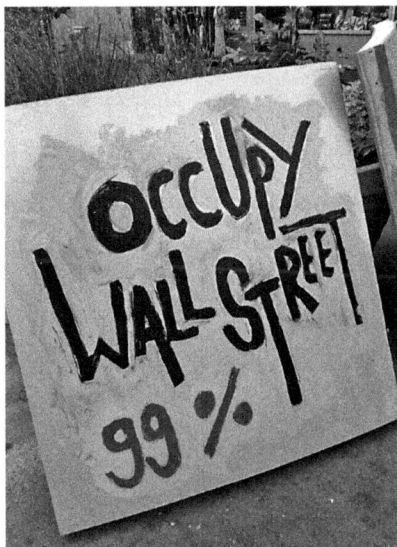

图 3 国际占领运动以"99%"（人民）反对"1%"（精英）的言论成为左翼民粹主义社会运动的一个典型例子

翼民粹主义兴起的根本原因是社会经济不平等，而非民族边界的弱化，这是左右翼民粹主义的基本区别。 但在 2008 年金融危机后的整整七年里，民粹主义的政治影响相对有限，与 20 世纪 30 年代席卷欧美的政治风暴完全不可相提并论。

然而，2016 年，一系列政治事件的发生使得西方民粹主义运动迎来重要时刻，进一步影响了全球政治格局。 面对党内压力和选票流失至英国独立党的威胁，执政的保守党决定就英国是否脱欧进行公投。 保守党领导人原以为大多数民众会反对脱欧，因为英国的精英阶层大多支持留在欧盟。然而，公投结果出乎意料，大多数民众支持脱欧。 这反映了被边缘化的地区和阶级对新自由主义的反抗，也是历史上首次民粹主义成为资本主义国家的主流民意，从而改变了国家的历史进程。 紧接着，特朗普在美国大选中获胜，他的竞选风格完全符合右翼民粹主义的特征。 特朗普支持者中工人阶级的比例比英国脱欧支持者还要高，约 70% 的支持者没有受过大学教

育。 此外，美国还出现了另一波民粹主义浪潮，民主党候选人伯尼·桑德斯在初选中成为强有力的挑战者。 估计 2016 年美国选民中约四分之一倾向于右翼民粹主义，约五分之一倾向于左翼民粹主义。 这显示出民粹主义在美国选民中的广泛存在和深远影响。 民粹主义在欧洲进一步扩张。2017 年，科尔宾领导下的英国工党夺得议会多数席位，大量年轻人涌入党内，工党逐渐往左翼民粹主义的方向发展。 2018 年，意大利两个民粹主义党派共同获得了超过 50％的选票。 2019 年右翼民粹主义的代表鲍里斯·约翰逊击败科尔宾赢得选举。

图 4　安德森教授在演讲中

　　安德森教授指出，右翼民粹主义比左翼民粹主义更具优势。 因为左翼和右翼的民粹主义都强烈批评不平等和寡头政治，但只有右翼民粹主义能够毫无顾忌地对移民问题展开攻击，对移民的排外情绪成了特朗普的标志之一。 左翼群体无法轻易追随这一立场。 目前，左翼民粹主义尚未就移民问题给出一个明确的态度，如果这一状况持续下去，右翼民粹主义很可能会在民粹主义的较量中继续占据上风。 但无论是右翼民粹主义还是左翼民粹主义，到目前为止，都没有提出有效的方案来解决它们所谴责的社会问题。 民粹主义缺乏体系化的纲领和解决方案，即使民粹主义政党执政也无法做出系统有效的改革，无法威胁新自由主义的地位。

2020 年，新冠疫情袭来，迫使全球进入封锁状态，特朗普连任失败，约翰逊也于 2022 年被党内推翻。 与此同时，在疫情的冲击下，国际贸易量暴跌，美国股市崩盘，经合组织成员国的通货膨胀和失业率大幅上升。拜登上台后，美国政府推出大规模的干预政策以稳定美国经济，拜登的支持者骄傲地将这一系列政策称为 21 世纪版的"罗斯福新政"。 另一些人则赞扬拜登重拾了冷战时期的策略——构建对外联盟，应对"危险敌人"。拜登政府后疫情时期的经济活力再次让其他发达国家望尘莫及，媒体赞扬美国政府遏制通胀的能力、对少数群体的关怀以及公平且包容的社会政策，但美国选民似乎对这些成就不以为意。 2024 年夏天拜登被迫放弃连任竞选，接替拜登参选的哈里斯则在与特朗普的大选对决中惨败。

在安德森教授看来，目前特朗普二次上任总统对美国和世界意味着什么尚不明确。 2025 年美国国内形势可能发生变化，他可能不会履行竞选承诺，比如对来自中国的所有商品征收 50％的关税，或驱逐美国境内的 1100 万非法移民。 但值得注意的是，现在的特朗普拥有比 2016 年更大的权力，因此他也可能履行承诺，尤其是在外交上，特朗普可能通过切断对乌克兰的援助来结束冲突，如果俄罗斯拒绝他提出的停战条件，他也可能加剧战争。 特朗普相信不可预测性是一种优势，即使欧盟和英国不喜欢他的做法，它们也肯定会跟随美国。 特朗普当选总统的前两天，德国发生了政府垮台事件，时任总理舒尔茨罢免了财政部长，随即失去了依赖其维持基本多数的自由主义第三党自由民主党的支持，不得不在春季举行新的选举，而其所在的社会民主党及其盟友获胜的概率极低。 在法国，马克龙总统任命的政府也因为一项预算紧缩政策被左右翼民粹主义联合推翻。

因此，安德森教授认为，"西方向何处去？"这个问题，自 20 世纪 80 年代新自由主义体系确立以来，从未如此难以回答。 政治上，特朗普代表的右翼民粹主义正要在美国占据主导地位。 与此同时，法国和德国正处于权力真空的状态中，无论哪个国家，局势都是不稳定、不安全、无法预测的。 经济上，即使 2008 年后美国经济恢复了增长，但增长水平仍然低于

图 5　讲座现场

中国。西方社会经济不平等持续扩大，导致 2008 年金融危机产生的债务问题非但没有得到解决，反而更加严重。在此情形下，21 世纪初以来主导西方政治舞台的自由主义与民粹主义之间的冲突愈发剧烈。尽管自由主义遭受过挫折，做出了妥协，但通过不断调整策略，依然保持着主导地位；而民粹主义虽然在政治规模上有所扩大，但缺乏长期有效的战略。安德森教授指出，这正如葛兰西近百年前在监狱中所写的那样：危机在于旧的已死，而新的无法诞生。在这一过渡时期，各种病态的现象会不断出

图6　与谈人和在场学生提问

现。　如今，我们所处的时代正是这种过渡期，只有经历更为深刻的危机，才能从中找到转变的出路。

讨论环节，三位与谈人与佩里·安德森进行了深入的交流。　复旦大学国际关系与公共事务学院教授殷之光围绕国际主义在西方发展过程中的作用、右翼民粹主义兴起的背景，以及中国主导的全球南方的崛起是否为可能的替代方案三个问题提问。　北京大学社会学系长聘副教授田耕围绕针对新自由主义危机感知与应对措施的传承以及可能的国际主义回应提问。　北京大学政府管理学院长聘副教授段德敏就右翼民粹主义与新自由主义的共同性、中国对全球平等的贡献，以及中国在当代地缘政治中的位置提问。安德森教授回应认为，虽然遭遇许多挫折，国际主义的潜力依然存在，关键是要在挑战中找到解决路径。　近年来，左翼思想领域也有许多非常重要的理论成果，如托马斯·皮凯蒂的《资本与意识形态》，在美国产生了很大影响。 但是他的方案在实践中显得非常脆弱。 目前还并没有一个全面且有用的框架，能够涵盖所有被认为有潜力带来激进或颠覆性影响的思想和人物。 右翼民粹主义的一个共同特征是怀疑和漠视气候问题，对全球南方国家，这带来了阻碍全球合作、加剧不平等和环境恶化的负面影响。 至于中国问题，西方国家将中国视为敌人，其对中国的敌意引发了"新冷战"是否已经开始的讨论，当前的对立不仅是美国与俄罗斯的传统冷战模式，更多的是美国与中国之间日益加剧的对抗。

接下来，安德森教授与现场观众就民粹主义与民族主义、DEI 政策与美国制度变革等议题展开了深入讨论。 最后，主持人章永乐老师对本次研讨会进行了总结，感谢安德森教授带来的思想启发，并对比了 2016 年安德森教授访问北大与本次来访的不同的全球时势，希望在座师生继续与安德森教授一起思考全球形势与人类的未来。 本次讲座在热烈的气氛中圆满结束。

（整理人：罗开叶、孙誉绮）

全球集成电路技术发展现状与我国产业展望

作为交叉门类的首个一级学科，集成电路学不仅受到国家的高度重视，也是全社会关心的热点问题。不过我国的集成电路发展并不是一帆风顺，也面临着关键技术的"卡脖子"问题。所以集成电路到底是什么？与我们的实际生活有哪些关联？半导体、微电子、集成电路又有什么区别？我国集成电路产业未来的发展趋势是怎样的，能否在百年未有之大变局中找到自主的发展体系？

2023年10月16日，北京大学区域与国别研究院"自主知识体系构建与区域国别学新视野"系列研讨第三讲"全球集成电路技术发展现状与我国产业展望"在北京大学国际关系学院举行。本次研讨会邀请到北京大学集成电路学院党委书记王源教授做主旨报告，由北京大学国际关系学院雷少华副教授主持。王源教授从学科、技术发展、发展史的角度回顾了集成电路的发展脉络，先讲述了全球集成电路技术发展现状和趋势，再具体阐述了我国集成电路技术和产业发展情况，并对集成电路产业未来的发展趋势进行展望。

一、集成电路的发展历史回看

集成电路：科学或工程

2020 年国务院学位委员会、教育部下发文件，决定新增设置第十四个学科门类——"交叉学科"门类，并设置"集成电路科学与工程"为该门类下第一个一级学科。 其实追溯历史，集成电路学科从最早的半导体专业，发展为微电子学与固体电子学，再到集成电路科学与工程，终于成为一级学科。 这个一级学科的名称也很有意思。 集成电路科学与工程，一方面集成电路有自己的从 0 到 1 的科学发现，即 1947 年第一支晶体管的发明；另一方面集成电路学科也有自己从 1 到 10，到成百上千的工程实现，即 20 世纪 70 年代大规模集成电路诞生。 可以说集成电路诞生于科学，发展于工程。

集成电路发展史历程回看：晶体管诞生

1947 年，美国贝尔实验室的威廉·肖克利、约翰·巴丁和沃特·布拉顿三位科学家发明了晶体管，实现了把小电流变成大电流的功能。 1950 年肖克利开发出双极性晶体管，1953 年便实现了商业化，发布了助听产品。 1958 年，德州仪器的杰克·基尔比发明锗集成电路。 1959 年，仙童的罗伯特·诺伊斯发明硅集成电路，现在的集成电路也都是基于硅的集成电路。

集成电路发展史历程回看：大规模集成电路

随后是集成电路的工程实践。 世界上第一块大规模集成电路从英特尔诞生，1970 年英特尔做了第一块处理器，1971 年英特尔又做了第一块 CPU，基于此二者也产生了许多非常著名的公司，比如在 CPU 行业有英特尔、AMD；在存储器行业有三星、现代半导体、美光半导体、长江存储、长鑫存储等。 中国的第一块大规模集成电路诞生在北大昌平 200 号，其实只比英特尔晚了 4—5 年。

集成电路发展史历程回看：神奇的摩尔定律

集成电路有一个神奇的规律，即"摩尔定律"。"摩尔定律"是美国仙童公司的戈登·摩尔于 1965 年提出的。 他认为集成电路应该按照一年翻一番的规律发展，也就是集成的晶体管数目要翻一番，包括半导体的性能和容量也是按指数增长，并且这种增长趋势将继续延续下去。 1975 年，摩尔修正为两年翻一番，但集成电路实际的增长是 18 个月翻一番。 比较有趣的是，摩尔从来没有说过"18 个月翻一番"这件事，但集成电路产业在"戴着枷锁在跳舞"，这个枷锁一旦被焊到从业人员身上就不得不推动自己 18 个月必须翻一番，特别是在 2010 年之前，所有的集成电路都是严格按照这个规律发展。

关于摩尔定律的效果，举几个比较有意思的例子。 从价格来看，欧洲意法半导体（ST）公司曾做过一个统计：以容量为 100MB 的存储器售价为例，1973 年的售价是 7500 欧元，可以在伦敦买一套房，之后价格也遵循摩尔定律一路下降，就只能购买汽车、电视机等，也就意味着集成电路越来越便宜。 从性能来看，英特尔 1971 年生产的世界上第一块大规模的 CPU，用了 10 微米的工艺，片上只有 2300 个晶体管，工作频率是 108K 赫兹，每秒运算能力是每秒 6 万次。 而 2018 年华为发布的麒麟 980 芯片采用的是 7 纳米工艺，晶体管数量是 70 亿，最高工作频率是 2.6G 赫兹，每秒计算能力从原来的 6 万次提升到了 2 万亿次。 这就是集成电路本身整个发展过程中神奇的"摩尔定律"带来的巨大红利——在一个更小的面积下集成了更多的晶体管，同时使其性能越来越强大，每秒运算次数越来越多。

二、全球集成电路技术发展现状和趋势

现状：集成电路是现代工业的"粮食"，也是大国竞争的焦点

据统计，1995 年到 2015 年，全球约有 3 万亿美元的 GDP 直接归功于半导体创新，另外还有 11 万亿美元属于半导体创新的间接影响。 2021 年半导体的销售额是 5559 亿美元，2022 年大概增长 3.2%，是 5741 亿美元。 从 2015 年到 2022 年整体的变化来看，集成电路产业并不是完全在增长，也跟经济形势有关。 现在的集成电路是强烈依赖市场的，因此要遵守市场发展规律。 到 2022 年为止，美国的集成电路的半导体行业总共提供了超过 200 万个就业岗位，在研发、设计、制造环节中总共雇用了超过 34 万工人。

现在的集成电路是一个系统性工程，包括制造业、设计业和封测业。制造业的层次要求差异很大，主要是需要高端人才，而且这个行当能够带动其他行当。 数据显示，每个受雇的当地工人，在美国经济中能够额外支持 5.7 个工作岗位，集成电路产业可以带动软件、市场应用等，从而拉动整个产业链发展。 2022 年，从全球半导体终端用途分类来看，个人电脑（PC）市场大幅下滑，工业电子、汽车电子增长强势。 美国的半导体一直是全球销售市场份额的领导者，中国的市场占有率也非常高，占全球产量的一半。 但从销售额来讲，美国占了全球的一半，中国的占比大概在 7%左右。

基于以上集成电路独有的市场特点，美国、日本、韩国、欧洲对于集成电路都非常重视。 2017 年美国推出"电子复兴计划 ERI"，今年已经推出"电子复兴计划 ERI"2.0，现在的《芯片与科学法案》大概有 520 亿美元投在芯片半导体，拉动了相关 2800 亿的规模。 2021 年韩国推出"K 半导体的战略"。 同年日本也出台了《半导体数字产业战略》，欧盟也有《芯片法案》。 另外美国的 DRAM 是通过产业界和学术界联合进行的科

学技术探索。

特别说明，欧美高校对集成电路也很重视。 麻省理工学院发布了《重塑美国在微电子领域领导地位的白皮书》。 普渡大学在 2022 年推出了美国首个半导体微电子创新跨学位证书的计划。

趋势：关于摩尔定律的四个方向拓展

集成电路进入"后摩尔时代"，发展路径已经从原来单一的尺寸微缩逐渐向结构多元化、材料多元化和原理多元化等多个方向发展，通常称之为延续摩尔（More Moore）、拓展摩尔（More than Moore）、超越摩尔（Beyond Moore）等方向。 所谓的超越摩尔是颠覆原有硅基材料体系，包括量子阱的、自旋的、磁通量的、石墨烯的、碳纳米管的。 但现在的集成电路最重要的还是在"集成"这两个字上，而集成技术目前最可靠的还是硅基，这是任何一个新技术都还做不到的。

延续摩尔：继续尺寸微缩

延续摩尔（More Moore）就是继续尺寸微缩（Scaling Down）。 集成电路技术本质上而言是一种图形转移技术。 设计者通过计算机辅助技术设计一系列的图层，然后通过各种方法转移到硅衬底上，当然是在尺寸上要不断地缩小，才能获得更高的集成度。 而转移的图形最终形成的器件就是一系列的开关（Switch）。 这是因为对于计算机语言而言，所有的信息表达是 0 和 1，所以我们需要做一个开关能够表达 0 和 1。 传统集成电路在做这个开关的时候，采取的是一种平面晶体管结构，也就是说在一个平面上有开关。 后来随着器件尺寸的不断缩小，一面开关就不能很好的打开和关断了，逐渐发展成两面、三面以及四面。 这就是所谓的双栅晶体管、鳍式晶体管和围栅晶体管。 所以尺寸微缩技术的直接目的都是把开关做的质量更好，关的时候泄漏更小，开的时候电流更大。 尺寸微缩最重要的指标就是器件的特征尺寸，目前的集成电路已经完全进入的纳米时代。 欧洲微电子中心 IMEC 给出的技术路线来看，2025 年的节点大概为 3 到 2 纳米。

拓展摩尔：多功能集成

拓展摩尔（More than Moore）就是多功能集成。集成度的提高不一定单纯依靠尺寸微缩来实现，而是可以靠先进的集成封装技术来实现。除了 CPU、存储器等大规模数字电路需要先进工艺来提供性能和集成度之外，模拟/射频/功率等电路其实不需要先进工艺，往往是较为成熟且廉价的工艺节点。设计者可以将不同工艺节点实现的不同功能模块通过先进封装技术集成在同一基板上，这种集成方式被称为异质集成（heterogeneous integration），关键技术包括现在非常火的小芯粒（Chiplet）、硅通孔（TSV）等。需要特别说明的是，多功能集成是由应用需求驱动的。而目前火热的物联网、AR/VR、自动驾驶、工业自动化领域对集成电路功能多样化的需求恰恰为之提供了源源不断的驱动力。

先进集成电路技术的应用驱动力

集成电路是一个高投入、高产出且市场决定的产业，推动集成电路发展是需要遵循市场规律的。集成电路在几十年的发展过程中，每个阶段都有一个王牌产品。2000 年之前，个人电脑（PC）是集成电路先进发展的驱动力，并与互联网（Internet）的发展互相促进，从而形成良性循环。新世纪之后是智能手机（smartphone），同时伴随着移动互联网和 3G/4G 时代的到来，形成集成电路芯片巨大的市场需求和技术牵引。每个阶段市场量最大的产品一定用的是集成电路最先进的工艺技术，比如个人电脑时代的 CPU、存储器，再比如智能手机时代的应用处理器和通信芯片。那么，目前人工智能时代先进工艺的发展有没有类似于个人电脑和智能手机的王牌产品来牵引呢？"大模型＋GPU"似乎是一个答案，但是又有多少人会像需要个人电脑和智能手机一下需要 GPU 呢？

集成电路遵循的摩尔定律远远落后于 AI 需求的发展

集成电路本身的发展规律远远落后于 AI 的需求。王源教授通过"大模型＋大数据"的举例说明，尽管集成电路已经很呈指数级增长，但仍无法满足算力的需求，由此也引发了三个问题：算力和功耗的困局、算力和成本的僵局、算力和智能的迷局。集成电路产业希望获得使用更低的成本，获得更高的智能，做更低功耗的器件，但目前还未有适合的解决方案回答上述三个困局。

三、我国集成电路技术产业发展情况

一方面，我国集成电路产业面对诸多问题。

首先，我国面临高需求、低产能的现状。我国是世界电子产品的制造中心也是全球最大的集成电路消费中心，2021 年销售首次突破 1 万亿，同比增长 18.2％。2021—2022 年集成电路进口额度也非常高。

其次，我国在集成电路人才需求的总量和有经验从业者的缺口都比较大。集成电路企业设计、制造和封测等核心技术岗位需求人才学历和经验要求增加，高层次人才（卓越工程师）需求缺口加大。聚焦细分领域，我国也面临着发展问题：芯片设计上，设计能力升级受到制造水平严重制约；制造工艺上，国内集成电路产业将停留在 14nm 很长时间，很难在短时间内缓解；封装测试上，Chiplet、TSV 等先进封装技术完全依托于制造工艺。

第三，集成电路面临着域外大国的强硬封锁。《巴统协议》《瓦森纳协定》以及《芯片和科学法案》一系列文件导致国外高端设备难以进口，从而影响后续的一系列产业发展。

第四，中国集成电路行业遇到了前所未有的困境。2016 年开始的"中兴/华为事件"到如今的"中'芯'事件"，都反映出国产芯片占有率很低，对外依赖度非常高，中国电子信息产业"缺芯少魂"的问题。

第五，美国对于我国集成电路产业的全方位限制。2022 年美国商务部限制出口高性能计算芯片，限制半导体制造设备技术，也限制美籍人才工作，美国试图继续维持在集成电路领域的霸权地位，打出"美国芯片法案"等一系列组合拳，限制我国在人工智能、超算/智算、自动驾驶等战略性新兴领域的发展。

另一方面，国家对集成电路产业长期以来高度重视。一是各类产业政策的支持，二是人才培养和科学研究的支持，例如 2003 年的人才培养基地、产业融合创新平台、博士点，全国重点实验室布局的调整，等等。

四、未来趋势和展望

目前美国在高性能计算特别是智能计算领域掌握主导权，全球先进的智能计算芯片也全部来自以英伟达、AMD 为代表的美国企业。但中国也不是完全没有机会，由于我国人口基数优势，全产业链带来的数据类型也非常丰富，全国建立了相当数量的数据中心，可以充分发挥数据优势实现突破。另外，从技术路线的角度来看，我国也可以基于新器件、新架构、新集成去弥补算力差距。

在信息社会的发展中实现中华民族伟大复兴

据经济史学家麦迪森研究，鸦片战争之前，中国的经济总量占全球 30% 左右。鸦片战争被打开国门之后，中国就一路向下掉到谷底。美国凭借两次世界大战一直保持世界霸主地位，日本在明治维新之后也经历了波折。但是从改革开放之后，我们一路向上，经济呈现"风景这边独好"的景象。因为中国是一个非常稳定的经济体，所以依托于此还可以持续增长。王源教授鼓励道，目前大家处在一个最好的时代，未来又是一个机会无限的时代，所以大家都可以做很多贡献。"神'硅'虽寿，犹有竟时，路长道远，诸君共勉"，从最初的"铁器时代"到"石器时代"再到现在的"硅器时代"，未来的道路还很长，诸君要共同做出贡献。

五、讨论环节

在讨论环节，北京大学国际关系学院副教授雷少华表示，外界的压力或许正好给我国产业创造了发展平台，把以前零散的、独立的、小众的企业整合凝聚在一起从而形成超大规模的全产业链。随后雷少华教授还就美国政策打压、芯片封锁制裁、碳基集成电路发展前景以及技术路线发展等问题与王源教授进行探讨。

北京大学区域与国别研究院副院长昝涛指出，王源教授的科普讲解为自主知识体系建设提供方向，同时认为本次研讨尽管在学科跨度上非常大，但这正符合创办活动的初衷。区域国别研究需要更多的文理交叉，文理交叉也能激发区域国别学更多的思考。

北京大学区域与国别研究院副院长章永乐认为，美国的芯片封锁实际上是美国霸权主义在技术上的重要体现，法律界也有很大部分学者因为"芯片事件"的推动在研究上做了转向，从不同的角度触及问题。因此可以将区域国别研究作为平台，与更多不同学科进行对接。科学家不仅能提供很多科学的细节，同时也有很多战略性的眼光。王源教授的讲解让大家理解当今世界霸权体系的运作，区域国别学也需要从科学的角度理解工业化文明的发展，从而更好地促进自主知识体系的建设。

华为公司战略研究院的研究员钟南高度赞同王源教授对集成电路产业的各类介绍和分析，同时也补充了华为企业在发展过程中的实际案例，认为尽管有美国等大国的制裁，我国也能走出自己的发展道路，目前国家的相关政策已经完备清晰，新型举国体制会推动企业发挥主导作用，另外链主、链长这样一些机制也非常有效，中国有足够的实力和条件以及决心抵御住封锁压力，将集成电路做大做强。

北京大学政府管理学院长聘副教授封凯栋老师就从美国视角如何看待封锁芯片事件与王源教授进行了交流。王源教授表示集成电路市场可能会形成两极化，主要看美国是否能完成制造业回流，若能，未来可能会成为独立的平行世界，各自为营；若不能，则还是相互依赖。 但是从技术角度来讲，我国目前是落后或者奋起直追的状态，未来依旧是未知的。

　　研讨最后，北京大学外国语学院助理教授施越就美国算力转化为实际产业与中国如何利用数据优势实现弯道超车等问题与王源教授进行讨论。北京大学外国语学院张态煜助理教授就印度发展集成电路和第三世界是否会在技术迭代、优势集中的情况下被集成电路产业排除在外等问题与王源教授进行了交流。 与会的业界人员和嘉宾还与王源教授就企业战略规划、技术发展等话题进行了深入交流。

（整理人：王源）

殖民主义的四种模式及其知识社会学意涵

2023 年 11 月 1 日，北京大学区域与国别研究院"自主知识体系构建与区域国别学新视野"系列研讨第五讲"殖民主义的四种模式及其知识社会学意涵"在北京大学燕南园 66 号举行。 本期研讨由中央民族大学民族学与社会学学院院长关凯教授主讲，北京大学区域与国别研究院副院长、历史学系教授昝涛主持。 本次活动由北京大学区域与国别研究院、北京大学铸牢中华民族共同体意识研究基地共同举办。

关凯教授从他与燕南园 66 号的情缘说起。 他在北京大学本科学习期间经常到访燕南园 66 号，这栋房子的原主人是著名美学家朱光潜先生。当时这个小房子还十分古朴，后来关凯教授收藏了从这个房子里搬出的大部分法文书籍，这让他对这座小楼有着特别的亲切感。

关凯教授表示，他个人对于殖民主义主题的研究并非成形的结果，更希望向大家呈现问题意识。 其一是对民族主义的认识。 关凯认为，虽然"民族"的概念比较模糊，但"民族主义"的概念相对确定。"民族主义"是近代产物，近代以后出现的世界各地各种民族主义样态，大都与殖民主义有联系。 这种联系被安德森的"想象的共同体"、沃勒斯坦的"世界体系论"所勾勒出来的一些维度，并不能被视为全貌。 其二，严格意义上讲，关于殖民主义的讨论，中国学者是缺席的。 虽然有很多国内学者做殖民主义研究，但是其研究大多是在和西方学者对话，缺乏强烈的中国视角。当今对殖民主义的研究，对各国不同的殖民主义实践有卷帙浩繁的经验研究成果。但在中国知识界，殖民主义似乎变成了一个"筐"，所有的东西都可以堆到这个筐里；或者说，殖民主义在我们的知识系统里有一个边界，而砌墙的砖便是帝国主义理论，因为它是帝国主义的一部分，除了帝国主义之外并不被人关注。人们并不把殖民地当成正常社会自然演进过程的一部分，而把它当作纯粹的暂时形态、过渡形态。因此，殖民主义历史的影子变成了是非黑白、好坏分明的故事，殖民者为坏，被殖民者为好，二者之间水火不容。但深入研究发现，事实并非如此，在一个殖民地内部，殖民者互动的方式也具有丰富的多样性。我们需要找到一种比较合理的简化方式、一个简单的理论范式，使这个问题得以被讨论，而避免被人类学的经验材料埋没。这是本场讲座的目的。

关凯指出，殖民主义一定不止有一种历史的影子，而是具有许多不同的形态。尤其是，除了英国、法国、葡萄牙、西班牙等国家之外，俄国和日本也值得更多关注。俄国的扩张也是在殖民主义过程中实现的，那么俄国领土扩张的知识性意涵是什么？此外，虽然日本的殖民主义历史十分短暂，但它依然有其特定意涵。是否能够认为殖民者都是西方人，殖民主义是"白种人"的历史实践？殖民主义的东方性在哪里？以日本为代表的殖民主义是否存在东方性的观念？这些问题都应当加以重视。另一方面，反殖民也并不仅仅是殖民地人民反对殖民者。比如，美国独立战争恰恰是殖民者反对殖民者，也有其特定的政治社会意涵。殖民主义系统具有极大的复杂性。对于殖民地之外的区域，如奥斯曼土耳其帝国、泰国、中国（半殖民地半封建社会）等，这些区域问题与殖民主义的联系仍然没有得到令人满意的研究。

在传统的殖民主义研究中，有三个明显的倾向：第一，大多数对殖民主义的批判基于经济研究，具有物质性。最典型的便是沃勒斯坦的世界体系论。他认为，现代资本主义是以世界经济体系的形式首先形成，而后才逐渐影响政治结构。这种论断带有鲜明的经济决定论的色彩。实际上，对于殖民主义的经济性的研究成果汗牛充栋，但它仅仅是支配性的一个维度。我们应反思该维度是否能代表殖民主义研究所有的认识论，或者说其作为主导性认识论是否存在局限性。第二，大量的研究都偏向于对于殖民地统治经验的研究。比如，殖民者是直接统治还是间接统治，代理人制度是怎么产生的，遇到了什么问题，治理效果如何等，与当下的公共政策学相似。虽然材料丰富，但是对重大理论问题缺乏见解，因为其主要是从殖民地政府和殖民地社会之间互动关系的偏狭的治理视角。第三，种族主义研究及后来的民族主义研究。19世纪三四十年代的种族主义研究以法国贵族戈宾诺的著作为代表，这些研究强调人类所有有价值的文明成果都是由雅利安人创造。这套种族主义理论与19世纪几乎达到了巅峰的殖民主义形态相契合，给雅利安人统治世界提供了理论依据。这对当时的人类学等其他学科都有影响，知识系统相互配合，其知识遗产一直留存到了今天。虽然在希特勒之后"种族"概念成为政治禁忌，但其背后对基于某种族裔性质的社会等级和政治关系的区分是否完全失去意义，仍然需要进一步讨论。

关凯认为，上述三个面向的研究具有局限性，但始终没有发生大规模的范式转换，用这三个维度来观察殖民主义远远不够。关凯教授希望能够提出考察殖民主义的新维度，即"世界秩序构想"，来重新审视殖民主义的历史。关凯强调，如果仅仅从攫取经济利益的角度看待殖民者，我们无法看到殖民主义的全貌。殖民主义的兴起和启蒙运动、工业革命都有极大关系，从罗马法到自然秩序的理解塑造了殖民主义的某种合法性。这与费正清所谓"冲击—回应论"有相似之处。费正清认为，没有西方的冲击中国无法产生现代性。费正清之后的列文森也认为，儒家文化丧失普遍性之后便沦为地方文化的一种，所谓"天下主义"的普遍性价值塑造整个东亚世界之文化力量不复存在，这也是殖民主义冲击的后果。

此外，在各种殖民主义的实践中，殖民者大多以国家为单位，或者以一个基于文化的政治体为单位，殖民者所代表的价值取向是不同的。比如，荷兰东印度公司构建了一条海上香料之路，其经济价值高于陆上丝绸之路。 但似乎，荷兰殖民者除赚取利润外并无他求，不论是将殖民地变成原料产地，还是变成工业品倾销的市场。 但除此之外，似乎知识反思性的内容不多。

英国、法国便十分不同于荷兰。 一战以后，欧洲民族国家在威尔逊"十四点和平原则"后便已开始去殖民化的过程。 但对殖民主义反思的声音基本来自西方最大的殖民宗主国的内部，这一反思将道德性的话题带回讨论，并非突然形成的。 英法文化里是包含着批判性基因的——这个基因又从何而来？ 关凯认为，这来自启蒙之后的普遍主义哲学。 无论是自由主义，还是保守主义对自然秩序、自然法则的尊重，都提供了这种资源。这些资源是知识性的批判，伴随着重商主义的殖民扩张过程，社会内部孕育了一场围绕着殖民主义展开的知识批判运动。 这场运动持续了数个世纪，是对于人类所有政治行为、商业行为道德性的反思，其间的复杂性仍然需要做大量研究工作。

在关凯教授的归纳中，他认为对"世界性秩序的构想"是关键要素。他将英、法称为有"世界秩序构想"的殖民主义，而俄、日则是无"世界秩序构想"的殖民主义。 接下来，他详细介绍了四种国家殖民主义的类型。 首先是英国的殖民主义。 英国大量使用间接统治，安德森称之为，英国人从来没有一个梦想把印度变成英国的一部分。 英国与本地精英合作，将海洋法系统嫁接到殖民地社会之中构造秩序，有很明显的改造社会的结果。 澳大利亚土著是以新石器阶段的社会生产力水平遭遇工业化的英国殖民者，于是发生了大量的人口消灭、社会隔离现象。 但是另一方面，在被殖民者人口占据殖民地的绝对多数的国家，如印度，英国完全没有改造印度社会的动机，但英国提供了一个新秩序，与传统王公统治完全不同。 其次是法国的殖民主义。 法国的情况完全不同。 法国有着普遍主义关怀，特别热衷于兴办学校、传播语言，有强烈的改造社会的热情。 法国的动机是以天主教普遍主义同化异教徒，传播科学知识。 应该说，法国的尝试大多数时候较为失败，但法国在非洲传播天主教相当成功。 英法殖民主义所包含的对世界普遍秩序的构想，对世界产生深刻影响。

与之相比，俄国和日本则明显缺乏"世界秩序构想"。俄国斯拉夫人的扩张无法体现出受到欧洲文明熏染的、带有某种"普世主义"的价值观，而更像是帝国的土地扩张、对土地疯狂攫取，这并不是游牧传统，而应归因于其农业传统。尽管彼得一世进行改革，亚历山大二世解放农奴，但其深层的文化性质依然保有强烈的农业社会特征。日本的殖民主义更为独特。关凯表示，在对中国东北研究的过程中，他发现日本殖民的组织模式不以商业为单位，而是集体化农庄。日本采取"整村移民"的方式，甚至保留原来村庄的名字，移民人口以失地农民为主，组织垦殖团殖民中国东北。同时，村长必须在殖民地待满三年，再交由副村长继任。日本在其殖民地保留了原有的社会形态。这种方式十分具有东方色彩，人们很难想象英国、法国把一个村庄整体搬到阿尔及利亚或印度，如此社会无法有效组织。但是，日本殖民主义显然缺乏"世界秩序的构想"，它根本不关心世界秩序。日本关心所谓的"东亚秩序"也不过是要切割殖民主义世界秩序，在东亚建立一个区域性的"割据政权"；虽然英法也并不一定要求统治世界，但它们背后有一套普遍的价值系统，这套系统给它们提供强大的"道德性"资源、"正义性"资源。而日本的"道德性"资源则一直缺乏"普遍性"，一方面是资源性争夺，受困于日本本土的资源焦虑；另一方面，日本的做法也包含了它对西方殖民主义历史实践刺激产生的危机感，需要与白种人竞争以对抗"亡国灭种"的危机。直到今天，沟口雄三也认为，日本做什么都紧盯着中国的反应，但中国不会反过来这样做。

关凯教授进而解释了他关注"世界秩序构想"的原因。他指出，最成功的殖民主义实践都是有"普遍主义构想"的殖民实践，影响也最为深远。不能把殖民主义仅仅看作是一个具有特权的民族或殖民帝国只为自身利益扩张的事业。在殖民过程中，国家背负着一种宗教般的使命感，这种使命感并非每一个殖民国家都具备。只有这样，我们才能理解为什么去殖民化之后还有后殖民主义这样一个研究范式。西方对自身反思的局限性也是这种现象出现的另一个原因。今天，中国学者在批判西方中心主义的时候用的还是西方的思想资源，其间存在悖论。比如，人类学研究借鉴沃尔夫的批判视角，重新审视被传统欧洲中心叙事边缘化的社会（包括中国）。沃尔夫在《欧洲与没有历史的人》中反对将任何社会视为"无历史的"，而是主张分析这些社会如何在全球政治经济体系中动态地参与并塑造历史。我们研究的关键问题就是这些社会和人群的秩序中内生的东西是什么，是否具有普遍性。我们是不是真正解决了人类社会面临的一些根本性的、普遍性的问题？只有这些问题才构成社会科学研究的对象。否则，一些特殊性的经验更具文学价值，而不具备理论高度。

接下来，关凯教授从殖民主义的讨论逐渐过渡到知识社会学的讨论之中。他引述了黑格尔和汤因比批判西方的论述，同时以马克思主义为例延伸他的思考。他指出，马克思主义诞生于西方、受到西方思潮影响，但却是反西方、反资本主义的思想。我们不断地面临悖论式的、矛盾重重的结构，只有把这些结构像剥橘子一样层层剥开，才是研究的价值所在。从知识角度看，在西方现代性文明兴起之后，它对全世界构成的知识压力几乎相当于宗主国对殖民地的压力。如此我们才能将一些内在要素从"殖民主义"这个概念本身离析出来。进而，我们能够看到殖民主义结构上面有影响更为深远的知识结构，这个知识结构的范畴大于殖民主义范畴，它覆盖殖民主义政治实践。

随后，关凯教授对问题的讨论聚焦到对现实知识需要的关切上来。他强调，单纯批判殖民主义并不能获得足够的正当性来完成普遍性替代，还必须在殖民主义的知识维度上构建问题意识和叙事，才能够达到殖民主义实践所体现出的普遍性观念的高度。而今天，中国的思想界对这种普遍性观念缺乏深度的反思和有意义的经验研究。在这个问题上，关凯认为，我们或许能够借助莫斯的理论。莫斯在研究原始社会礼物流动时，发现人类社会组织需要礼物交换的过程。虽然礼物永远是物本身，但当其附着了人的社会交往的时候，礼物便具有了某种灵魂，从而将人们的情感表达联结起来，构造社会系统。从莫斯的意义上说，人类命运共同体其实有一个基础的、普遍人性的出发点。在资本主义时代之前，人们的礼物交换遵循自愿原则，其中包含着道德、责任的观念系统。这是人的天性之一，任何交换行为都含有共同的要素。 在殖民地，剥削者和被剥削者也会发生这样的活动。 人类社会普遍性的东西仍然存在，并没有被殖民主义完全覆盖，而且比殖民主义的短暂历史过程更为长久。 人类社会是沿着一种礼物交换式的普遍人性在不断地代际更替、不断演化的。

在这种情况下，我们能够找到一个让殖民主义回到它该在的那个格子里的方式。 21 世纪，白人殖民者的背影渐渐远去，有关殖民主义本身的问题，如他们都做了什么，如何做的，取得了哪些成就，遭受了哪些挫折，其实这些问题都不具备当下的重要性。 其对当下的重要性来自对它的知识社会学的反思，而莫斯的礼物交换论似乎可以成为对殖民主义历史意义再发现的入口。

最后，关凯教授讨论了中国的知识与普遍性观念的问题。 他提到晚清"睁眼看世界"的郭嵩焘。 郭嵩焘出使英国，用中国古典哲学思维的框架解释英国，其叙事本质是"华夷之辨"，而"华"是英国，"夷"则是自身。 在中国古代的华夷关系之中，从先秦开始便存在普遍主义法则，比如"天下为公"。 举例来说，大禹"三过家门而不入"便是公私分明的典范。 回家是私，不回家是公，而天下为公，所以不能入家门。 通过象征性的神话体系，普遍价值观得以确立。 再比如"有教无类""和而不同""怀柔远仁"等，都显示出农业文明扩张的"教化"手段。 农业文明的扩张需要"怀柔远人，教化普遍"，这构成了夷夏关系的机制，即强者需要帮助、教化弱者。 郭嵩焘认为，列强应当遵循强者帮扶弱者的逻辑，但事实并非如此。 观念颠覆的后果便是严复翻译《天演论》，将生物界的自然选择变成人类社会优胜劣汰、适者生存式的进路，而原有的传统观念便被摧毁了。

从这个意义上，我们能够进一步理解"一带一路"倡议，理解其承载的深刻的中华文明传统基因。 当中华文明强盛的时候，积极帮助其他发展中国家共同发展，破解发展中的难题，实现现代化，这是殖民主义所没有的。 没有任何一个殖民主义力量的目标是要帮助其他国家实现现代化。 但我们的"一带一路"倡议，却有强烈的共同发展的意愿，提供破解全球发展难题的中国方案，实现非西方式的现代化，这里面仍然有深刻的知识社会学内涵等待挖掘。

昝涛教授对本次讲座进行了简要总结。他指出，关凯教授对殖民主义的批评是在更高维度指出其世界秩序的观念，期望能够提供一种基于中国传统文化的"普遍性世界秩序叙事"。厦门大学人类学与社会学系主任龚浩群教授从东南亚本土人类学的建构谈起，认为东南亚前殖民地国家在处理本土人类学与殖民地人类学的关系时存在不同的方式。马来西亚的人类学延续了英国殖民人类学的传统，较好地与国家现代化和民族国家建构结合；而印度尼西亚、菲律宾等国家，则对殖民主义有非常强的抗拒。印度尼西亚将人类学看作殖民的工具，在建国后曾讨论人类学是否需要保留。东南亚本土人类学的知识概念也能够为中国提供借鉴。龚浩群教授随后就"一带一路"背后的知识体系及其普遍性进行提问。

关凯解释道，他的目的就在于挖掘这套知识系统，包含两个层面。其一是殖民主义研究的三个局限，我们需要跨越利益的考量，走向对其背后观念的思考。其二是行动的价值维度。关凯强调，中华传统文化中一直存在一个深层的逻辑结构。虽然中国在救亡图存的历史时期原本的文化信念受到打压，但深刻的文化基因不会消失，而是会在国家力量强盛的过程中得到彰显。中华文化的传统基因，与西方学者莫斯强调的礼物流动观念是相通的，我们能够通过莫斯与西方理论进行对话。

北京大学社会学系副教授王娟对殖民主义类型学的基础提出了疑问，认为如何界定"殖民主义"是一个重要的问题，关系到我们对俄国殖民的认识。关凯认为，狭窄地定义"殖民主义"，能够将历史实践阶段化、本质化，从而厘清边界，有利于讨论。他对"俄国殖民"的讲述加了引号，以显示俄国殖民的特殊性。

昝涛教授认为，问题的关键在于一个没有普遍性观念的国家如何实现工业化，这需要我们首先厘清"中国式现代化"的意涵；中国的文化基因与西方不同，但在崛起之后开始寻找自我。关凯强调，这种对自我的找寻并非泛化的行动，并非简单的复古，而是与西方的普遍性相伴生。当下学界对殖民主义的研究趋于简化，这严重限制了我们的知识想象力。

北京大学历史学系博士后董雨同样就俄国殖民历史的意涵和细节提问。 关凯表示，对俄国、乌克兰、白俄罗斯等国家的历史研究要回到民族主义的框架之中。 我们需要关注大历史进程，这是未来民族主义正当性的走向；如果任何形式的民族主义都在思想上、政治哲学上被取消了正当性，那么冲突便会自然消失。 这也是我们能够从中华古典文明中挖掘的有现代价值的内容。

在场同学还就殖民主义研究中经济视角的必要性、中华文明普遍性观念传播的接受问题以及日本殖民研究的充分性提出了疑问。 关凯解释道，他将殖民主义类型分为四种而非两种，是基于添加"无世界秩序世界"的考虑。 俄罗斯、日本被归为"无世界秩序构想"的殖民主义，美国的殖民主义案例也是值得关注的议题，当下的金融资本主义便完全内化了殖民主义逻辑，让殖民活动能够"去地域化"，规则制定成为殖民的手段。

（整理人：关凯）

书　评

国强是否必将争霸？ 对全球秩序的非霸权理解

——评《此疆尔界："门罗主义"与近代空间政治》[*]

殷之光

章永乐于 2021 年出版的《此疆尔界："门罗主义"与近代空间政治》一书，是对其危机和转型时期中国法政思想系列研究的重要补充。 本书不仅在思想史学科方面表现出高度的学术严谨性，同时开创性地突破了对门罗主义概念的传统研究。 就本书所涉及的主题而言，章永乐展现出了与其之前略有不同的学术兴趣。 在他诸多以中国为对象的研究中，这部讨论"门罗主义"的著作更像是一种全球史方法的尝试。 然而，我们不难发现，一种强烈的从中国出发理解中国与世界的问题意识，是联结本书主题与作者其他著作的核心关怀。 从这个意义上来说，本书展现了中国年轻一代学者，在面对如何认识中国与世界这一历史性命题时，在全球思想史研究领域内交出的一份充满自主意识的答卷。

本书未将门罗主义视作一个跨越国界的、静态的、独立的概念，而是着重追溯门罗主义在全球演变、渗透的过程中与帝国主义结合的机制。 除了审视门罗主义在美国的发展外，本书还将德国的"大空间理论"和日本、中国的"亚洲主义"纳入门罗主义全球之旅的讨论中，描绘了一个复

[*] 本文原载于《清华中国法律评论》第 14 卷第 1 号，2021 年，第 75—97 页。（Zhiguang Yin, "Is China Just Another Japan in the World? Towards a Non-Hedgemonic Understanding of Global Order, " *Tsinghua China Law Review*, vol. 14. no. 1, 2021, pp. 75 - 79.）本文由吴应娟、李旭翻译。

杂的跨国思想网络。 从章永乐的分析中我们可以看出，虽然表现形式不同，但门罗主义的基本原则主要建立在空间霸权基础之上。① 然而，我们是否可以用同样的原则来理解中国呢？

有趣的是，章永乐注意到，门罗主义在近代中国发生了耐人寻味的内向型转变。 在近代中国，"门罗主义"话语压倒性地关注"次国家"层面的省域自主性，而非"超国家"层面的区域秩序与全球秩序建构。② 与美国、日本和德国的同行相比，当时中国的政治—文化精英在最初将"门罗主义"一词从日语翻译成中文时，更倾向于将其解释为自主的理由。③

正是中国的特殊情况，使得这本书格外令人兴奋，这也是章永乐考察门罗主义全球之旅主要想解决的问题。 在书中绪论的开头，章永乐提到了马克·莱昂纳德（Mark Leonard）的《中国怎么想？》（*What Does China Think?*）一书④，这是推动章永乐研究的主要问题意识之一。 20 世纪 90 年代，西方学术界开始热衷提出诸如"中国为何坚持列宁主义传统""中国共产主义还能坚持多久""中国接下来会发生什么"一类的问题⑤，进入 21 世纪，随着中国稳步上升为世界第二大经济体，这类问题变成了一种更坚定的声明——在公共媒体和学术著作中，西方中心主义式的叙事声称，中国将成为新的"全球霸主"。

西方学者并没有给出明确的答案或令人信服地证明他们的说法，这些质问背后的总体假设完全是西方中心主义的。 这些问题实际上与 20 世纪 80 年代保罗·肯尼迪在《大国的兴衰》中的追问——"现代历史中的世界性大国为什么会兴起，又为何衰落"异曲同工，也与西方政治经济学者对"康德拉季耶夫周期"与霸权周期更迭必然性的笃信密不可分。

---

① 参见章永乐：《此疆尔界："门罗正义"与近代空间政治》，北京：生活·读书·新知三联书店，2021 年，第 141—153 页。
② 章永乐：《此疆尔界："门罗正义"与近代空间政治》，第 211 页。
③ 章永乐：《此疆尔界："门罗正义"与近代空间政治》，第 221—222 页。
④ 章永乐：《此疆尔界："门罗正义"与近代空间政治》，第 4 页。
⑤ Lucian W. Pye, "Social Science Theories in Search of Chinese Realities," *The China Quarterly*, No. 132 (Dec. , 1992), p. 1161.

为什么这些问题无法回答,白鲁恂(Lucian Pye)在 1992 年作出了解
释,后经亨利·基辛格(Henry Kissinger)在他对中国外交政策制定的基
本原理的解释中流行起来。 白鲁恂称中国是一个"伪装成民族国家的文
明"。① 正如这一前提所暗示的那样,由于中国只是伪装成一个民族国
家,当代社会科学理论在应用于中国研究时,必须被"重新调整"。 因
此,白鲁恂提出了"儒家列宁主义"一词,表明当代中国的独特性是其
"悠久的中国文化传统"与后来引进的社会主义现代思想相结合的结果。
或者,就像亨利·基辛格建议的那样,人们应该简单地接受中国的独特
性,并尝试在中国自己的"文明"中理解中国。

但是,"鼓吹"中国的独特性,实际上是在暗示,社会理论的"普世
性"是颠扑不破的真理,有问题的是中国。 从此,我们时常听到这样的评
价,中国不是一个需要认真对待的"传统民族国家",甚至,"中国是一个
异类"。 可是,是我们用来理解世界的水晶球坏了,还是说它根本就不是
一个水晶球? 否则,我们必将看到中国效仿日本对"门罗主义"的理解方
式,成为具有"全球野心的地区霸主"。 然而事实却不是这样的,为什么
呢? 章永乐的比较历史研究部分回答了这一问题。

一、反对以霸权为中心的世界观

章永乐的研究将霸权放在核心位置。 他坦率地指出,"门罗主义",至
少对它的大多数鼓吹者来说,是霸权控制的委婉说法。 与佩里·安德森对霸
权的概念史研究不同,章永乐聚焦于分析促使门罗主义在全球流变和渗透的
"政治过程"和"历史语境"。 他将中国对门罗主义的运用或"滥用"描述
为其全球传播"大链条"中的"意外断裂"。② 这种理解使章永乐的讨论有
别于其他对霸权概念的理解和地缘政治的理解,因此,为解决以下问题提

① Lucian W. Pye, "Social Science Theories in Search of Chinese Realities," *The China Quarterly*,
  No. 132 (Dec. , 1992), p. 1162.
② 章永乐:《此疆尔界:"门罗正义"与近代空间政治》,第 18—19 页。

供了一个新颖的视角：中国是否会重蹈覆辙，成为另一个"全球霸主"？

中国将成为另一个"霸主"的假设植根于传统的以西方为中心的地缘政治世界观中。当代国际关系理论不断向我们揭示"威斯特伐利亚主权"的中心地位，而正是非西方人民的"觉醒"，推动了威斯特伐利亚式的民族主义在非欧洲世界的广泛传播。因此，争取超越西方中心主义现代化观点的统一秩序和方向的反帝抗争被低估为"康德式的道德团结"，是试图从国际社会"扫除邪恶"。①

基于这一前提——19世纪末以来的反帝计划是威斯特伐利亚式的民族主义的扩散，霸权稳定理论从而假设，对一个超国家霸权的否定将成为另一个超国家霸权崛起的理由。它还进一步假设，只有在霸权国家的主导下，才能确保和维持一个开放稳定的世界经济。一个霸权的衰落意味着对抗和冲突，并且总是会导致另一个霸权的崛起。② 霸权稳定的基本假设是，一个国家的民族主义崛起总是会导致扩张主义，它以西方中心主义的视角，描绘了19世纪末20世纪初反帝民族独立运动浪潮中建立起来的非西方国家的目的论命运。在这个目的论的命运中，全世界的民族主义总会重复欧洲的历史经验，走向侵略扩张，给人类和世界带来浩劫。③ 一个国家要么努力成为区域或全球霸主并取得成功，要么被置于新兴霸权的统治之下。

当然，霸权稳定论的层次要丰富得多。罗伯特·基欧汉（Robert O. Keohane）对金德伯格（Charles P. Kindleberger）和罗伯特·吉尔平

---

① See Martin Wight, "An Anatomy of International Thought," *Review of International Studies*, Vol. 13, No. 3 (Jul., 1987), pp. 221, 224 – 225; Robert Jackson, *Classical and Modern Thought on International Relations*, New York: Palgrave Macmillan, 2005, p. 66.

② See Robert O. Keohane, The Theory of Hegemonic Stability and Changes in International Economic Regimes, 1967 – 1977, in Ole R. Holsti et al. eds., *Change In The International System*, New York: Routledge, 1980, pp. 131 – 162; Robert O. Keohane, *After Hegemony: Cooperation and Discord in the World Political Economy*, Princeton, N. J.: Princeton University Press, 1984; Robert Gilpin, *U. S. Power and the Multinational Corporation: The Political Economy of Foreign Direct Investment*, New York: Basic Books, 1975; Charles P. Kindleberger, *The World in Depression*, *1929 – 1939*, Oakland: University of California Press, 1986.

③ See Elie Kedourie, Nationalism, New York: The Humanities Press, 1960.

（Robert Gilpin）的批评为我们描绘了一种大国与参与者的合作模式。 在这一修正中，霸权的角色不再由单一国家承担，而是由包括国家和非国家行为体在内的一系列权力组成。① 这一霸权稳定理论的支持者更愿意用"国际机制"（international regimes）来取代"霸权"这个棘手的词。② 然而，正如苏珊·斯特兰奇（Susan Strange）指出的那样，国际机构仍然是美国意志的战略工具。 美国政府无疑是"体系的霸主"，它通过军事干预、庞大的核武器和常规武器库、美元对国际金融的主导地位，以及选择性地放松市场管制来行使权力。③

霸权论如此受欢迎，以至于它已经"渗透"到新闻界，成为普罗大众世界观的一部分。④ 当代全球媒体向来热衷讨论"中国崛起"为"全球大国"对国际和地区稳定的影响及"威胁"。 阅览新闻的读者不断收到这些媒体的"警告"——干预主义的地区或全球力量一旦撤退，可能会给叛乱分子和权力贩子留下"权力真空"，他们会扰乱国际现状，进而扰乱读者自己的生活方式。

霸权稳定理论眼中的世界是等级制的，它设想了基于霍布斯国家理论的全球秩序的形成。 它坚定地认为，如果没有"帝国、霸权和大国"的存在，"国际体系的治理"是不可能实现的。⑤ 即使在基欧汉提出的基于规则的多边合作中，强大的国家力量仍然需要成为支点，为国际秩序的平稳运行提供引领和保障。⑥ 这种以国家为中心的对世界秩序的等级理解让我

---

① See KEOHANE, supra note 9，at 78 80.

② See Robert O. Keohane, "The Demand for International Regimes," *International Organization*, Vol. 36, No. 2, (Spring, 1982), p. 325；Stephan Haggard & Beth A. Simmons, "Theories of International Regimes," *International Organization*, Vol. 41, No. 3 (Summer, 1987), p. 491.

③ See Susan Strange, "Cave! Hic Dragones: A Critique of Regime Analysis," *International Organization*, Vol. 36, No. 2, (Spring, 1982), p. 479.

④ See Isabelle Grunberg, "Exploring the 'Myth' of Hegemonic Stability," *International Organization*, Vol. 44, No. 4 (Autumn, 1990), p. 431.

⑤ Robert Gilpin, War and Change in World Politics, Cambridge: Cambridge University Press, 1981, p. 156.

⑥ See KEOHANE, supra note 9, at 136 37.

们想起了 19 世纪和 20 世纪的文明讨论。

　　尽管许多研究人员在将 19 世纪的大英帝国同当今美国的全球地位相提并论时表现出保留态度，但毫无疑问，基于这种世界观建立起来的世界秩序只不过是从一个以霸权为中心的和平（hegemon-centric pax）到以另一个霸权为中心的和平的不断过渡。① 这种世界观无视那些位于亚非拉地区的弱小国家，就好像那里只是"空地"，要么已经被填充，要么即将被填充，又或者太微不足道以至于无法被大国填充。

　　精心修剪的经验证据增强了这一理论的普遍吸引力。 学者们注意到，自 19 世纪中叶以来，对欧美扩张主义的抵制总会导致另一种力量崛起争夺地区乃至全球霸权。 门罗主义的出现是为了拒绝欧洲对美国的干涉主义，但它很快扩展到了全球空间，为 19 世纪末开始美国主导的世界秩序提供了理由。② 卡尔·施密特的"大空间"拒绝了英美自由世界秩序的"Universalismus"，同时为德国对欧洲的支配进行辩护。③ 在欧美世界之外，日本对文明理论的接受最终催生了亚洲主义，在亚洲抵制西方帝国主义，合法化了日本在东亚的霸权主张。④ 同样，阿拉伯知识分子出于去殖民化的需求发出了泛伊斯兰统一的主张，其中包括反对"白祸"等极端种族主义言论。⑤

　　这种以霸权为中心的全球秩序观让我们想起了臭名昭著的等级文明理论，该理论从 19 世纪中叶开始流行，当时欧美扩张主义正在迅速重塑全球

---

① See David Calleo, *The Atlantic Fantasy*：*The U. S.* ，*NATO*，*and Europe*，The Johns Hopkins University Press, 1977； KEOHANE， supra note 9， at 31 45； Paul M. Kennedy, *The Rise and Fall of the Great Powers*：*Economic Change and Military Conflict from 1500 to 2000*，London：Fontana, 1989.

② 参见章永乐：《此疆尔界："门罗正义"与近代空间政治》，第 61—105 页； Jay Sexton, *The Monroe Doctrine*：*Empire and Nation in Nineteenth-Century America*，New York：Hill and Wang, 2011； Gretchen Murphy, *Hemispheric Imaginings*：*The Monroe Doctrine and Narratives of U. S. Empire*，Durham，N. C. ；Duke University Press, 2005.

③ See Carl Schmitt, *Positionen und Begriffe*，*im Kampf mit Weimar-Genf-Versailles 1923 - 1939*，Berlin；Duncker & Humblot, 1940, pp. 295—302.

④ 竹内好「方法としてのアジア」、『竹内好評論集』第一巻、筑摩書房、1966 年、419—420 頁。

⑤ See Cemil Aydin, *The Politics of Anti-Westernism in Asia*：*Visions of World Order in Pan-Islamic and Pan-Asian Thought*，New York：Columbia University Press，2007，pp. 59 - 69.

地缘政治空间和世界观，这两种话语都设想一个只有霸权才能提供全球公共产品的世界秩序。 19 世纪文明论的目的论主张，文明是"全人类的最佳状态"，"只有文明人才知道什么是文明"，这在当代霸权稳定论中表现为坚信霸权永远会崛起以填补空白，只有霸权国家才能履行提供全球公共产品的义务。①

帝国政治总是依靠霸权语言来维持。 传统的有关文化帝国主义的学术研究倾向于关注主流文化对其他文化的压迫以及其他文化的反抗。② 然而，将霸权仅仅描述为一种支配形式是存在问题的，因为它不仅包括凝聚力，还包括共识的形成。 葛兰西的洞见让我们看到霸权如何在思想和知识领域而非武力领域构建其合法性。 葛兰西将这场争夺思想和信仰支配权的斗争称为"阵地战"，将武力统治称为"运动战"，他注意到，在西方国家内部，"阵地战"总是先于"运动战"发生③，而在国际层面上，欧洲扩张主义在非欧洲人民之中则首先经历了"运动战"。 以构想了亚洲主义的日本为例，正是早期与西方的暴力冲突导致了日本对文明等级论的屈服。

二、日本中心主义文明论与亚洲主义的起源

正如章永乐明确指出的那样，中国人与门罗主义的遭遇来自日本。 根据章永乐的研究，亚洲主义是日本式的门罗主义。④ 日本意图建立一个日本支配下的强大的亚洲联盟来反对西方，这一设想引起了知识分子的广泛关注⑤，但这一兴趣非常短暂。 为什么会这样？

① See Anthony Pagden,"The'defence of civilization' in eighteenth-century social theory,"*History of the Human Sciences*,Volume 1,Issue 1,1988,p. 33.
② See Russell Smandych, *Cultural Imperialism and Its Critics*：*Rethinking Cultural Domination and Resistance*, in Bernd Hamm & Russell Smandych eds. ,*Cultural Imperialism*：*Essays on the Political Economy of Cultural Domination*, Toronto：Broadview Press, 2005, p. 3.
③ See Antonio Gramsci, Selections from the Prison Notebooks of Antonio Gramsci, N. Y. ：International Publishers Co, 1971, pp. 206 - 209.
④ 参见章永乐：《此疆尔界："门罗正义"与近代空间政治》，第 164 页。
⑤ 参见章永乐：《此疆尔界："门罗正义"与近代空间政治》，第 167 页。

日本人对 19 世纪文明论的热情源于其所面对的政治现实。 19 世纪中叶，英美加紧在全球的扩张，日本在 1853—1854 年的"黑船来航"事件后被迫打开国门，随后又积极寻求进入欧美"列强"主导的国际关系体系，这是日本转型的开始。 在转型过程中，中国和日本都在努力重新定义它们在新国际秩序中的位置。 历史上，以中国为中心的国家间关系和朝贡贸易体系，也被称为"中国中心主义"世界体系，曾经是将东亚作为一个地区维系在一起的框架，日本长期以来一直是该体系的一部分。 但随着欧美列强在亚洲的影响力不断增强，中国日益衰弱，亚洲原有的世界秩序遭到了重大挑战。

在日本江户时代后期（1638—1867），海军准将马修·佩里率领的美国军舰的到来震惊了德川幕府，成为日本思想史上的里程碑事件。 从那时起，一个重大的变化是荷兰语和兰学被英语和英语研究所取代。 与早期兰学学者被动承认日本被迫开放的现实相比，受英美扩张主义影响的学者们提倡更积极的开放①，主要代表人物之一是吉田松阴。

吉田松阴（1830—1859）的世界观类似于今天的霸权稳定论。 他认为，日本应该通过向琉球群岛、菲律宾、朝鲜和中国等亚洲其他地区扩张来抵御西方扩张主义。② 在他看来，一个国家的命运要么是扩张，要么是被入侵。 自此以后，扩张主义成为日本自保的唯一出路。 当反抗清朝统治者的太平天国运动（1851—1864）席卷中国南方各省时，吉田松阴担心太平天国的领导人会在接管中国并获得朝鲜的支持后攻击日本。③ 因此，1855 年，吉田在写给其兄的一封信中提出，日本要维持与美、俄的现状，但同时也要积极向亚洲扩张。 与美、俄贸易造成的损失应该通过从"朝

---

① 参见周颂伦：《文明"入欧"与政治"脱亚"——福泽谕吉"文明论"的逻辑构造》，《二十一世纪》2014 年 4 月号总第 142 期。
② 唐利国：《论吉田松阴的亚洲侵略思想》，北华大学学报（社会科学版）2017 年第 28 期。
③ 吉田松陰『吉田松陰全集』第 2 卷、岩波書店、1939 年、424 頁。

鲜，满洲和'支那'"占领土地来获得补偿。① 吉田的思想为明治政府的大多数改革派提供了智识上的灵感，其中就有日本第一任首相伊藤博文（1841—1909）。

推动日本亚洲主义发展的另一个重要人物是福泽谕吉（1835—1901），他将文明作为一个"奇点"引入日本。 他在其广为流传的作品《文明论概略》（1875 年，以下简称《概略》）中描绘了一种"文明"理论，旨在为大转型时期的日本提供一条成为像"欧洲和美利坚合众国最文明的国家"一样的"文明国"的道路。 他对文明发展的目的论观点在《概略》第二章的标题"以西方文明为归宿"②中得到了非常明确的体现。 他接受了当时普遍流行的三分法的"西方文明论"，将世界各民族分为"文明""半文明"和"野蛮"。

学者们已经令人信服地论证了，福泽谕吉对文明的理解主要来自 19 世纪六七十年代在美国出版的高中地理教科书。③ 然而，福泽谕吉对文明的分类与其西方资源又有着微妙但至关重要的区别：流行于欧美世界的文明论深深根植于民族志研究。 三分法是对世人的分类，这种以种族为中心的文明观可以被理解为帝国"存在的理由"（*raison d'état*），当一个帝国处于扩张轨道上时，文明观便会出现，为一个种族统治其他种族提供正当理由。 文明标准构成了欧洲扩张主义的正当性基础，起源于 18 世纪的法

---

① 吉田松陰『吉田松陰全集』第 2 卷、422—423 頁。 "支那"是一个在日本使用的贬义词，指的是中国，在日本汉字"中国"中，"中"也有中心的意思。 使用"支那"是为了避免暗示中国的中心地位。 它还表示一个比"中国"一词所包含的更小的地理区域。 粗略地说，"支那"主要包括中国东部及其沿海地区，在英语中被称为"中国本土"。 在日语中，它也被称为"十八省"（字面意思是十八个省）或"中国本部"（中国本土）。 它只包括清朝的部分领土，不包括"满洲"（今天中国东北的吉林省、辽宁省和黑龙江省等）、西藏、新疆和蒙古（今中国内蒙古自治区和蒙古国等）。 这一概念在明治日本时期的谱系，参见陈波：《日本明治时代的中国本部概念》，《学术期刊》2016 年第 7 期，第 157—173 页。

② 福沢諭吉『文明論之概略』、1875 年、21 頁。

③ *See* Albert M. Craig, *Civilization and Enlightenment：The Early Thought of Fukuzawa Yukichi*, Cambridge, Mass.：Harvard University Press, 2009, pp. 41 - 53.

国①，后来随着英国的全球扩张而流行起来。 在约翰·西利（John Seeley）著名的英国扩张史系列讲座中，他意图将英国作为全球帝国的发展过程与整个人类文明的"总趋势"和"目标"联系起来。 在他看来，英国的扩张是不可避免的，这是由英国独特的环境和盎格鲁-撒克逊种族的生物进化决定的。"英国国家"的扩张从根本上说是"我们种族的扩散"，并将在道德和社会层面将其他种族转变为更先进的阶段。② 19、20 世纪之交，这种言论在英美世界迅速发展为政治上的流行话语。 作为优越的种族——白人，或更具体地说，在英美帝国主义眼中，盎格鲁-撒克逊人——有道德责任将其他种族带到人类文明的顶峰。 而实现这一目标的主要途径是在亚非世界半殖民地实施间接支配，在美国、加拿大、澳大利亚和南非等殖民地建立"白人国家"。

然而，在这种将白种人置于人类文明及进化的顶端的种族中心主义文明观下，福泽谕吉将日本转变为"文明国家"的愿景是行不通的。 因此，福泽谕吉在他的文明版本中淡化了种族中心地位的理论，转而将"国"（kuni）而非"人"作为评价发展水平的基本单位。 如此一来，等级顺序仅代表国家的不同发展水平。 如果西方文明国家的成功证明现代化模式的应用是有效的，那么一个半文明国家就可以转变为文明国家。 与种族优越文明论认为其他种族需要白种人启蒙不同，日本人的文明论强调通过改革和学习进行自我改造。 因此，约在福泽谕吉《概略》一书出版的同时，中村正直（1832—1891）翻译的塞缪尔·斯迈尔斯（Samuel Smiles）的《自己拯救自己》（*Self-Help*）也广为流传，成为日本现代化话语的另一个重要组成部分。③ 对福泽谕吉来说，日本作为"东方之国"（東洋の一国），其现代化的资源来自西方文明（seiyō bunmei）的教导，这些教导早在

---

① See Brett Bowden, *The Empire of Civilization: The Evolution of an Imperial Idea*, Chicago: University of Chicago Press, 2009, pp. 27 – 28.

② See J. R. Seeley, *The Expansion of England: Two Courses of Lectures*, London: Macmillan and Co., Limited, 1914, pp. 4 – 10.

③ See Hirakawa Sukehiro, *Japan's Turn to the West*, in Bob Tadashi Wakabayashi ed., *Modern Japanese Thought*, Cambridge: Cambridge University Press, 1998, pp. 30, 80 – 85.

"100 多年前就传入了日本"。① 这种通过将日本转型为更像欧洲国家而不是东方国家的现代化概念后来被称为"脱亚入欧"。②

然而,福泽谕吉"脱亚"的现代化愿景并不意味着脱离亚洲地缘政治事务,在他的文明论中,亚洲主要意味着以中国为中心的由狭义的儒家等级道德结构所维持的区域秩序。 福泽谕吉认为中国是"专制神权"统治下的知识贫瘠之地,而日本则充满活力,有发展先进文明的潜力。 因此,先进国家有道义上的责任,通过贸易竞争和战争,在人类文明的发展中压制落后国家。③

至 19 世纪 80 年代初,福泽谕吉开始积极表达"亚洲应共同抵御西方的欺凌和侵略"的主张。 这标志着他的文明论已经成熟,成为后来被称为"日本盟主论"(Nihon meishu-ron)的地缘政治战略。④ 20 世纪初,日本民族国家的实力不断增强,自信心也随之增强,最终阻碍了日本重返亚洲,而且日本对其在亚洲的优势和领导地位进行了前所未有的强化,并在 20 世纪 30 年代的"新秩序"和 40 年代初期的"大东亚共荣圈"达到了登峰造极的地步。

三、中国的亚洲主义

19 世纪末中国的知识分子也被日本改革派翻译的亚洲主义话语和文明

---

① 福沢諭吉「蘭学事始再版序」、『福沢諭吉全集』、岩波書店、1962 年、770 頁。
② See Urs Matthias Zachmann, *The Foundation Manifesto of the Kōakai (Raising Asia Society) and the Ajia Kyōkai (Asia Association), 1880 - 1883*, in Sven Saaler & Christopher W. A. Szpilman eds., *Pan Asianism: A Documentary History*, Vol. 1, 1850 - 1920, Rowman & Littlefield Publishers, 2011, pp. 53 - 60; Hirakawa Sukehiro, *Japan's Turn to the West*, in Bob Tadashi Wakabayashi ed., *Modern Japanese Thought*, pp. 30 - 97.
③ 福沢諭吉『文明論之概略』、1875 年、36—39 頁。
④ 参见周颂伦:《文明"入欧"与政治"脱亚"——福泽谕吉"文明论"的逻辑构造》,《二十一世纪》2014 年 4 月号总第 142 期, 第 29—41 页。

等级论所吸引。① 1898 年，康有为（1858—1927）和梁启超（1873—1929）被迫逃离北京后，受到日本亚洲主义者的热情接待，②明治时期，中国民主革命的先驱孙中山（1866—1925）也与日本亚洲主义者有过接触。③ 根据章永乐的研究，孙中山的一些政治著作显然受到门罗主义，或至少是日本改造过的门罗主义的影响。④ 然而，思想的跨国旅行绝不仅仅是简单的知识渗透或传播，尤其是文明等级论的传播是一个从支配方向被支配方传播的过程，它点燃了一个全球进程，在此进程中，一代又一代的知识分子开始通过重写、杂交、解释、改造、批评和抵制那些主导话语来追求自己国家的未来。

就 19 世纪末亚洲主义的传播而言，中国的部分精英分子对亚洲可以联合抵御西方日益渗透的想法特别感兴趣。 1898 年美国对菲律宾的占领和 1899 年的英布战争时刻提醒着中国人，中国确有可能被西方的扩张主义瓦解，出于这一担忧，中日两国的精英阶层均对门罗主义产生浓厚的兴趣。但对日本来说，门罗主义的吸引力主要在于它有可能证明日本对亚洲的权利主张是正当的。 1898 年，甲午中日战争（1894—1895）爆发，日本强占台湾后不久，近卫笃麿（1863—1904 年）创立东亚同文会（Tōa Dōbunkai），他坚信日本应该带领亚洲走出由于欧美"大国"在亚洲扩张造成的困境。 东亚同文会的创立原则"东洋是东洋人的东洋"（东洋は东方人の东洋なり）直接受门罗主义的启发。⑤

东洋（Tōyō，东方，字面意思是海洋的东方）统一起来反对西洋

---

① 参见郭双林：《从近代编译看西学东渐——一项以地理教科书为中心的考察》，载刘禾主编：《世界秩序与文明等级：全球史研究的新路径》，北京：生活·读书·新知三联书店，2016 年，第 237—290 页。

② 参见章永乐：《此疆尔界："门罗正义"与近代空间政治》，第 218—219 页。

③ See Sven Saaler & Christopher W. A. Szpilman, *Introduction: The Emergence of Pan-Asianism as an Ideal of Asian Identity and Solidarity, 1850 - 2008*, in Sven Saaler & Christopher W. A. Szpilman eds. ,*Pan Asianism: A Documentary History*, Vol. 1, 1850 - 1920, pp. 20 - 26.

④ 参见章永乐：《此疆尔界："门罗正义"与近代空间政治》，第 222 页。

⑤ 藤田佳久「東亜同文会——教育者としての近衞篤麿」、『同文書院記念報』Vol. 26、2018 年、85 頁；章永乐：《此疆尔界："门罗正义"与近代空间政治》，第 160—210 页。

（Seiyō，西方，字面意思是海洋的西方）的想法对当时正受到欧美帝国主义威胁的亚洲国家来说极具吸引力。 到 19 世纪末，来自中国、朝鲜和越南的知识分子尤其被"亚洲主义"（Tōyō Shugi，东洋主义）的一部分所吸引，该部分强调共同的文化认同（Dōbun，同文，字面意思是同一种语言）①和种族关系（Dōshu，同种，字面意思是同一种族），短暂地形成了"黄种人"统一对抗"白种人"的跨国想象。②

这种亚洲团结起来对抗西方的美好想象很快就破灭了。 1894 年甲午中日战争期间，日本远征军在旅顺口进行了为时四天的惨无人道的大屠杀，造成两万多名无辜群众死亡，这一暴行是现代历史上西方媒体首次广泛报道的屠杀事件之一。 当有关大屠杀的新闻出现在美国媒体上后，日本从"远东的黑暗"中的"文明之光"变成了又一个"亚洲野蛮人"。③ 正如《堪萨斯城日报》（*Kansas City Journal*）所评论的那样，"文明的日本人在旅顺口犯下的野蛮行径就像曾经被他们指责为不文明的中国一样令人反感"。 美国媒体对此事的反应引起了福泽谕吉的强烈不安，他继续辩解道，"日本在中国的军事行动是一场消灭落后势力以推进世界文明的战争。中国应该感谢日本这个文明的领袖"。 他还"谴责"大屠杀的报道是"虚假"的，这源于长期以来，"在欧美的凡俗社会不仅还有许多人不知日本，而且他祖先以来之先入为主，又看到他多年来盲目相信之劣等国突然日趋

---

① 这个词表达的是，汉字是朝鲜、日本、越南和中国等亚洲国家受过教育的人的文化通用语。 关于将汉语作为亚洲反殖民主义运动的通用语，参见罗景文：《东亚汉文化知识圈的流动与互动——以梁启超与潘佩珠对西方思想家与日本维新人的著作为例》，《台湾历史学报》2011 年 12 月，第 51—96 页。

② See Frédéric Roustan，"From Oriental Studies to South Pacific Studies：The Multiple Origins of Vietnamese Studies in Japan，1881 to 1951，" *Journal of Vietnamese Studies*，Vol. 6，No. 1，Winter 2011；Cemil Aydin，"Beyond Civilization：Pan-Islamism，Pan-Asianism and the Revolt against the West，"Vol. 4，No. 2，*Beyond Hegemony？-Europe and the Politics of Non-Western Elites，1900 –1930*（2006）；刘先飞：《东游运动与潘佩珠日本认识的转变》，《东南亚研究》2011 年第 5 期，第 69 页。

③ Jeffrey M. Dorwart，James Creelman，"The 'New York World' and the Port Arthur Massacre，" *Journalism Quarterly*，50（4）（1973），pp. 697，699.

全盛，心里暗自有不悦之私情"。①

　　亚洲其他国家的知识分子很快意识到，日本的亚洲主义思想坚定地以日本对亚洲的支配为中心。 孙中山先生曾警告越南反殖民革命家潘贝珠（Phan Bội Châu，1867－1940），日本感兴趣的是"强权"而非"人道"，因此，日本不会成为全球反殖民主义事业的可靠盟友。② 相较于依赖文明等级论，此时的中国知识分子更希望看到亚洲成为反对帝国主义的联盟。1898 年，由梁启超、麦孟华（1875—1915）和欧榘甲（1870—1911）在横滨创立的改革派期刊《清议报》（1875—1915）发表了一篇题为《极东之新木爱罗主义》的短文，声称是一篇在美国发表的新闻文章的翻译。 文章称"新门罗主义（新木爱罗主义）"是"被美英切割下来称霸世界的新帝国主义"。 这一新帝国主义不同于"罗马帝国主义"，它要求"正义与和平、自决与法治"。 处于新门罗主义下的国际秩序是"在一个国际仲裁机构的治理下，由英国、美国和荷兰主导"的世界秩序，它提倡"门户开放"和"自由贸易"。 新门罗主义还将阻止欧洲列强在中国的殖民扩张，并"将中国置于美国、英国和日本提供的联合保护之下"。③

　　虽然这篇文章发表后，没有进一步的评论向我们展示近代中国的改良派对待来自美国、英国和日本的"新帝国主义"的态度。 然而，处在中国改良思想家核心圈子的知识分子在同一时期发表的其他文章有助于拼凑出中国人对亚洲主义态度的全面图景。 其中一个显著特征是，在本杰明·基德（Benjamin Kidd）和沃尔特·白芝浩（Walter Bagehot）等社会达尔文主义欧美鼓吹者中流行的种族优越论的中文译本及作品介绍中被有意地忽略和改动。

　　梁启超对本杰明·基德作了著名的诠释，强调合作对国家进步

---

① 董顺擘：《论福泽谕吉对旅顺大屠杀事件的评论》，《社科纵横》2014 年第 7 期，第 107—109 页。

② 刘先飞：《东游运动与潘佩珠日本认识的转变》，《东南亚研究》2011 年第 5 期，第 72 页。

③ 参见《极东之新木爱罗主义》，片冈鹤雄译，《清议报》，1899 年 1 月 2 日，第 2 期，第 21—22 页。

（national progression）的重要性。 梁启超详细阐述了"宗教"在"与人类天然之恶质相抗""促人群之结合"和"谋社会全体未来之利益"方面的一般作用，却忽视了基德叙述中基督教的重要地位。① 梁启超认为，基德的理论比达尔文的自然选择理论更进一步，尽管一个单一有机体可能会灭亡，但整个物种的发展却是永恒的。 因此，梁启超认为，只要"人人以死而利种族，现在之种族以死而利未来之种族"，"死亡"就具有重要的进化功能。 从这个意义上说，死亡成为一种牺牲形式，旨在"孕育未来"。 与西方思想界对本杰明·基德的接受不同，梁启超认为，正是对死亡的哲学思考，确立了基德"进化论之革命健儿"的地位。

对梁启超而言，基德关于个体与社会关系的论述耐人寻味。 梁启超认为，在一个物种群体中，持有"牺牲现在以利未来"精神的个体数量，决定了该群体的进化水平。 他认为，进化的道路永远是向前看的，过去和现在只是"通往未来的途径"。 因此，梁启超认为，基德是在提醒读者，不仅要专注于寻求现在的幸福，还要考虑"未来的大局"。 对梁启超来说，"国家"是一个面向现在的机构，只负责照顾某个群体的利益，"社会"关注的则是全人类未来的普遍福祉。 然而，梁启超并没有为人类如何从碎片化的国家转变为一个普遍的全球社会设想一个明确的解决方案。 他只是拒绝了赫伯特·斯宾塞（Herbert Spencer）的信仰——国家边界注定将被废除，大同世界（cosmopolitan world）最终将会来临。 在梁启超的解读中，通过体现具有未来前瞻性的命运的存在，基德成功地将现在从其时间性中拯救出来。 这让基德的思想更有价值。 当时中国的知识分子也响应这一发展，并认识到任何关于现在的讨论都必须有面向未来的目的。 只有这样，"我们"才能超越 19 世纪现在主义之时代，并使"对当下社会、民族和道德的思考"更"有意义和有价值"。② 通过梁启超的解释，基德对盎格鲁-撒克逊全球经济和军事扩张主义的辩护变成了对一系列更具辩证性和普遍性的关系的哲学探究，即

① 梁启超：《进化论革命者颉德之学说》，《饮冰室文集（点校）》第一集，昆明：云南教育出版社，2001 年，第 423—424 页。
② 梁启超：《进化论革命者颉德之学说》，《饮冰室文集（点校）》第一集，第 426—427 页。

生与死、现在与未来、国家与社会、个人与社区。

绝大多数 20 世纪初的中国知识分子都表达了对帝国主义的担忧。1901 年，中国留日学生主办的刊物《开智录》发表了一篇题为《论帝国主义之发展与廿世纪世界的前途》的文章。作者提出，亚非合作反帝将重塑 20 世纪历史发展的进程，在其看来，帝国主义是"膨胀主义""版图扩张主义""侵略主义"，以及"狄塔偏主义"。帝国主义的兴起导致了"自由败灭之时代"。帝国主义始于 19 世纪末至 20 世纪初，彼时"欧洲列强从革命中恢复过来"，它以"地球强弱诸国不等之势"为食。作者以"自强"为笔名，明确指出帝国主义是指"英美德的全球扩张主义"，不同于"俄法向来皆是帝国主义"。同时，"日本之政策，是唯欧洲之趋势是视"。作者强调反对帝国主义要靠"高举自力更生自由的旗帜，弘扬本民族人民独立自主、热爱自由的精神"。抵抗帝国主义，争取民族独立和自由自主，将会有"比激发欧洲革命大几十倍、几百倍"的势头，并最终把"亚非"变成"20 世纪的大阵地"。①

这种对帝国主义世界秩序的批判和通过弱小国家之间某种形式的合作实现独立的意识在当时的许多第三世界知识分子中普遍存在。可能让 19 世纪盎格鲁-撒克逊帝国精英意外的是，他们所设想的基于"中心与边缘、先进与落后、发达与不发达"二分的等级的世界秩序以最意想不到的方式实现了"普遍性"。帝国及其知识成为"边缘"和"半边缘"世界中的"他者"。通过对帝国知识的反击和书写，更广阔的第三世界创造了自己的现代化经验和现代世界观。

四、从新亚洲主义到亚非团结

章永乐在其书中解决的主要悬念是他对一系列"为什么"的问题的回

---

① 参见《论帝国主义之发展与廿世纪世界的前途》，沉云龙编：《清议报全编》第二十五卷，台北：文海出版社，1985 年，第 178 页。

答。 为什么尽管中国面临着相似的西方帝国主义威胁，却没有成为另一个日本？ 为什么中国人将亚洲想象带上了一条完全不同的道路？ 在这个知识分子决裂的决定性时刻，他注意到了李大钊（1889—1927）。

中国对亚洲主义的兴趣，尤其是其潜在的文明等级论在 20 世纪初迅速消退，特别是第一次世界大战在欧洲爆发后。[1] 章永乐也注意到了这一重大转变。[2] 此时，一种更加国际主义的、亚非反帝和反殖联合的想象很快引起了中国学界和政界的关注。 1949 年中华人民共和国成立后，亚非国际主义框架下的文化交流、政治交往和经济合作迅速成为中华人民共和国世界观的主旋律，为 20 世纪五六十年代中华民族建设动员做出了重大贡献。

最早批评以日本为中心的亚洲主义和"来自远东的门罗主义"的知识分子之一是李大钊，他是中国最早的马克思主义者，中国共产党的主要创始人。 1912 年，李大钊和他北洋法政学会的同事翻译了中岛端（1859—1930）的《支那分割的命运》（支那分割の运命），并进行了注释和评论。在此书评论中，李大钊和他的同事认为日本的"亚洲孟罗主义"等同于"大亚细亚主义"，"只是日本称霸亚洲野心的代名词"。[3] 对李大钊来说，形式上的区域统治思想"大……主义"从根本上"恰恰与民主主义相反"。 它"只不过是专制的隐语"。[4] 以"大欧罗巴主义""大美利坚主义""大亚细亚主义""大日耳曼主义"和"大斯拉夫主义"形式出现的区域统治是一切自私的霸权野心，意欲征服他人而已。[5]

与之相对，李大钊提出了他自己的"新亚细亚主义"（New

---

[1] See Torsten Weber, *From Versailles to Shanghai: Pan-Asianist Legacies of the Paris Peace Conference and the Failure of Asianism from Below*, in Urs Matthias Zachmann ed., *Asia after Versailles: Asian Perspectives on the Paris Peace Conference and the Interwar Order, 1919-33*, Edinburgh: Edinburgh University Press, 2017, pp. 77-97.

[2] 见章永乐：《此疆尔界："门罗正义"与近代空间政治》，第 279—281 页。

[3] 李大钊：《支那分割之运命驳议》，《李大钊全集》，石家庄：河北教育出版社，1999 年，第 260，479 页。

[4] 李大钊：《庶民的胜利》，《李大钊选集》，北京：人民出版社，1959 年，第 109 页。

[5] 参见李大钊：《Pan……ism 之失败 Democracy 之胜利》，《李大钊选集》，第 105 页。

Asianism)，对以日本为中心的大亚细亚主义进行反驳。 李大钊认为，"大亚细亚主义"并非旨在促进民族自决，相反，它是"吞并弱小民族的帝国主义"。① 李大钊认为，真正的亚细亚主义应该来自反对帝国主义的统一行动。 所有受压迫的亚洲人应该共同努力，"为争公理起了战争，也在所不惜呢"。②

通过"新亚细亚主义"，李大钊设想了一种不涉及霸权统治的空间秩序。 李大钊认为亚洲的民族独立运动将会改变以前受霸权国家支配的国家，而不再是由一个占主导地位的力量来填补地缘政治的"空白"。 只有自决的民族填满亚洲的空间，才能形成真正的平等联盟。 这将使亚洲成为一个与"欧、美的联合鼎足而立"的"大联合"，引领世界成为一个可以"益进人类的幸福"的"世界的联邦"。③

李大钊认为，"新亚细亚主义"的未来是世界的联合。 它不应被理解为一种反对"世界主义"理想的区域主义，甚至是狭隘的民族主义。 与日本大亚细亚主义中以国家为中心的观点不同，李大钊是在使所有被压迫的亚洲人获得更广泛解放的背景下看待中国的未来。 "强权是我们的敌，公理是我们的友。"④这些早期关于亚洲主义的讨论为后来维持中国对亚非团结秩序想象的话语奠定了基础。

李大钊对"新亚细亚主义"的描述为这种跨国思想在现代传播的复杂性增加了另一个层次。 它需要对民族主义与国际主义（或李大钊所说的"世界主义"）之间的辩证关系进行创新性的理解，这也提醒我们，概念本身只能在特定的社会历史背景下获得有限的普遍性。 在这里，它向我们表明，民族主义与国际主义的矛盾只有在欧洲的历史语境中才是真实的。

国际主义概念在很大程度上被作为世界主义、乌托邦主义或国际共产主义运动历史中的一大主题进行研究。 当它在维多利亚时代的英国首次使

---

① 李大钊：《大亚细亚主义与新亚细亚主义》，《李大钊选集》，第 119 页。
② 李大钊：《大亚细亚主义与新亚细亚主义》，《李大钊选集》，第 120 页。
③ 李大钊：《大亚细亚主义与新亚细亚主义》，《李大钊选集》，第 120—121 页。
④ 李大钊：《再论新亚细亚主义》，《李大钊选集》，第 278—280 页。

用时，国际主义被认为是"文明"的同义词。 作为一种"迫切需要"，国际主义只能通过"表演戏剧或生活图景，或通过肖像画家的作品让每个国家熟悉另一个国家的居民"来有效地产生。① 随着印刷业、电报通信、城市化、工业革命和娱乐业的蓬勃发展，霍布森（J. A. Hobson）所谓"读者大众"中的"共时性同情"（simultaneous sympathy）出现。② 作为揭开人类现代性经验的伟大尝试的一部分，批判和研究全球文学的学者们对这一现象给予了极大的关注。 在这种情况下，我们还看到"国际主义"（internationalism）的概念与"世界主义"（cosmopolitanism）互换使用。

以欧洲为中心的国际主义的理解源于"ius gentium"的悠久传统。 对康德而言，"ius gentium"涉及两个法律人格，即 Völkerrecht 和 Völkerrechtssubjekt。 后者的存在，在逻辑上需要一个超民族的公民国家，该国家建立在"地球公民"（Erdbürger）的自由意志同意的基础上，而不是作为特定国家的公民。 因此，康德区分了 ius gentium（管理个别国家间互动的法律）和 ius cosmopoliticum（世界公民法权）。 对康德而言，ius cosmopoliticum 的内容是享有友好接待的权利（the right to hospitality），或更具体地说，"陌生人不因其抵达他人土地而受到敌意对待的权利"。③ 根据康德的观点，人类需要一个权威来防止个人滥用他们的自由。 这样的权威将驯服人类的个人意志，并强制实施卢梭式的公意（volonté générale），使每个人都能获得自由。

然而，在非欧洲世界，民族主义的独立议程只有当其成为跨国运动时才有可能实现。 当亚洲的革命领袖和进步知识分子开始认识到霸权国家已经在全球范围内运作时，他们便形成了这一理解。 对中国共产党来说，解

---

① "Her Majesty's Theatre," *Illustrated London News* (Jun. 24, 1843), at 436.

② *See* J. A. Hobson, "The Ethics of Internationalism," *International Journal of Ethics*, 17 (1) (1906), p. 16.

③ Quoted in Pauline Kleingeld, "Kant's Cosmopolitan Law: World Citizenship for a Global Order," *Kantian Review* vol. 2(1998), pp. 72,75.

放作为对被压迫世界的改造, 只有在现代反帝史上才能获得动力。① 它是与帝国主义战争和反帝国主义在世界范围内的历史发展相关的全球转型的"一部分"。② 从今以后, 解放不能只是民族主义的转变, 从本质上讲, 这是一项普遍使命, 植根于世界各国人民, 特别是后来被称为"第三世界"国家的人民遭受帝国主义霸权的共同经历。 这种对 19 世纪帝国主义全球扩张所造成的共同历史经验的叙述因此成为第三世界国家理解和实践主权的基础。

解放不仅仅意味着获得威斯特伐利亚式的主权。③ 如果没有"使政府成为自己的主人"的能力, 国家最多只能被承认为拥有"消极主权"。④ 在中国的理解中, 解放不会随着获得"领土主权"意义上的民族独立而到来。 这是一场漫长的全球转型, 需要主权国家之间的相互支持。 因此, 对中国而言, 倡导主权不仅传达了不受其他国家干预的法律自治原则, 还代表了一种将全球秩序转变为平等秩序的必要性的信念。 我们可以从中国在 20 世纪 40 年代和 50 年代参与亚非团结运动中观察到这种主权维度的实践。

主权只有通过人民反抗各种形式的国内外压迫的解放行动才能产生, 这一观念深深植根于现代中国社会革命的经验中, 并通过 1949 年《中国人民政治协商会议共同纲领》(以下简称《共同纲领》) 被赋予了宪法上的地位。 作为中华人民共和国第一部宪法性文件,《共同纲领》在开篇就宣称,"中国人民解放战争和人民革命的伟大胜利"标志着"帝国主义、封建主义和官僚资本主义在中国的统治时代宣告结束"。 随着中华人民共和国

---

① 毛泽东:《新民主主义论》, 载竹内实主编:《毛泽东集》第 7 卷, 东京: 苍苍社, 1983 年, 第 143—148 页。

② 毛泽东:《新民主主义论》, 载竹内实主编:《毛泽东集》第 7 卷, 第 147—155 页。

③ See Stephen D. Krasner, *Sovereignty: Organized Hypocrisy*, Princeton, N. J.: Princeton University Press, 1999, pp. 73 - 104.

④ See Robert H. Jackson, Quasi-States: Sovereignty, International Relations and the Third World, Cambridge: Cambridge University Press, 1993, p. 27. 杰克逊还使用"消极主权"一词来描述一个国家享有不受外部干涉自由的正式法律条件。 它与克拉斯纳对威斯特伐利亚式的主权的分类产生共鸣。

的成立，中华民族焕然一新，它的标志是"中国人民"从被压迫者变为"新社会新国家的主人"①，它的全部国家政权"属于人民"②。

《共同纲领》注重确定人民在所有国家机构中的中心地位，而这一地位并不是以授权的形式获得的，而是人民自己革命斗争的结果，并最终反映在《共同纲领》的叙述之中。《共同纲领》在社会政治转型的历史动态中定义了新成立的国家，而在这一历史进程中，建立中华人民共和国是"人民的意志"，人民民主主义是建国的政治基础。③ 历史不会随着新共和国的建立以及旧统治者和新政权者之间的主权更迭而停止。"人民武装力量"保护领土主权当然是新政府的主要责任，④但更为重要的是履行人民主权的使命，"为中国的独立、民主、和平、统一和富强而奋斗"。⑤ 而"发展新民主主义的人民经济"、"稳步地变农业国为工业国"、在"国民"中促进"公德"、"拥护国际的永久和平"和"各国人民间的友好合作"是实现这一使命的方法。⑥ 直到 2018 年修正案颁布，中国宪法始终保持这种历史方法，将中国人民自 1840 年以来的革命斗争历史置于其法律渊源的中心位置。⑦

中国对亚非团结的理解反映了其国内通过革命获得解放的经验。 一直以来，中国的解放都被视为第三世界民族、社会解放斗争悠久历史的一部分。 这一斗争可以追溯到 20 世纪初，塑造了二战后的亚非和后来的亚非

---

① 《中国人民政治协商会议共同纲领》，载中央档案馆编：《中共中央文件选集》第十八册，北京：中共中央党校出版社，1992 年，第 584 页。
② 《中国人民政治协商会议共同纲领》，载中央档案馆编：《中共中央文件选集》第十八册，第 586 页。
③ 参见《中国人民政治协商会议共同纲领》，载中央档案馆编：《中共中央文件选集》第十八册，第 584 页。
④ 参见《中国人民政治协商会议共同纲领》，载中央档案馆编：《中共中央文件选集》第十八册，第 586 页。
⑤ 参见《中国人民政治协商会议共同纲领》，载中央档案馆编：《中共中央文件选集》第十八册，第 585 页。
⑥ 参见《中国人民政治协商会议共同纲领》，载中央档案馆编：《中共中央文件选集》第十八册，第 586，595 页。
⑦ 《中华人民共和国宪法》，新华网（2018 年 3 月 22 日），http://www.xinhuanet.com/politics/2018lh/2018－03/22/c_1122572202.htm。

拉三大洲团结运动。

这种团结运动体现了前殖民地世界对新世界秩序的希望。 它挑战了传统的以欧洲为中心的、与均势概念共同作用的外交术。 新成立的国家和寻求独立的国家积极追求一个不歧视弱小和贫穷国家的民主、平等的国际秩序。 正是对实现这样一个理想的全球秩序充满信心，许多被殖民国家才得以投入到轰轰烈烈的国家建设实践当中。 对中国而言，这种对平等主义全球秩序的国际呼吁标志着一个历史性时刻，弱国可以团结起来，决定自己的命运。

正如 1955 年周恩来总理在万隆会议上的发言中所说，随着"越来越多的亚非国家摆脱了或正在摆脱殖民主义的束缚"，"今天的亚洲和非洲已经不是昨天的亚洲和非洲"。 亚非人民经过"长期反对殖民主义的努力"，"把命运掌握在自己手中"的意识在不断增强，这象征着"昨日的亚非"焕然一新。 共同的苦难和斗争经历，使亚非各国人民产生了实现"自由和独立""改变殖民主义统治造成的落后状态"的公意。① 在这个漫长的转型进程中，亚非人民产生了一种"同情和关怀"的意识，使亚非国家能够和平共处并实现"友好合作"。②

周恩来在万隆会议中的发言最终凝结为万隆会议最后公报中确认的和平共处五项原则倡议。 主权不仅包括不干涉和领土完整原则，也包括对集体国际责任的承认。 正如万隆会议最后公报所提出的，这些责任是"承认所有种族和……所有大小国家一律平等"，"促进共同利益与合作"，并运用"和平手段""符合联合国宪章"以解决"所有国际争端"。③

---

① 周恩来：《在亚非会议全体会议上的发言》，中华人民共和国外交部、中共中央文献研究室编：《周恩来外交文选》，北京：中央文献出版社，1990 年，第 112—114 页。

② 周恩来：《在亚非会议全体会议上的发言》，中华人民共和国外交部、中共中央文献研究室编：《周恩来外交文选》，第 120 页。

③ See Final Communiqué of the Asian-African Conference of Bandung, in *Asia-Africa Speak from Bandung*, Djakarta: The Ministry of Foreign Affairs, Republic of Indonesia, 1955, p. 161.

五、结论

1958 年 7 月，毛泽东在会见来访的"黑非洲青年访华代表团"时说："非洲同亚洲离得非常近，中间只有一条小水，苏伊士运河，一脚就跨过去了。"①两大洲地理上的接近不过是一种浪漫的夸张，然而，在毛泽东看来，真正把亚洲、非洲乃至拉丁美洲联系在一起的是"被帝国主义压迫"的共同经历。他特别质疑"文明"与"野蛮"的二元划分，认为这是"西方帝国主义"制造出来的一套"自以为是的观念"。事实上，他认为扩张主义使帝国主义者成为"野蛮的"，而"文明国家"将"永远不会占领其他国家"。对毛泽东来说，解放了的人民应该摆脱"只有帝国主义（树立的榜样）才是文明、高尚、卫生的迷信"。他强调，解放没有固定的模式，"一个民族有自己的历史，有自己的环境"。②

从帝国主义时代到 20 世纪中叶，文明概念在非西方精英中的传播是现代全球历史上最具影响力和争议性的知识现象之一。毛泽东对文明的运用，应该放在非西方世界反帝现代化和国家建设的漫长历史中来理解。人们通常认为，文明概念起源于 18 世纪的法国思想家，与"野蛮"的概念相对立，这是普遍接受的。文明概念自问世以来，就被广泛作为一套"发展"的标准，为政治制度、物质进步乃至文化变革提供标准，以评价非欧洲社会是否适合加入欧洲主导的国际社会。③然而，毛泽东的理解拒绝了西方对文明的垄断性解释。他相信被压迫人民的解放将结束这种帝国主义对文明的垄断。更重要的是，他主张"解放没有固定的模式"。

与将世界空间视为由主导力量填补的空白空间的霸权主义观点相比，来自被压迫者的世界秩序构想主张，世界空间应该由被解放的人民填补。

---

① 中共中央文献研究室编：《毛泽东文集》第七卷，北京：人民出版社，1993 年，第 381 页。

② 参见中共中央文献研究室编：《毛泽东文集》第七卷，北京：人民出版社，1993 年，第 382—383 页。

③ *See* Samuel P. Huntington ,*The Clash of Civilizations and the Remaking of World Order*, New York，NY：Simon and Schuster,1996, pp. 40 - 41.

前者认为全球稳定来自均势，而后者则设想一个由自治人民通过解放行动形成的世界联邦。 在亚非人民团结大会的闭幕词中，中国代表团团长郭沫若（1892—1978）向埃及人民致以诚挚的问候，因为他们"打退了帝国主义的联合进攻"[①]。 郭沫若引用毛泽东的话，说"团结就是力量"。 帝国主义的"一贯策略，就是分散我们，以便各个击破"。 因此，我们需要"团结一致"。[②] 会议最后的宣言和决议也采取了类似的路线，并提出"亚非人民团结起来，共同努力，互相帮助"是打败帝国主义、实现持久和平的关键。[③] 章永乐对门罗主义的历史研究，或更具体地说，他对门罗主义在中国的最终矛盾的揭露，是对这一牢不可破的反帝国主义论述的最新学术补充，而对其的探索必将持续进行。

（殷之光，复旦大学国际关系与公共事务学院国际政治系教授；

吴应娟，北京大学法学院 2023 级博士研究生；

李旭，北京大学法学院 2022 级博士研究生）

---

① 参见郭沫若：《中国代表团团长郭沫若的发言》，《亚非人民团结大会文件汇编》，北京：世界知识出版社，1958 年，第 190 页。

② 参见郭沫若：《中国代表团团长郭沫若的发言》，《亚非人民团结大会文件汇编》，第 190 页。

③ 参见《亚非人民团结大会宣言：告世界人民书》，《亚非人民团结大会文件汇编》，第 217，219 页；《人民日报》关于此次会议的报道坚持了同样的路线，参见《亚非团结大会的伟大成就》，《人民日报》，1958 年 1 月 4 日，第 1 版。

"黑色大西洋"中的隐喻与国际思想史书写

——评《以世界为尺度：黑人反殖民主义思想的形成》

王紫珠

导言

今年 3 月，美国"网飞"（Netflix）流媒体平台推出了改编自中国作家刘慈欣小说《三体》的影视剧，旋即便令这部知名科幻小说再掀全球热潮。有趣的是，这部作品也提出了一个社会科学学者关注已久的问题：人类的政治思想长期以来被"主权"的桎梏所束缚，以至于形成了难以改变的国际无政府状态——除非外星人入侵地球，否则人类将永远无法团结。这种"行星"隐喻在国际关系（International Relations，IR）领域实则由来已久。早在冷战末期，美国总统里根便提出了"星球大战"计划，试图通过在太空中部署反导卫星来遏制苏联的核优势。"行星"隐喻为人类提供了一个反身性（reflexive）视角，呈现了一个观察世界政治的更为宏观的、普遍主义的尺度——正如黑人国际关系学者穆萨布·尤尼斯在《以世界为尺度：黑人反殖民主义思想的形成》（*On the Scale of the World : The Formation of Black Anticolonial Thought*，以下简称《以世界为尺度》）一书中所呈现的那样。

在主流国际关系理论中，学者普遍将主权国家视作国际体系中的主要（甚至是唯一）单位。但基于此，许多政治社会中的其他重要现象以及它们留下的历史遗产反而被"去问题化"。时至今日，随着"全球南方"学术议题的兴起，国际关系学也吹响了"去/后殖民"（de/post-colonialism）的号角。越来越多的学者指出，种族议题在国际关系的写作中长久以来都是缺位的。国际关系学至今还只是"白人精英男性"的固有阵地，不断对知识上的不平等进行着生产和再生产。① 但倘若我们将视野扩展到"行星"层面，便不难看出，世界大家庭的组成者应当是权利平等的每个个体，而不应仅局限于"白人"这一个种族之中。尤尼斯的论述旋即由此展开，带读者重新回到了那个有色人种初登国际舞台的动荡岁月。

一、《以世界为尺度》概述

穆萨布·尤尼斯的新著《以世界为尺度》由加利福尼亚大学出版社于2022 年出版，脱胎于其博士论文。尤尼斯 2017 年毕业自牛津大学，现就职于伦敦玛丽女王大学（Queen Mary University of London）的政治与国际关系学系，主要研究 19 世纪末至 20 世纪初的帝国、种族和殖民主义议题——这也是《以世界为尺度》一书所讨论的核心议题。该著作荣获 2023 年"萨塞克斯国际理论奖"（Sussex International Theory Prize）②，并且他在随后围绕此书展开了专题讲座。

《以世界为尺度》一书聚焦于法国、美国和西非以英语和法语写作的黑人作家的国际思想。与以往关注二手文献居多的主流国际关系史写作不

---

① 关于此话题的最新、最详尽的讨论，见 Mlada Bukovansky， Edward Keene， Christian Reus-Smit， and Maja Spanu， eds.， *The Oxford Handbook of History and International Relations*，Oxford University Press， 2023，关于去/后殖民的章节，如 "Postcolonial Histories of International Relations" "The Haitian Revolution" 等。

② 由英国萨塞克斯大学（University of Sussex）的 "国际理论高等研究中心"（Centre of Advanced International Theory）颁发。见 Maria Andreou， "2023 Sussex International Theory Prize winner announced，" https：//www. sussex. ac. uk/broadcast/read/61406，2023 - 07 - 17.

同，作者尤尼斯在全球 7 个国家的 13 个城市，广泛地搜集了两次世界大战间期（interwar）关于黑人国际思想家的言论、报刊、通信、出版物等一手史料档案①，以帮助读者"理解战间期黑色大西洋国际主义和民族主义文化中的'世界'观念"。② 并且，本书还打破了"高政治"传统对于国际关系学的束缚（即仅关注政策制定、外交和军事方面），转而将视线投向更多元的社会职业群体：记者、作家、诗人、小说家、旅行者、激进分子等。③ 这些黑人知识分子提倡普遍主义的世界观，反对"全球事务专属于帝国主义白人精英"的偏颇观点。 在他们的政治思想中，占据优先地位的是"世界的尺度——这样做并不是以牺牲或排斥其他尺度为代价，而是为了反对将殖民统治仅视作区域化行为（provincializing discourses of colonial rule）的冷血叙事"④。

《以世界为尺度》一书共包括五个实证章节，讨论了两次世界大战间期的黑人思想家如何以"世界"为尺度，对"国家""结构""白人性""身体"和"时间"这五个主题进行思考，展示了黑人国际思想家如何"自下而上"地生产和传播知识，彰显了有关全球秩序的探讨从未仅是白人精英的纸牌游戏。 正如"萨塞克斯国际理论奖"的颁奖词所言，《以世界为尺度》"展示了黑色大西洋国际主义和民族主义所具备的自发的、内在的世界历史特质，含蓄地回应了对后殖民主义的本土主义、文化主义缺陷的指控"⑤。

---

① Musab Younis, *On the Scale of the World：The Formation of Black Anticolonial Thought*, Oakland：University of California Press, 2022, p. xii.

② Musab Younis, *On the Scale of the World：The Formation of Black Anticolonial Thought*, p. 3.

③ Musab Younis, *On the Scale of the World：The Formation of Black Anticolonial Thought*, p. 6.

④ Musab Younis, *On the Scale of the World：The Formation of Black Anticolonial Thought*, p. 8.

⑤ 见 https：//www. sussex. ac. uk/broadcast/read/61406, 2023 - 07 - 17.

二、隐喻与国际思想史的书写

　　作为一部关于黑人与反殖民的国际思想史著作，本书亦有着极强的理论旨趣。 在描绘黑人的政治地位如何被白人所编织的种种话语所压迫和固化时，尤尼斯并没有通过声嘶力竭的呐喊来呈现他所搜集到的文献证据。反之，他将报刊、文学作品、通信等文学的、私人的、肆意的写作素材，与其他政治的、学术的文献档案交织在一起，穿插在丰富的历史事件之中，缔造出一种富含诗意和隐喻的反殖民叙事。 因此，从某种程度上来说，本书也是一种对于种族主义和殖民主义的政治心理和话语的分析。 其中，有两种隐喻在当下的国际思想史研究中颇富创新性，尤为值得关注。

　　第一，尤尼斯以一种时间性的隐喻，巧妙地批判了 19 世纪以来白人社会中的社会达尔文主义认识论如何渗透进了黑色大西洋。 在白人殖民者的话语中，被殖民者总是"被封存在过去，与现在疏离，被剔出未来，或总被视为倒退回史前状态"的主体。[1] 将某一种族塑造成"史前"人类，在帝国史和殖民的话语中并非罕见，毕竟国内外关于"文明标准""教化使命"等的探讨早已汗牛充栋；可以说，现代国际法某种程度上也来源于西方人对"野蛮人"土地的占取。 不过尤尼斯另辟蹊径，从时间性的维度解读了这一话语，并描述了它如何被白人牢固地镶嵌在"黑色大西洋"这一空间舞台上。 时间和空间的固定，构成了帝国主义施展权力的舞台。 例如，美国知名优生学家麦迪逊·格兰特（Madison Grant, 1865—1937）便将海地视作一个欧洲统治崩溃后人口"几乎回归野蛮"的国家。 在美国精英看来，海地在时间的长河中不断倒退，并有可能拖累邻国——这便构成了美国 1915 年占领海地的认识论基础。 美国将自己定义为一个传播文明和现代化的"使徒"，试图通过家长式的控制（如金融接管等），将海地

---

[1] Musab Younis, *On the Scale of the World*: *The Formation of Black Anticolonial Thought*, p. 4.

（重新）带入"现代"世界。① 因此，尤尼斯总结：反殖民主义的本质，即要"从根本上寻求摆脱帝国话语的时空固定性"②。

第二，生理隐喻在殖民叙事中也发挥着相当重要的作用。 譬如，种族和性别问题的复杂性在尤尼斯笔下就显得尤为生动。 他指出，白人评论家往往把非洲想象为"女性化、处女的"土地，期待着那些"阳刚的、具有生殖力量"的"白人"的到来。③ 这种人类原初的生理特质，赤裸裸地构建了白人遭遇黑人世界时的内在心理感知，而无关其所谓的"科学"发展到何种地步。 例如，尤尼斯谈到了一个白人思想中的值得玩味的"反转"现象：黑人不仅是他们所轻视的对象，他们还担心有朝一日黑人将会反过来统治白人。 因此，"帝国的白人实际上是要展示出'统一战线'，用以殖民和统治黑人，以'让他（黑人）好好待在他的位置上'"④。 这种白人对黑人的恐惧，反转了殖民语境中黑人和白人之间的传统辩证关系。 与之类似，我们不难联想起同一时期的白人社会中也流传着对于中国人的"黄祸论"观点，彰显了殖民话语中"殖民者"与"被殖民者"的动态关系。 美国作家杰克·伦敦（Jack London, 1876—1916）就曾在一篇小说中写道，随着中国人口的膨胀，西方人恐惧黄种人即将占领世界，因此试图通过瘟疫来灭亡中国。⑤ 1919 年，泛非主义代表大会（Pan-African Congress）的代表被排除在巴黎和会之外⑥；而在同一个年代，我们也能从尤尼斯的书写中瞥见其他有色人种的生存境况。

---

① Musab Younis, *On the Scale of the World：The Formation of Black Anticolonial Thought*, p. 134.

② Musab Younis, *On the Scale of the World：The Formation of Black Anticolonial Thought*, p. 4.

③ Musab Younis, *On the Scale of the World：The Formation of Black Anticolonial Thought*, p. 101.

④ Musab Younis, *On the Scale of the World：The Formation of Black Anticolonial Thought*, p. 90.

⑤ "The Unparalleled Invasion," In Jack London, *The Strength of the Strong*, New York: The Macmillan Company, 1914.

⑥ Musab Younis, *On the Scale of the World：The Formation of Black Anticolonial Thought*, p. 3.

三、总结与反思：超越"欧洲中心主义"？

总体观之,《以世界为尺度》作为一部国际思想史著作,并非仅仅局限于对"伟大思想家"或"高政治"的陈词滥调的研究。 本书通过多元化的史料和对日常叙事的关注,创新性地构建与重构了黑人国际主义和民族主义思想的话语史。 通过诗意和富含隐喻的写作,本书有助于扭转学科中的"欧洲中心主义"倾向,并推动"全球国际关系学"(Global IR)的发展。 不过,为了对"欧洲中心主义"进行更为彻底的批判,本书仍在两个方面有待加强。

首先,尽管本书探讨了两次世界大战之间黑人知识分子如何对全球政治观进行深刻反思①,但并未深入探讨黑人的"自我殖民化"(self-colonization)问题:在被殖民、被"现代化"的过程中,黑人思想家如何在潜移默化中吸纳并遵从了白人的进步主义认识论,并在他们的实践中再生产这种观念,因此没能彻底地批判和摧毁殖民意识形态。 本书在只言片语中提到了欧洲殖民主义"导致了非洲本土制度和社会力量的瓦解,非洲宗教受到压迫",造成了"非洲人对欧洲文化的崇拜和对欧洲人的荒谬模仿"②,但并未进一步对其加以阐释。 可见,虽然本书着重阐述了白人对于"殖民者"与"被殖民者"的"反转",但并未重点从黑人角度出发去阐述这个现象,而这何尝不也是重构殖民心态史的一个重要侧面? 正如黑人思想家、精神分析学家弗朗茨·法农(Frantz Fanon, 1925—1961)在《全世界受苦的人》(*The Wretched of the Earth*)中所解析的,被殖民者不仅对殖民者充满仇恨,他们实则也对殖民者的财富和地位充满艳羡,想要取代他们的位置:他们对殖民者投向"欲望、嫉妒的目光……想坐在殖

---

① Musab Younis, *On the Scale of the World : The Formation of Black Anticolonial Thought*, p. 8.

② Musab Younis, *On the Scale of the World : The Formation of Black Anticolonial Thought*, p. 92.

民者的桌旁，睡在殖民者的床上"①。 尽管近年来也有其他反殖民和非洲研究者写过这种"反转"意象②，但它仍有着广阔的讨论空间，对于我们补充对非洲本土思想的理解起着至关重要的作用。

另外，从地理上看，本书所选的历史故事仍仅局限在欧洲的势力范围之内——塞拉利昂、尼日利亚、马提尼克等。 我们当然可以将其中具有普遍性的理论和观点进一步扩展到全球范围的反殖民斗争的讨论中，以实现真正的以"世界"为尺度。 但我们也应注意到，不同地区和种族参与反殖民斗争的历史语境、形式和成果皆有独特性。 因此，黑人思想家的观点也不能说在哪个时空都是普遍适用的。 如上所述，黑人思想家所缔造的话语在某种程度上未能颠覆白人进步主义观念，这也削弱了他们对战间期全球政治秩序本质的认知能力。 例如，知名黑人思想家、泛非运动的创始人杜波伊斯（W. E. B. Du Bois，1868－1963）在1936年造访了伪满洲国。 彼时，白人世界对日本仍有着极为浪漫化的想象。 面对1905年日俄战争中日本的胜利，杜波伊斯将日本视为"黄种人"的灯塔，希望亚洲人民能借此联合起来反对白人统治。③ 然而，东亚的现实情况却与他所描绘的截然不同——日本作为西方的"好学生"，正在大张旗鼓地殖民其亚洲"同胞"，并为其法西斯行径进行辩护。 20世纪30年代，日本退出国际联盟并发动了全面侵华战争，公然制造南京大屠杀，这令欧洲的国际主义者一片哗然。 由此观之，杜波伊斯采取了一种目的论的种族主义视角，认为种族上的差异和压迫最终会通过"非白人"种族对抗"白人"种族而消弭。

---

① Frantz Fanon, Constance Farrington, and Frantz Fanon, *The Wretched of the Earth* （New York: Grove Press, 2002）, p. 39.

② 例见 Keisha N. Blain, *Set the World on Fire: Black Nationalist Women and the Global Struggle for Freedom* （University of Pennsylvania Press, 2018）; Imaobong D. Umoren, *Race Women Internationalists: Activist-Intellectuals and Global Freedom Struggles* （Univ of California Press, 2018）.

③ William E. B. Du Bois and Bill Mullen, *W. E. B. Du Bois on Asia: Crossing the World Color Line*, Jackson, Miss: University Press of Mississippi, 2005; Lachlan McNamee, "Settler colonialism," in https://aeon. co/essays/settler-colonialism-is-not-distinctly-western-or-european, 2023－10－05.

显然，这代表了一种过于简化的、还原主义的种族论调，将一切政治压迫的根源归咎于种族。

在圣经故事中，巴别塔的倒塌使人们的语言产生分化，继而导致人们相互不理解，兄弟阋墙、手足相残。 然而，现代政治是否能通过诸如此类的单一变量的叙事来解释？ 显然，现代生活早已变得愈发复杂化，政治、经济、种族、阶级、性别、文化、宗教……诸多因素彼此交缠、盘根错节，塑造和重构着我们的知识生产。 在深陷泥淖的当代世界政治中，我们渴望一把"万能钥匙"去消弭一切问题，但它究竟是否存在？ 尤尼斯的《以世界为尺度》为我们提供了一些优异的案例研究，但其中还潜藏着更多细节有待后人发掘。

（王紫珠，英国萨塞克斯大学博士候选人）